OUTROS LIVROS DO AUTOR

NÃO FICÇÃO
Bringing Down the House
Ugly Americans
Busting Vegas
Rigged
The Accidental Billionaires
Sex on the Moon
Straight Flush
Once Upon a Time in Russia
The 37th Parallel
Woolly

FICÇÃO
Threshold
Reaper
Fertile Ground
Skeptic (as Holden Scott)
Skin
The Carrier (as Holden Scott)
Seven Wonders

PARADIDÁTICOS
Bringing Down the Mouse
Charlie Numbers and the Man in the Moon (with Tonya Mezrich)

BEN MEZRICH

AUTOR DO LIVRO QUE DEU ORIGEM AO FILME *A REDE SOCIAL*

BILIONÁRIOS DO BITCOIN

OS GÊMEOS QUE DESAFIARAM MARK ZUCKERBERG E SE TORNARAM OS REIS DO BITCOIN

ALTA BOOKS
EDITORA

Rio de Janeiro, 2021

Bilionários do Bitcoin
Copyright © 2021 da Starlin Alta Editora e Consultoria Eireli. ISBN: 978-85-508-1551-0

Translated from original Bitcoin Billionaires. Copyright © 2019 by Ben Mezrich. ISBN 9781250217745. This translation is published and sold by permission of Flatiron Books, the owner of all rights to publish and sell the same. PORTUGUESE language edition published by Starlin Alta Editora e Consultoria Eireli, Copyright © 2021 by Starlin Alta Editora e Consultoria Eireli.

Todos os direitos estão reservados e protegidos por Lei. Nenhuma parte deste livro, sem autorização prévia por escrito da editora, poderá ser reproduzida ou transmitida. A violação dos Direitos Autorais é crime estabelecido na Lei nº 9.610/98 e com punição de acordo com o artigo 184 do Código Penal.

A editora não se responsabiliza pelo conteúdo da obra, formulada exclusivamente pelo(s) autor(es).

Marcas Registradas: Todos os termos mencionados e reconhecidos como Marca Registrada e/ou Comercial são de responsabilidade de seus proprietários. A editora informa não estar associada a nenhum produto e/ou fornecedor apresentado no livro.

Impresso no Brasil — 1ª Edição, 2021 — Edição revisada conforme o Acordo Ortográfico da Língua Portuguesa de 2009.

Produção Editorial Editora Alta Books	**Produtor Editorial** Illysabelle Trajano Thiê Alves	**Coordenação de Eventos** Viviane Paiva eventos@altabooks.com.br	**Editor de Aquisição** José Rugeri j.rugeri@altabooks.com.br
Gerência Editorial Anderson Vieira	**Assistente Editorial** Ian Verçosa	**Assistente Comercial** Filipe Amorim vendas.corporativas@altabooks.com.br	**Equipe de Marketing** Livia Carvalho Gabriela Carvalho marketing@altabooks.com.br
Gerência Comercial Daniele Fonseca			
Equipe Editorial Luana Goulart Maria de Lourdes Borges Raquel Porto Rodrigo Ramos Thales Silva	**Equipe de Design** Larissa Lima Marcelli Ferreira Paulo Gomes	**Equipe Comercial** Daiana Costa Daniel Leal Kaique Luiz Tairone Oliveira	
Tradução Igor Farias	**Revisão Gramatical** Aline Vieira Carol Suiter	**Diagramação** Melanie Guerra	**Capa** Larissa Lima
Copidesque Guilherme Caloba			

Publique seu livro com a Alta Books. Para mais informações envie um e-mail para autoria@altabooks.com.br

Obra disponível para venda corporativa e/ou personalizada. Para mais informações, fale com projetos@altabooks.com.br

Erratas e arquivos de apoio: No site da editora relatamos, com a devida correção, qualquer erro encontrado em nossos livros, bem como disponibilizamos arquivos de apoio se aplicáveis à obra em questão.

Acesse o site **www.altabooks.com.br** e procure pelo título do livro desejado para ter acesso às erratas, aos arquivos de apoio e/ou a outros conteúdos aplicáveis à obra.

Suporte Técnico: A obra é comercializada na forma em que está, sem direito a suporte técnico ou orientação pessoal/exclusiva ao leitor.

A editora não se responsabiliza pela manutenção, atualização e idioma dos sites referidos pelos autores nesta obra.

Ouvidoria: ouvidoria@altabooks.com.br

Dados Internacionais de Catalogação na Publicação (CIP) de acordo com ISBD

M617b	Mezrich, Ben
	    Bilionários do Bitcoin: Os gêmeos que desafiaram Mark Zuckerberg e se tornaram os reis do bitcoin / Ben Mezrich ; traduzido por Igor Farias. - Rio de Janeiro : Alta Books, 2021.
	    288 p. ; 16cm x 23cm.
	
	    Tradução de: Bitcoin Billionaires
	    Inclui bibliografia.
	    ISBN: 978-85-508-1551-0
	
	    1. Economia. 2. Moeda. 3. Bitcoin. I. Farias, Igor. II. Título.

2021-196	CDD 332.4 CDU 336.74

Elaborado por Vagner Rodolfo da Silva - CRB-8/9410

Rua Viúva Cláudio, 291 — Bairro Industrial do Jacaré
CEP: 20.970-031 — Rio de Janeiro (RJ)
Tels.: (21) 3278-8069 / 3278-8419
www.altabooks.com.br — altabooks@altabooks.com.br
www.facebook.com/altabooks — www.instagram.com/altabooks

ASSOCIADO

*Para Asher, Arya, Tonya e Bgsy
HODL. Isso tudo é uma aventura, e
vai ficar mais divertido a cada dia.*

AGRADECIMENTOS

Gostaria de agradecer imensamente a Noah Eaker, Lauren Bittrich, Marlena Bittner e às equipes da Flatiron Books e da Macmillan por terem me ajudado a fazer desta história incrível uma das experiências mais fantásticas da minha carreira como autor; agradeço também a Eric Simonof e Matthew Snyder, dois agentes extraordinários.

Também sou profundamente grato às muitas fontes, essenciais para a escrita deste livro, e aos protagonistas da narrativa, pela generosidade com que me relataram suas vidas e ofereceram seu tempo e sua experiência.

Por fim, como de costume, quero agradecer aos meus pais, aos meus irmãos e suas famílias e a Tonya, Asher, Arya e Bugsy por terem aturado meus papos recorrentes sobre Bitcoin durante um ano e meio.

SUMÁRIO

Nota do Autor xi

ATO UM 1
  1. NA JAULA DO TIGRE 3
  2. PESO MORTO NA ÁGUA 15
  3. OS PÁRIAS 31
  4. NO COMEÇO ERA A ESPUMA 41
  5. O PORÃO 47
  6. HÁ UMA LUZ NO FIM DO TÚNEL 53
  7. 30 DE AGOSTO DE 2012 61
  8. CHARLIE 79
  9. STEPFORD, CONNECTICUT 85
  10. OS BONS COMPRADORES 97
  11. O ROUBO REVERSO 101

ATO DOIS — 113

    12. O INÍCIO — 115
    13. BAYFRONT PARK, CENTRO DE MIAMI — 121
    14. VOLTANDO PARA A ESTRADA — 127
    15. NO AR — 137
    16. O REI DO BITCOIN — 147
    17. A MANHÃ SEGUINTE — 153
    18. LUZES DA CIDADE — 159
    19. O PARAÍSO É AQUI — 165
    20. A FRENTE ÚNICA — 171
    21. ATRÁS DA PORTA — 179
    22. BITCOIN 2013 — 189
    23. ENTRANDO NO MAINSTREAM — 203

ATO TRÊS — 213

    24. HISTÓRIA DE UM PIRATA — 215
    25. NO DIA SEGUINTE — 219
    26. A QUEDA — 225
    27. NO OUTRO LADO DA CIDADE — 237
    28. CAVALHEIROS DE HARVARD — 243
    29. O DIA DO JULGAMENTO — 251
    30. RECOMEÇO — 257
    31. DE DUMAS A BALZAC — 265

EPÍLOGO: Por Onde Andam...? — **269**

Bibliografia — 273

NOTA DO AUTOR

Bilionários do Bitcoin é uma narrativa dramática baseada em dezenas de entrevistas, centenas de fontes e milhares de páginas de documentos, inclusive registros de vários processos judiciais. Há muitas opiniões e várias controvérsias em torno de alguns dos eventos descritos aqui; portanto, fiz o melhor que pude para recriar as cenas com base nas informações que coletei em documentos e entrevistas. Em alguns trechos, descrevo percepções individuais de modo imparcial. Em outros, detalhes de cenários e descrições foram alterados ou imaginados.

Em 2010, publiquei o livro *Bilionários Por Acaso: A Criação do Facebook*, que logo foi adaptado e originou o filme *A Rede Social*. Eu jamais teria imaginado que voltaria a escrever sobre dois personagens dessa história — Tyler e Cameron Winklevoss, os gêmeos idênticos que desafiaram Mark Zuckerberg e contestaram a origem de uma das empresas mais poderosas do mundo.

Na época da publicação do *Bilionários Por Acaso*, o Facebook era uma revolução e Mark Zuckerberg, o revolucionário. Ele queria mudar a dinâmica social — a forma como as pessoas interagiam na sociedade, como se encontravam, se comunicavam, se apaixonavam e viviam. Os gêmeos Winklevoss eram a antítese perfeita de Zuckerberg: "cavalheiros de Harvard", conservadores, atletas privilegiados, retratos fiéis do "establishment".

Hoje, a situação mudou. Mark Zuckerberg é uma celebridade. O Facebook está em todos os lugares e domina grande parte da internet (apesar dos escândalos frequentes, como os roubos de dados de usuários, as fake news e o uso como ferramenta de atritos políticos). Já Tyler e Cameron Winklevoss voltaram aos noticiários — inesperadamente — como líderes de uma revolução digital inédita.

Não consigo ignorar a ironia da situação: além da aparente troca de papéis entre Zuckerberg e os irmãos Winklevoss como rebeldes e Império do Mal, meu livro e o filme perpetuaram uma imagem dos gêmeos que deve ser revista. Na minha opinião, não foi por acaso que Tyler e Cameron Winklevoss estavam no lugar certo, na hora certa, duas vezes.

Os segundos atos são raros, tanto na literatura quanto na vida. Mas, como veremos, tudo indica que o segundo ato dos gêmeos Winklevoss será bem maior do que o primeiro. O Bitcoin e sua tecnologia têm o potencial de abalar a internet. Como o Facebook, que colocou as redes sociais do mundo físico na internet, o Bitcoin e as demais criptomoedas foram desenvolvidos para um mundo financeiro que flui principalmente online. A tecnologia do Bitcoin não é uma moda passageira, uma bolha ou um esquema, mas uma importante troca de paradigma que, em seu dado tempo, mudará tudo.

ATO UM

As feridas morais têm essa particularidade: elas se escondem, mas não se fecham. Sempre dolorosas, prontas a sangrar quando tocadas, elas permanecem vivas e abertas no coração.
—ALEXANDRE DUMAS,
O Conde de Monte Cristo

1
NA JAULA DO TIGRE

Dia 22 de fevereiro de 2008.
Vigésimo terceiro andar de um prédio comercial prosaico nas cercanias do Distrito Financeiro, em São Francisco.

A característica estrutura de vidro, aço e concreto convertida em cubos exageradamente iluminados e demasiadamente refrigerados. Paredes em tons de creme em meio a carpetes bege padrão. Faixas fluorescentes recortando o labirinto de retângulos no teto. Bebedouros surgindo como totens, mesas com bordas de aço cromado, cadeiras de couro sintético com alavancas de ajuste.

Pouco depois das três da tarde de uma sexta-feira, Tyler Winklevoss estava diante de uma janela panorâmica, observando um enxame de prédios comerciais em meio à neblina. Com grande esforço, ele tentava beber água filtrada em um copo descartável extrafino sem molhar demais a gravata. Depois de tantos dias, meses, anos (que droga!), a gravata já perdera sua utilidade. Se aquele suplício se estendesse mais, cedo ou tarde, ele apareceria na próxima interminável audiência com uma jaqueta da equipe olímpica de remo.

Tyler mal havia sentido o gosto da água quando o copo se desfez, liberando córregos que pouparam sua gravata, mas encharcaram a manga da camisa. Ele atirou o copo em uma lata de lixo próxima da janela e sacudiu o punho molhado. "Outro item pra lista. Copos de papel no formato de casquinhas de sorvete. Quem foi o sádico que inventou isso?"

"Talvez tenha sido o mesmo cara que inventou as lâmpadas. Fiquei dois tons mais bronzeado depois que nos mudaram pra esse andar. Esquece aquele papo de lagos de fogo; aposto que o purgatório tem iluminação fluorescente."

Cameron, irmão de Tyler, estava no outro lado da sala, estirado sobre duas cadeiras, com as pernas compridas apoiadas no canto de uma grande mesa retangular. Ele usava um blazer sem gravata. Um dos seus sapatos de couro tamanho 46 estava perigosamente perto da tela do laptop de Tyler, que não estava nada preocupado com isso. O dia havia sido bem longo.

Tyler sabia que aquele tédio era uma tática. A mediação é diferente do litígio. Na batalha judicial, as duas partes se enfrentam pela vitória, no que os matemáticos e economistas chamam de jogo de soma zero. O litígio tem pontos altos e baixos, mas, sob a superfície, flui uma energia primitiva; no fundo, é uma guerra. Mas a mediação é diferente. Quando bem executada, ela não resulta em vencedor e perdedor, mas em duas partes comprometidas com uma resolução, a "dividir a criança em duas". A mediação não parece uma guerra. De fato, ela lembra mais uma viagem de ônibus muito longa que só termina quando todos os passageiros se cansam da paisagem e resolvem definir um destino.

"Pra ser mais preciso", disse Tyler, voltando para a janela e para a paleta de cinza gravada em outra tarde no norte da Califórnia. "Não somos nós que estamos no purgatório."

Sempre que os advogados saíam da sala, Tyler e Cameron faziam o possível para não falar do caso. No começo, aquele fora o único assunto. Eles estavam tão cheios de raiva e se sentiam tão traídos que não conseguiam pensar em outra coisa. Mas, à medida que as semanas se tornaram meses, os irmãos perceberam que aquela irritação não fazia bem à sanidade deles. Como diziam os advogados, eles deviam confiar no sistema. Então, quando ficavam a sós, eles falavam sobre tudo, menos do motivo pelo qual estavam lá.

Mas a menção à literatura medieval, especificamente à descrição dos círculos do inferno feita por Dante, mostrava que a estratégia de fuga já estava se deteriorando; aparentemente, confiar no sistema jogara os irmãos em uma das invenções do autor italiano. Porém, aquele era um bom tema. Na adolescência, em Connecticut, Tyler e Cameron eram obcecados por latim. Como não havia nenhum curso específico no último ano do colégio, eles pediram autorização ao diretor para montar um

Seminário de Latim Medieval com o padre jesuíta que coordenava o programa. Juntos, os gêmeos e o padre traduziram as *Confissões* de Santo Agostinho de Hipona e outras obras medievais. A obra mais famosa de Dante não foi escrita em latim, mas eles tinham um domínio suficiente do italiano para atualizar essa descrição do inferno: bebedouros, lâmpadas fluorescentes, quadros brancos... advogados.

"Tecnicamente", disse Tyler. "Estamos no limbo. É *ele* que está no purgatório. Não fizemos nada de errado."

Alguém bateu na porta. Peter Calamari, um dos advogados dos irmãos, entrou. De cabelos já rareando, ele tinha uma testa saliente e um queixo pequeno e gordo. Sua camisa da marca Tommy Bahama, estampada com palmeiras, escapava da cintura de uma calça jeans tão grande que atrapalhava seus movimentos; Tyler não teria se surpreendido se a etiqueta ainda estivesse na roupa. Pior ainda, Calamari estava de sandálias, provavelmente compradas na loja dos jeans.

Logo depois do advogado, entrou o mediador. Antonio "Tony" Piazza passava uma impressão bem melhor. Magro e esbelto, ele vestia uma combinação impecável de terno e gravata. Seus cabelos grisalhos estavam bem aparados e o rosto, bronzeado. Entre os jornalistas, Piazza era conhecido como "o mestre da mediação" — ele já havia resolvido mais de 4 mil casos complexos, tinha memória fotográfica e era especialista em artes marciais. Para Piazza, a prática do aikido havia lhe ensinado a direcionar sua agressividade para fins produtivos. Ele era obstinado e, em tese, o motorista perfeito para aquela viagem de ônibus interminável.

Antes mesmo de os advogados terem fechado a porta, Cameron já havia tirado as pernas da mesa.

"Ele concordou?"

A pergunta fora direcionada para Piazza. Os gêmeos achavam que Calamari, sócio do presunçoso e arrogante escritório Quinn Emanuel, era tão somente um mensageiro entre eles e o mestre de aikido. Talvez aqueles jeans e sandálias bastante folgados fossem uma tática para penetrar na atmosfera do Vale do Silício, mas Cameron achava que isso parecia mais um trambique do que a conduta de um advogado.

Na verdade, Calamari nem devia estar lá. Ele estava no lugar de Rick Werder Jr., o principal advogado do caso, que no último momento havia optado por representar uma empresa em uma ação de falência avaliada em US$ 2 bilhões. Apesar de ser diretamente responsável pelo desfecho do caso dos gêmeos, Werder não compareceu à mediação, o momento decisivo da disputa. Para os irmãos, ele havia avaliado a situação e escolhido uma ação que parecia ser maior e melhor do que aquela.

Os gêmeos haviam contratado o escritório Quinn Emanuel para incrementar sua equipe jurídica, pois a fase instrutória estava quase no fim e o mérito logo seria discutido. Fundado em 1986 por John B. Quinn, o escritório era famoso por jogar pesado e se dedicava exclusivamente a ações judiciais e arbitragem em direito empresarial. O Quinn Emanuel também havia sido pioneiro na abolição do código de vestimenta formal — algo inédito entre os grandes escritórios de advocacia. Essa inovação foi a causa do fracasso de moda de Calamari.

"Ele não disse não", disse Piazza. "Mas levantou algumas questões."

Tyler olhou para o irmão. A proposta inicial fora ideia de Cameron. Depois de todo aquele tempo falando por meio de advogados — e, também, Piazza, uma esfinge cheia de eloquência procurando um meio-termo — Cameron questionou se não havia uma forma de evitar o teatrinho. Em um passado bem recente, os três haviam se conhecido em um refeitório da universidade. Talvez fosse possível marcar um encontro entre eles, sem advogados, para conversar até resolver tudo.

"Que questões?", perguntou Cameron.

Piazza fez uma pausa.

"Questões de segurança."

Tyler demorou um pouco para entender o que o Piazza havia dito. Seu irmão se levantou da cadeira.

"Ele acha que a gente vai dar porrada nele?", perguntou Cameron. "É isso?"

Tyler sentiu seu rosto ruborizar.

"Só pode ser brincadeira."

O advogado entrou em cena, conciliador. "O mais importante é que, tirando essas questões de segurança, ele foi receptivo à ideia."

"Espera aí. Deixa eu ver se entendi", disse Tyler. "Ele acha que a gente vai bater nele? Durante a mediação. Em uma sala na firma do mediador."

A expressão de Piazza não se alterou, mas sua voz ficou mais grave — um timbre bem suave, capaz de induzir sono em alguém.

"Vamos manter o foco. Em tese, ele concordou com a proposta da reunião. Só temos que acertar os detalhes."

"Que tal você nos algemar no bebedouro?", perguntou Cameron. "Será que ele vai ficar mais à vontade?"

"Não é necessário. Há uma sala de vidro no fim do corredor. A reunião pode ser lá. Só um de vocês participará do encontro. O resto do grupo acompanhará do lado de fora."

Era um absurdo total. Para Tyler, lembrava o tratamento dispensado a animais selvagens. *Questões de segurança*. Parecia que as palavras haviam saído *dele*. Parecia algo que só *ele* diria ou pensaria. Talvez fosse uma jogada; a ideia de que ele estaria a salvo se apenas um dos irmãos participasse da reunião era quase tão ridícula quanto a ideia da surra, mas talvez ele achasse que teria uma vantagem intelectual se conversasse só com um deles. Desde o início, os gêmeos tinham a impressão de que ele os julgava pela aparência. Eles eram só os caras descolados do campus. Atletas idiotas que não sabiam nada de programação e precisavam contratar um nerd para criar um site, o site que apenas ele, o menino gênio, seria capaz de inventar. *Óbvio: se eles fossem os inventores, eles teriam inventado*. Seguindo essa lógica, é claro que eles dariam porrada nele se o pegassem sozinho em uma sala.

Tyler fechou os olhos, esperou um pouco e disparou, com indiferença:

"Cameron vai."

Seu irmão sempre fora um pouco menos áspero, menos alfa, mais capaz de ceder quando não havia outra saída. Sem dúvida, a reunião seria uma dessas situações.

"Como um tigre na jaula", disse Cameron, acompanhando Piazza e o advogado pelo corredor. "Preparem a pistola com os tranquilizantes. Se eu fizer menção de pular na garganta dele, por favor, mirem no blazer. É do meu irmão."

O advogado e o mediador não esboçaram nem um mínimo sorriso.

A entrada naquele aquário, quarenta minutos depois, foi um dos momentos mais surreais da vida de Cameron Winklevoss.

Mark Zuckerberg já estava sentado diante de uma longa mesa retangular, no centro da sala. Cameron teve a impressão de que havia uma almofada debaixo dele, que media 1,70 metro — era o assento mágico do bilionário. Cameron sentiu um leve desconforto ao fechar a porta de vidro; ele percebia Tyler e o advogado sentados atrás dele, do outro lado da parede transparente. À sua frente, estavam Piazza e os advogados de Zuckerberg, um exército de ternos. Cameron reconheceu a maioria deles; não tinha como esquecer de Neel Chatterjee, do escritório Orrick Herrington & Sutclife LLP, que zelava tanto por aquele precioso cliente (e tinha tanto interesse pelas opiniões dos gêmeos sobre ele) que, em 2008, quando os irmãos foram convidados para um bate-papo em uma conferência sobre internet, Chatterjee apareceu na plateia, provavelmente para monitorá-los. Chatterjee e os outros advogados manuseavam blocos de anotações, mas Cameron não tinha ideia do que eles escreveriam. Ao que constava, o vidro da sala era à prova de som e, até onde ele sabia, ninguém ali dominava a leitura labial. A conversa seria entre ele e Zuckerberg: sem mediador, sem advogados, sem ninguém ouvindo, sem ninguém para atrapalhar.

Zuckerberg não levantou os olhos enquanto ele se aproximava da outra extremidade da mesa. O estranho calafrio que percorria a coluna de Cameron não vinha da potência excessiva do ar-condicionado. Aquela era a primeira vez que ele encontrava seu ex-colega de Harvard em quatro anos.

Eles haviam se conhecido em outubro de 2003 no refeitório da casa Kirkland, no campus, quando Cameron, Tyler e seu amigo Divya Narendra convidaram Zuckerberg para falar sobre a rede social que eles vinham planejando desde o ano anterior. Nos três meses seguintes, os quatro se encontraram várias vezes no dormitório de Zuckerberg e trocaram mais de cinquenta e-mails tratando do site. No entanto, sem o conhecimento dos gêmeos e Narendra, Zuckerberg havia começado a trabalhar em um projeto secreto, outra rede social. Ele registrou o domínio thefacebook.com em 11 de janeiro de 2004, quatro dias antes do terceiro encontro, realizado em 15 de janeiro de 2004.

Três semanas depois, em 4 de fevereiro de 2004, ele lançou o thefacebook.com. Cameron, Tyler e Divya souberam disso pouco depois pelo *Harvard Crimson*, o jornal do campus. Cameron imediatamente pressionou Zuckerberg por e-mail.

Zuckerberg respondeu: "*Se você quiser marcar uma reunião fechada para falar sobre isso, estou à disposição. É só avisar.*" Mas Cameron recusou a oferta, sentindo que já não havia nenhuma confiança; para que conversar com aquele tipo de gente? Naquele momento, ele só acreditava nas opções do sistema — primeiro, uma petição direcionada à administração de Harvard e ao reitor Larry Summers exigindo a aplicação do código de honra estipulado no manual do aluno para as interações entre os discentes; quando essa alternativa se revelou ineficaz, Cameron, relutante, levou a questão aos tribunais — e agora eles estavam lá, depois de quatro longos anos...

Cameron chegou à mesa, instalou seu corpo imenso em uma cadeira e só então recebeu um olhar *dele*, pontuado por um sorriso ínfimo e constrangido. Era muito difícil decifrar alguém cujo rosto não revelava nenhuma expressão visível, mas Cameron detectou um leve nervosismo na forma como Zuckerberg se movia para frente, com as pernas cruzadas nos tornozelos sob a mesa, um lapso fugaz de emoção humana. Surpreendia o fato de ele *não* estar usando seu típico moletom cinza; talvez tivesse enfim decidido levar a questão a sério. Zuckerberg acenou para Cameron, murmurando uma saudação.

Foi Cameron quem mais falou nos dez minutos seguintes. Ele começou com um gesto de boa vontade. Parabenizou Mark pelas conquistas que obtivera naqueles anos desde Harvard. Ele havia transformado o thefacebook.com — uma pequena rede social universitária que começara como um site exclusivo para a galera de Harvard — no Facebook, um fenômeno mundial que se espalhara por vários campus e países, atraindo milhões e, depois, bilhões de usuários, mais de um quinto das pessoas do planeta, que agora compartilhavam, espontânea e regularmente, suas preferências pessoais, fotos, curtidas, amores e vidas em uma rede que não demonstrava nenhum sinal de estar parando de crescer.

Cameron evitou dizer o óbvio: que Tyler, Divya e ele acreditavam, com plena convicção, que o Facebook surgira da ideia deles — o site Harvard Connection (depois, ConnectU), uma rede social que ofereceria um ambiente online para interação entre universitários. Cameron, Tyler e Divya haviam criado o Harvard Connection depois de terem se decepcionado com as limitações da vida no campus. O primeiro ano havia sido um turbilhão. Aliás, foi na semana dos calouros que Divya conheceu Cameron em Harvard Yard e o convidou para tocar guitarra no dormitório. A amizade entre os dois foi instantânea. No entanto, essas fortuitas colisões sociais foram rareando no campus à medida que a vida estudantil consumia cada vez mais tempo.

Era difícil fazer amigos fora do dormitório, da atividade esportiva e do curso de cada aluno. Isso incomodava os gêmeos e Divya, que resolveram criar uma solução. O Harvard Connection (ConnectU) seria um campus virtual que colocaria a vida universitária na internet e eliminaria as barreiras físicas e a impermeabilidade das bolhas sociais do mundo off-line. A cada primeiro ano, tudo recomeçaria, mas os alunos teriam uma excelente ferramenta — e poderiam curtir bem mais.

Na primavera de 2003, a base de código já estava quase pronta, mas o primeiro programador, Sanjay Mavinkurve, se formou e foi trabalhar no Google, em Mountain View, na Califórnia. Por isso, os gêmeos e Divya tiveram que encontrar outra pessoa para concluir a programação. Victor Gao se encarregou da tarefa durante o verão, mas seu trabalho de conclusão de curso era pesado demais e, com o início do ano letivo, não havia como continuar desenvolvendo o site; então, Gao apresentou os três a um aluno do segundo ano de ciência da computação que parecia ter interesse em projetos empresariais.

Nesse ponto, a base de código do Harvard Connection/ConnectU organizava os usuários pelo domínio do e-mail. Por exemplo, ao se registrar com um e-mail do domínio Harvard.edu, o usuário seria colocado automaticamente na rede de Harvard. O objetivo era injetar ordem no caos de administrar todos os usuários em uma grande rede. Como uma boneca russa, o ConnectU seria uma rede formada por redes menores, que seriam formadas por redes menores ainda e assim por diante, até o usuário individual.

Divya e os gêmeos criaram o ConnectU com base na ideia original de que o e-mail não é apenas uma boa forma de autenticar a identidade de alguém, mas também um bom indicativo da rede social de uma pessoa na vida real — um passaporte virtual. O protocolo de Harvard só criava e-mails do domínio @harvard.edu para os alunos de Harvard. O Goldman Sachs só criava e-mails do domínio @goldmansachs.com para os funcionários do Goldman Sachs. Logo, se tivesse um e-mail de um desses domínios, o usuário provavelmente integraria essas redes na vida real. Com essa plataforma, o ConnectU teria uma integridade que outras redes sociais, como o Friendster e o Myspace, não tinham. A rede organizaria os usuários em um esquema que facilitaria o contato entre eles e viabilizaria conexões mais significativas. De fato, aquele aluno do segundo ano de ciência da computação logo aproveitaria essa plataforma para se tornar uma celebridade mundial e dominar a internet.

Para os gêmeos, as únicas redes que Mark Zuckerberg conhecia eram as de computadores. Nas interações entre eles, os irmãos perceberam que Mark ficava bem mais à vontade conversando com máquinas do que com pessoas. Seguindo essa lógica, a maior rede social do mundo parecia ser de fato o resultado de uma união improvável entre os gêmeos e Zuckerberg, e não um produto exclusivo do cérebro de Zuckerberg. A ideia do gênio solitário que inventa algo brilhante sozinho só serve para filmes, é um mito de Hollywood. Na verdade, as maiores empresas do mundo foram criadas por duplas dinâmicas: Jobs e Wozniak, Brin e Page, Gates e Allen, os exemplos são muitos. Para Cameron, essa lista também incluía Zuckerberg e Winklevoss. Ou Winklevoss e Zuckerberg.

Sentado ali, Cameron teve que admitir que as conquistas de Zuckerberg eram muito impressionantes. Ele havia pegado algo deles e iniciado uma verdadeira revolução. Aquele garoto pálido e franzino, com um corte de cabelo digno do catálogo da rede Supercuts, havia mudado o mundo. Cameron fez questão de lhe dizer isso. Ele falou sobre como a criação de Zuckerberg era incrível, uma inovação que só ocorria uma vez a cada geração, quando surgia.

Quando Cameron parou, foi a vez de Zuckerberg tecer seus elogios. Ele parecia bastante impressionado com o fato de Cameron e Tyler terem ganhado o campeonato nacional de remo enquanto ainda estudavam em Harvard, e que agora estivessem prestes a integrar a equipe olímpica dos EUA para competir pelo ouro nas Olimpíadas de Pequim, no final do verão. Algo nele fez Cameron lembrar do garoto tímido que conhecera no refeitório. Um programador desajeitado com as pessoas, mas empolgado com aquele contato, ainda que por um breve momento.

Cameron fez o possível para neutralizar seus pensamentos negativos enquanto ouvia os elogios: tentou não lembrar de quando soube do site de Zuckerberg pelo *Harvard Crimson*. Em algum momento, a descrição do cargo de Zuckerberg no facebook.com dizia: "Fundador, Mestre, Comandante e Inimigo do Estado." *Falta ladrão*, pensou Cameron.

Mas nada de bom sairia dessa trilha mental. Além disso, nenhum desses episódios era importante agora.

Cameron lançou um olhar para o seu irmão e para os advogados sentados no lado de fora do aquário — todos manuseando energicamente seus blocos de notas — e calibrou seu controle emocional.

"Mark, vamos seguir em frente. O que passou, passou. Não estamos dizendo que criamos o Facebook."

"Finalmente, concordamos em alguma coisa."

Uma pequena demonstração de humor? Cameron não tinha certeza, mas resolveu avançar. "Não queremos 100%, mas merecemos mais do que 0%."

Zuckerberg assentiu.

"Você acha realmente que estaria sentado aqui hoje se não tivesse sido chamado por nós naquele dia?"

"Estou aqui hoje porque vocês estão me processando."

"Você me entendeu."

"Entendi o que você está sugerindo."

"Apresentamos nossa ideia para você. Demos acesso total à base de código. Vi uma lâmpada acendendo dentro da sua cabeça."

"Você não foi a primeira pessoa do mundo a pensar em uma rede social, nem eu. O Friendster e o Myspace já existiam antes do Facebook e, até onde eu sei, o Tom, do Myspace, não está me processando."

Cansativo, exasperante. Cameron pressionou a mesa de reuniões com seus dedos calejados. Ele imaginou um remo cortando a linha d'água em uma, duas, três remadas.

"Isso pode se arrastar pra sempre; ninguém está ganhando nada aqui. Temos mais o que fazer. Você precisa administrar uma empresa; nós precisamos montar uma equipe olímpica."

"Também concordamos nisso."

"A vida é muito curta pra desperdiçar nessa conversa fiada."

Zuckerberg fez uma pausa e, em seguida, apontou para os advogados no outro lado do vidro.

"Talvez eles pensem diferente."

"Vamos encontrar um meio-termo, apertar as mãos e seguir em frente; há grandes conquistas à nossa espera."

Zuckerberg o encarou por um momento. Ele parecia estar prestes a dizer algo, mas só se moveu e, outra vez, deu o menor dos sorrisos possíveis.

Em seguida, de modo aparentemente robótico, Zuckerberg estendeu o braço sobre a mesa e se dispôs a uma tentativa de aperto de mão.

Cameron sentiu um arrepio na nuca. Aquilo estava acontecendo de verdade? A conversa parecia estar girando em círculos — mas, de relance, ele viu os advogados de Zuckerberg se levantando do outro lado do vidro.

Cameron estendeu o braço e apertou a mão de Mark Zuckerberg.

Então, sem dizer mais nada, o CEO do Facebook se ergueu da cadeira e caminhou até a porta. Cameron não fazia ideia do que se passava naquela cabeça enigmática. Talvez ele tivesse se sensibilizado com a perspectiva de Cameron e decidido dar o que os gêmeos Winklevoss achavam que mereciam.

Ou talvez Zuckerberg estivesse levando outra ideia para a sala de reuniões ocupada por ele e pelos advogados do Facebook durante a mediação.

"Como foi?", perguntaria Neel Chatterjee, advogado de Zuckerberg.

"Bom."

"Bom em que sentido?"

"Bom no sentido de 'vou massacrar esses filhos da puta'..."

2
PESO MORTO NA ÁGUA

Dia 9 de setembro de 2011.

Cinco da manhã.

Raios em tons ferruginosos, alaranjados e áureos, vistos somente por aqueles que acordam na implacável madrugada, cortavam as árvores de cores vívidas e brilhavam na lâmina sinuosa e vítrea da água.

"Remando, porra! Todo mundo *remando*!"

Tyler sentia cada célula se contraindo quando colocava seu peso contra o remo. Ele urrava quando seus ombros largos se abriam como as asas de um pássaro, e a estrutura óssea se estendia até formar a remada, com uma precisão quase perfeita. Diante dele, Cameron se movia em paralelo, duas peças de uma máquina coordenada, azeitada. De longe, parecia um dueto, absorto em um movimento suave e controlado, mas, de perto, no casco de fibra de vidro que cortava a água cristalina, só se viam tendões, suor e sujeira, nós musculares subindo e descendo sob a pele machucada, marcada por calos e torções.

Os remos riscavam a água, impulsionando o barco em lapsos repentinos. Os irmãos não estavam apenas sincronizados no movimento mecânico dos músculos que seguravam os remos de fibra de carbono: eles eram fisicamente idênticos. Desde o nascimento, eles funcionavam como metades de um todo, uma vantagem que de início era só uma curiosidade — gêmeos idênticos que remavam —, mas que acabou produzindo uma dupla excepcional de nível olímpico.

Porém, naquele dia, a máquina não estava funcionando perfeitamente. Era evidente que alguma das engrenagens invisíveis que conectavam os dois estava *desligada*.

Sem olhar, Tyler percebia os cinco barcos ao lado deles, pescoços que deslizavam como gaivotas rumo à linha de chegada, alguns metros à frente. Da margem, era quase imperceptível, mas, da sua posição, ele sabia que estavam 15 centímetros atrás da próxima dupla, talvez 17 centímetros atrás da dupla que levara o ouro em Atenas na categoria Oito Com Timoneiro. Essa dupla estava se revezando na liderança com dois ex-alunos da Universidade de Washington que haviam vencido o campeonato nacional três anos seguidos. A linha de chegada se aproximava. Tyler cerrou os olhos e extraiu toda a força que restava no corpo, mas, no fundo, sabia que não era suficiente. Segundos depois, as bolas de proa tocaram na linha de chegada, e a buzina soou.

Era o fim da corrida.

Os gêmeos foram os últimos.

Os poucos centímetros entre os seis barcos pesavam como quilômetros.

Quase sempre, aquele tipo de competição era uma batalha decidida muito antes dos últimos metros. Ninguém ganhava no remo, o vencedor era quem não perdia; era uma guerra de limites. No geral, quem suportava o maior volume de dor cruzava a linha de chegada primeiro. E treinar na rota, ontem, hoje e sempre, era a única forma de aumentar a tolerância à dor.

Os gêmeos se atiraram sobre os remos, totalmente esgotados. O ácido lático, subproduto daquele esforço intenso, fluía pelos seus músculos. Eles sentiam um incêndio em cada célula, seus pulmões estavam em chamas. As pequenas ondas formadas pelos remos, resíduos da energia investida no deslocamento do barco, se dissiparam rapidamente na superfície do lago Carnegie em Princeton, no estado de Nova Jersey.

Eles sabiam que o certo era começar a esfriar e voltar para o estaleiro, mas, naquele momento, não tinham energia nem para levantar os remos; erguer os corpos e iniciar a volta era impensável.

"Foi só um treino", disse Tyler. "No próximo, vamos recuperar."

Cameron nem levantou a cabeça.

"Aumentando o ritmo, algumas remadas a mais, vamos pegar o pódio."

Pelo tom de voz, ele percebeu que a derrota havia sido mais torturante para Cameron do que deveria (talvez para os dois). Sem dúvida, eles já haviam se dado mal em outras provas. A capacidade de isolar os desempenhos ruins, de deixar esses episódios na água, era importante no remo — com essa habilidade, os gêmeos conseguiram brigar nos tribunais contra uma das maiores empresas do mundo enquanto treinavam para as Olimpíadas. Naquele nível do esporte, o menor lapso de ritmo ou técnica era um passaporte para a derrota; contra competidores que treinavam para a equipe olímpica, cada remada tinha importância. O cenário bucólico do lago Carnegie, com seus 6,5 quilômetros de águas planas que há décadas abrigavam o centro de treinamento da equipe olímpica de remo, oferecia condições equilibradas de jogo, ou seja, tudo se resumia a uma combinação de músculos, técnica, treinamento e força de vontade. A vitória dependia do atleta, não dos recursos.

O lago Carnegie foi literalmente feito para o remo. Até 1902, a equipe de Princeton remava no Canal de Delaware, uma hidrovia com bastante movimento de cargueiros e embarcações de lazer, mas os atletas acabaram se cansando de dividir as águas com mercadorias e marinheiros amadores. Em um golpe de sorte, um ex-timoneiro e ex-aluno foi contratado para pintar um retrato do barão do aço, Andrew Carnegie, e entre pincéis e tintas, propôs a ideia de criar um lago para a equipe de remo da universidade. Empolgado, o patrono doou mais de US$ 100 mil, uma fortuna na época, para o projeto. Com o apoio de um grupo de ex-alunos e atletas, Carnegie comprou, em segredo, várias propriedades na região, fez uma represa no rio Millstone e removeu grandes quantidades de terra e água até criar um parque ideal para o remo.

Logo a equipe olímpica se voltou para aquele lago particular que ficava ao lado de um dos centros educacionais mais famosos do mundo. Os melhores remadores do país foram convidados para treinar naquela faixa d'água que se estendia para além do estaleiro centenário.

Tyler e Cameron haviam passado muitas manhãs se deslocando sob os arcos das pontes que atravessavam os pontos mais estreitos do lago, construídas com pedras do leito do sinuoso rio Charles, que cruzava Cambridge, no estado de Massachusetts. Foi lá que eles estrearam no remo, sob o comando do lendário Harry Parker. Em 2000, quando os gêmeos se matricularam em Harvard, Parker já treinava a equipe masculina há quase quarenta anos. Com a orientação dele, os remadores de Harvard haviam participado de todos os Jogos Olímpicos desde 1964. Os gêmeos dariam prosseguimento a essa tradição representando os Estados Unidos na categoria Dois Sem Timoneiro nas Olimpíadas de Pequim, em 2008.

Em Harvard, os irmãos Winklevoss foram campeões nacionais invictos. Cameron, canhoto, remava a bombordo e ocupava o 6º assento no barco da equipe; Tyler, destro, remava a estibordo e vinha logo atrás, no 5º assento. Os gêmeos ficavam no meio do barco, o local reservado para os maiores e mais fortes. Os jornalistas que cobriam esportes universitários se referiam a Cameron e Tyler como as "Torres Gêmeas" e à equipe como God Squad [Esquadrão Divino], pois alguns atletas eram cristãos e os demais se achavam deuses.

O God Squad era a equipe mais famosa de Harvard desde o grupo conhecido como "Rude and Smooth", da década de 1970, cuja história foi narrada por David Halberstam no livro *The Amateurs* [Os Amadores, em tradução livre]. O nome era uma referência às remadas suaves [smooth] e às piadas grosseiras [rude] da equipe. Muitos desses remadores icônicos participaram de Olimpíadas e foram muito bem-sucedidos depois das suas carreiras no esporte. Dick Cashin, ocupante do 6º assento do barco, se tornou um magnata do setor de investimentos de Nova York e financiou a construção do Harry Parker Boathouse, um estaleiro comunitário no rio Charles, próximo do Newell e do Weld, os estaleiros das equipes masculina e feminina de Harvard.

Os gêmeos ganharam do treinador uma cópia de *The Amateurs* na sua primeira temporada como remadores em 1997, ainda no colégio. Não foi coincidência a opção deles por Harvard alguns anos depois. Em 2000, já na universidade, esses calouros sonhavam com o dia em que integrariam uma equipe tão lendária quanto aquela.

Foi o que ocorreu. O God Squad nunca perdeu um torneio universitário. Na verdade, o grupo nunca teve nenhum adversário à altura. A equipe era tão rápida que ficou em sexto lugar na Copa do Mundo de 2004 em Lucerna, na Suíça, à frente das equipes olímpicas da Grã-Bretanha e da França. Depois, o grupo participou da Henley Royal Regatta, o principal evento do remo britânico, tão importante quanto os torneios de tênis em Wimbledon e hipismo em Ascot. Em Henley, o God Squad derrotou a equipe da Universidade de Cambridge e chegou à final do Grand Challenger Cup, que perdeu honrosamente para a equipe olímpica holandesa por uma diferença de dois terços do comprimento de um barco. Um mês depois, o mesmo grupo de holandeses ganhou a prata nas Olimpíadas de 2004, em Atenas. Essas conquistas atestaram a velocidade do God Squad e imortalizaram o grupo no panteão do remo universitário.

Depois de se formarem em Harvard, em 2004, os gêmeos trocaram o rio Charles pelo lago Carnegie, o centro de treinamento da equipe nacional de remo dos Estados Unidos.

O visual do lago Carnegie era ainda mais magnífico que o do rio Charles. Mas, infelizmente, a paisagem não facilitou a digestão da derrota naquela manhã. Para Tyler, aquela não era só uma prova inócua em um treino; o momento tinha uma alta carga *existencial*.

Faltavam dez meses para as Olimpíadas de Londres. Dava tempo para treinar dia e noite, chegar a um limite físico inteiramente novo e até ganhar alguma medalha. Seria uma honra incrível, uma vitória concreta, mas não mudaria nada. Não mudaria nada no plano pessoal nem na visão do mundo sobre eles. Eles já haviam sido julgados pelas aparências. Primeiro, por um sistema judicial que, para os irmãos Winklevoss, estava predisposto a estar contra eles desde o início; depois, pela opinião pública, massivamente influenciada por um filme que só mostrava o suficiente para defini-los como caricaturas, destacando suas imagens e os valores que eles, supostamente, representavam.

Só os irmãos sabiam a verdade, a história do que ocorrera depois da reunião na jaula de vidro. E aquela vitória tinha um insistente sabor de derrota.

S essenta e cinco milhões de dólares!", disse Calamari, advogado dos gêmeos, quase aos gritos. Ele segurava a única folha da proposta em uma mão e uma fatia de pizza na outra. "É incrível. Vocês percebem como é incrível?"

Gotículas de queijo derretido escorriam da pizza enquanto ele gesticulava. Era evidente que o advogado de trajes descontraídos estava empolgado com a proposta.

Tyler observava a folha na mão de Calamari. O valor de US$ 65 milhões parecia ótimo até ser comparado com a fatia de Zuckerberg, avaliada em US$ 15 bilhões (e crescendo).

"Falta alguma coisa", apontou Tyler, mas foi interrompido por Calamari; aquela maldita fatia de pizza ameaçava se libertar dos dedos dele e atacar os gêmeos.

"É brincadeira? Gente, isso é Natal em fevereiro! Ele aprovou o acordo. É uma fortuna!"

Tyler se voltou para Cameron, que estava tão irritado quanto ele. Claro, Zuckerberg queria o acordo. Por mais teimoso que ele fosse, o acordo sempre fora a melhor solução. Talvez Zuckerberg esperasse até a véspera do julgamento e fechasse o acordo na entrada do tribunal, mas aquela era a melhor opção. Embora o CEO do Facebook, no fundo, achasse que os irmãos não tinham nenhum direito ali, Zuckerberg sabia que estava passando da hora — o clima era pesadíssimo; além disso, havia os e-mails. Eram muitas mensagens, e os gêmeos achavam que esse material era suficiente para torturá-lo e virá-lo do avesso no tribunal. A opção do julgamento oferecia muitos riscos. O júri não resolvia facilmente essas questões de fraude. Pior, Zuckerberg sabia que a outra parte solicitaria provas técnicas, como imagens eletrônicas do disco rígido do seu computador, a máquina que ele usava na época de Harvard. Algum tempo depois, os gêmeos descobririam que Zuckerberg tinha bons motivos para evitar esse procedimento.

O Facebook era um monstro, o maior unicórnio do Vale do Silício, e recebia milhões de novos usuários a cada dia. Zuckerberg se tornara uma celebridade internacional, o jovem CEO de uma das empresas mais bem-sucedidas da história. Sem dúvida, o Facebook logo listaria suas ações na bolsa de valores, e Zuckerberg e o conselho de administração não estavam nem um pouco interessados na divulgação de documentos potencialmente prejudiciais.

Zuckerberg sabia das possíveis implicações desse processo. O disco rígido que ele usara em Harvard continha muitas mensagens instantâneas (IMs). Algumas delas haviam sido encaminhadas para seu amigo Adam D'Angelo, um talentoso programador que frequentara a CalTech e agora era diretor técnico (CTO) do Facebook. Essas mensagens já haviam sido catalogadas pela perícia judicial que examinara o disco rígido de Zuckerberg, mas Neel Chatterjee, advogado dele, não autorizara o acesso da outra parte a elas. O caso lembrava a história do gato de Schrödinger: se houvesse acordo, as mensagens não existiriam; se Zuckerberg continuasse sendo cabeça dura, elas viriam à tona. Além disso, se a outra parte ganhasse esse acesso por meio de uma medida cautelar, havia o risco de vazamento das mensagens na internet, que tem uma memória de elefante.

No final das contas, os medos de Zuckerberg e sua equipe se concretizaram, mas, felizmente para ele, só anos *depois* do seu acordo com os gêmeos. Nicholas Carlson, um intrépido jornalista do site *Business Insider*, teve acesso a várias dessas mensagens instantâneas, cuja legitimidade depois foi confirmada por Zuckerberg quando a revista *The New Yorker* publicou os arquivos.

Entre as mensagens, havia uma conversa de Zuckerberg com D'Angelo sobre o site Harvard Connection/ConnectU, que ele estava desenvolvendo para Tyler, Cameron e Divya. Segundo Carlson, Zuckerberg comentou com D'Angelo:

> Então, estou montando um site de encontros. Minha dúvida é se ele se parece com o negócio do Facebook. Os dois provavelmente serão lançados na mesma época. Acho que vou ter que mandar um foda-se pro pessoal do site de encontros e dizer que não dá mais no fim do prazo que eu tinha dado.

A partir daí, o tom de Zuckerberg fica cada vez mais pesado:

> Também odeio o fato de estar trabalhando para os outros haha. Odeio chefes. Acho que a coisa certa a fazer é terminar o Facebook e esperar até o último dia do prazo que eu marquei e depois dizer "olha, o de vocês não é tão bom quanto o meu, mas, se vocês quiserem colocar o site na minha página, talvez eu possa mexer nele depois". Você acha isso sacanagem demais?

Depois, D'Angelo perguntou como Zuckerberg pretendia lidar com os gêmeos. Zuckerberg respondeu:

> Ah, vou massacrar esses fdp...

Juridicamente, as mensagens estavam em uma área cinzenta — não eram provas cabais, mas eram perigosas. Já o caráter de Zuckerberg naquela época era bem mais definido. Em outra mensagem, ele disse ao amigo: *"Você pode ser antiético e andar dentro da lei — é assim que eu vivo a vida."* Algum tempo depois, essa filosofia deixaria os futuros acionistas do Facebook bastante nervosos. Sem dúvida, Zuckerberg havia mudado desde a época da faculdade — como alguém poderia passar pelo que ele passou sem mudar em vários aspectos? Boa parte dessas mudanças continuava sendo um mistério para as pessoas. Talvez ele tivesse se arrependido dos sentimentos que expressara nessas conversas, como disse depois ao *The New Yorker*. Mas essas mensagens só eram uma parte da história; as palavras foram materializadas por ações.

Antes de ser abordado pelos irmãos Winklevoss, o empreendimento mais ousado de Zuckerberg fora o facemash.com, uma versão do site Hot or Not?. A página extraía fotos de alunas da rede da universidade e, sem o consentimento delas, exibia duas imagens, lado a lado, para que os visitantes avaliassem qual era a "mais gostosa". Em uma conversa, ele considerava a hipótese de abrir o facemash.com para comparações das alunas com fotos de *animais de criação*. Zuckerberg encarou acusações de ter violado a segurança da rede de Harvard, direitos de propriedade e a privacidade das estudantes e quase foi expulso pelo Conselho de Administração, mas acabou pegando só uma advertência.

Depois do sumiço de Zuckerberg e do surpreendente lançamento do Facebook em 4 de fevereiro de 2004, os gêmeos e seu amigo Divya tiveram que encontrar outros programadores para terminar o ConnectU, lançado em 21 de maio de 2004. Mas Zuckerberg, depois de fazer seus colegas de otários para obter uma vantagem imensa, foi mais longe e lançou ataques pessoais. Segundo o artigo do *Business Insider*, Zuckerberg fez a seguinte descrição para D'Angelo em uma troca de mensagens:

> Pegamos uma falha no sistema [do ConnectU] e criamos outra conta pro Cameron Winklevoss. Copiamos o perfil dele, mas eu troquei todas as respostas por comentários racistas e elitistas.

A conta falsa criada por Zuckerberg não foi só um ataque ao caráter de Cameron. Esse episódio também revela como Zuckerberg percebia — e julgava — os irmãos desde aquele primeiro contato no refeitório de Kirkland.

CAMERON WINKLEVOSS

Cidade natal: "Sou privilegiado, porra. Deu pra entender?"

Educação: Gente do seu tipo não pode nem falar o nome.

Etnia: Melhor do que a sua.

Altura: 2,15m

Porte físico: Atlético

Cabelo: Loiro ariano

Olhos: Azuis-celestes

Citação Favorita: "O valor dos sem-teto é igual ao seu peso em clipes de papel — Odeio negros."

Idiomas: Os melhores e mais europeus

Clubes: Só entrei no Porcelain por causa do meu pai

Interesses: Dilapidar o patrimônio do meu pai...

Para os gêmeos, se Zuckerberg hackeou o site que foi contratado para desenvolver, ele violou uma lei federal. O perfil falso foi só o começo. Em outras mensagens, Zuckerberg se vangloriava de ter hackeado o código do ConnectU e desativado contas de usuários só por diversão.

E não parou por aí. Na primavera de 2004, Cameron enviou um e-mail para a seção de "dicas" do *Harvard Crimson* apontando o comportamento dissimulado de Zuckerberg. O repórter Tim McGinn passou a cobrir o caso e começou a investigar. Tim falou com Cameron, Tyler e Divya e analisou os e-mails trocados por Cameron e Mark. Em seguida, ele procurou Zuckerberg para ouvir o seu lado da história. Algum tempo depois, Cameron soube que Zuckerberg foi até a sede do *Harvard Crimson* para convencer McGinn e Elisabeth Theodor, sua editora, a não insistirem no caso. Quando McGinn e Theodore decidiram continuar a investigação, Zuckerberg teria invadido o e-mail de McGinn no servidor de Harvard para acompanhar o processo e conferir se a matéria seria escrita.

Chegou a Cameron a informação de que Zuckerberg teria usado dados do Facebook para hackear o e-mail de McGinn, violando a confiança e a privacidade dos usuários do site. Especificamente, ele teria usado a senha da conta de McGinn no Facebook para acessar o e-mail dele no servidor de Harvard. Zuckerberg também teria analisado os logs de falhas no login do site para determinar se McGinn já havia digitado a senha do seu e-mail de Harvard por engano na autenticação do Facebook. Com essas informações pessoais, extraídas das profundezas do Facebook, Zuckerberg poderia ter hackeado a conta de McGinn e lido todos os seus e-mails, incluindo as mensagens trocadas com Cameron, Tyler e Divya. Ele também teria acesso aos e-mails em que Theodore descrevia a McGinn a reunião com Zuckerberg na sede do *Harvard Crimson*: "[Zuckerberg] me pareceu bem malicioso. Algumas respostas dele não foram diretas nem transparentes. Também achei a reação dele ao site muito, muito estranha."

Talvez o hack de Zuckerberg no ConnectU não fosse competência da universidade, mas essa invasão ao e-mail de outro aluno no servidor de Harvard era. De fato, essa prática violava a segurança da rede de Harvard e a privacidade do aluno em questão (bem como a política de privacidade atual do Facebook), e Zuckerberg já estava em maus lençóis depois do episódio do facemash.com, ocorrido no início do ano letivo.

Na época, Harvard não sabia das outras violações de Zuckerberg, que só vieram à tona alguns anos depois. Mas, embora Zuckerberg fosse um aluno de Harvard (de fato, ele ainda é, pois tirou uma licença por tempo indeterminado para administrar o Facebook ao final do segundo ano), a instituição nunca adotou medidas abertas para puni-lo por esse hacking.

Para Zuckerberg, o disco rígido da época da faculdade afastava a opção do julgamento não só porque as mensagens sobre os gêmeos botariam areia na sua fama de CEO menino gênio, mas, mais importante, porque esse material lançaria dúvidas sobre a revolução que ele estava criando:

> Se precisar de informações sobre alguém de Harvard, é só pedir. Tenho mais de 4 mil e-mails, fotos, endereços, SNS. As pessoas mandaram tudo isso. Não sei por quê. Elas "confiam em mim". Bando de babacas.

Essa troca de mensagens pessoais entre universitários é o equivalente digital do "papo de mesa de bar". Mas, quando se trata de um ex-aluno dedicado à missão de "conectar o mundo" e, por isso, com fácil acesso à privacidade de milhões de pessoas, esse tipo de conversa cria um risco fatal. Já os gêmeos acreditavam que as mensagens comprovavam sua versão, reiterada desde o início do caso: Zuckerberg deliberadamente prejudicara os dois. A imagem do nerd simpático, que só usava moletons e falava sobre criar coisas "legais", não batia com o Mark Zuckerberg que eles conheciam. Essas palavras e ações tão pesadas incomodavam os irmãos Winklevoss; embora a equipe de advogados encarasse aquele resultado como uma vitória, eles não conseguiam "deixar para lá".

"Isso é papo furado", disse Tyler, observando o papel cheio de rabiscos. "Somos proprietários legítimos."

Calamari ainda estava sorrindo em meio à pizza da vitória. Ele acabara de falar ao telefone com John Quinn (do escritório Quinn Emanuel), provavelmente para contar vantagem sobre o acordo. Ninguém entendia nada ali; os advogados não compreendiam muitos pontos. Calamari tivera dificuldades com a apresentação de PowerPoint preparada pelo advogado principal para a abertura da mediação. Era irônico demais: um advogado que mal sabia operar um computador estava atuando em uma disputa contra uma das maiores empresas de tecnologia do mundo. Calamari trocara várias vezes o nome de Zuckerberg por "Zuckerberger" e agora estava correndo para o abraço com John Quinn antes mesmo de o acordo ser assinado.

Para Tyler, a questão central ali não era o dinheiro, nunca havia sido. Como tão delicadamente apontado por Zuckerberg no perfil falso de Cameron, os irmãos Winklevoss nasceram em berço de ouro. Mas Zuckerberg não sabia que essa infância privilegiada fora construída pelo pai deles com muito suor, cérebro e caráter.

Vindo de uma família de imigrantes alemães que trabalhavam em minas de carvão, o Winklevoss pai incutiu nos gêmeos um senso de certo e errado tão estrito que chegava a ser automático. Para eles, a vitória só era real quando vinha da maneira certa, pelos motivos certos.

Tyler não podia deixar para lá e seguir em frente, nem mesmo por US$ 65 milhões em dinheiro.

"Queremos ações", disse ele, subitamente. Cameron concordou. O rosto de Calamari ficou lívido. A fatia de pizza caiu sobre a mesa.

"Tá louco? Vai querer investir naquele mané?!", disse Calamari, incrédulo, lançando um olhar para que seus colegas também se manifestassem. Imediatamente, ele e a equipe iniciaram uma campanha para convencer Tyler e Cameron de que estavam fazendo besteira, uma loucura total, apontando que o certo era pegar o dinheiro e dar o fora. Na verdade, os advogados não gostavam de ser pagos em ações, cujo valor podia oscilar a qualquer momento. Eles tinham um carinho especial por dinheiro vivo. Naquela situação, a comissão de 20% do escritório Quinn Emanuel, US$ 13 milhões por seis meses de trabalho, parecia muito incerta.

Os cinco advogados imploraram, mas os gêmeos não deram o braço a torcer. Para eles, pegar as ações era uma forma de voltar no tempo e corrigir aquele erro. Como fundadores (que não estavam entre os limados por Zuckerberg), os irmãos tinham direito àquelas ações. Depois de tantos anos, era uma chance de retornar, em certos aspectos, a um ponto de partida ideal. Nem uma centena de advogados, vestidos com camisas havaianas e sandálias, poderia convencê-los do contrário.

No final das contas, os gêmeos e os advogados chegaram a um acordo; do total de US$ 65 milhões, os irmãos receberiam US$ 20 milhões em dinheiro e aproximadamente US$ 45 milhões em ações. O tempo mostrou que a escolha desses malucos foi um dos maiores investimentos de todos os tempos. Os advogados não entendiam nada ali.

Depois que o Facebook entrou na bolsa de valores, os US$ 45 milhões dos gêmeos se multiplicaram. O valor aumentou quinze vezes, superando a marca de US$ 500 milhões. Se o pessoal do Quinn Emanuel tivesse optado pela comissão em ações, o escritório teria ganhado mais de US$ 300 milhões por seis meses de trabalho.

PESO MORTO NA ÁGUA

Sentado no barco, flutuando em silêncio até o centro do lago artificial em Nova Jersey, observando os outros voltarem para o estaleiro, Tyler tinha plena consciência do preço que a disputa tivera sobre eles. A intensa publicidade em torno da questão — culminando no filme, que espalhara seus nomes pelo mundo todo — atraiu uma pressão constante, nos tribunais e no espaço público.

Pouco depois do acordo, os gêmeos descobriram que o Facebook fora avaliado por uma empresa independente. Essa avaliação, que o site aplicava para atender aos requisitos do código tributário dos EUA, listava o valor das ações dos gêmeos a 1/4 do preço definido no acordo — era outro massacre?

Sem dúvida, soava como fraude financeira para os gêmeos: a omissão de uma avaliação independente em um acordo que previa uma transação com ações. Mas o Facebook alegava que não havia omitido nada nem enganado ninguém.

Com base na avaliação e nas mensagens publicadas pelo *Business Insider*, os gêmeos tentaram reabrir o processo, mas a medida foi rejeitada por um juiz federal da Califórnia em uma decisão confirmada posteriormente pelo Tribunal Federal de Recursos da 9ª Região no estado. Os tribunais negavam os pedidos dos gêmeos, o que não era surpreendente; eles estavam enfrentando o Facebook, um monstro de US$ 100 bilhões, no quintal da empresa. A situação estava em outro nível agora, e os irmãos e Zuckerberg não eram os únicos interessados. O presidente Obama visitou a sede do Facebook depois das eleições de 2008 — sua vitória foi associada ao site de Zuckerberg, utilizado pela equipe da campanha para interagir com milhões de eleitores, a "Geração Facebook"; Obama também ficou conhecido como o "Presidente da Era Facebook". Convenientemente, um dos gurus eleitorais de Obama era Chris Hughes, um antigo colega de Zuckerberg que, antes da campanha, coordenava o marketing e a comunicação do Facebook. O ponto alto desse processo foi a capa da revista *Time*, em 2010, que estampou Zuckerberg como a Pessoa do Ano: "Por conectar mais de meio bilhão de pessoas e mapear suas interações, por criar um novo sistema de troca de informações e por mudar a forma como vivemos." Encarar um titã da tecnologia na Califórnia não era lá muito animador. Os gêmeos achavam que, naquele jogo de cartas marcadas, todos os ases estavam nas mãos de Zuckerberg.

Acreditavam que haviam sido enganados várias vezes por Zuckerberg, que roubara deles a ideia que originou o Facebook em 2004, impedira o acesso às mensagens negativas durante o litígio e omitira a avaliação no acordo — uma vitória com um insistente sabor de derrota.

Apesar de possuírem centenas de milhões de dólares em ações, um valor expressivo em qualquer contexto, os gêmeos se sentiam como perdedores que haviam sido massacrados por Zuckerberg em várias ocasiões. Além disso, enfrentar Zuckerberg de maneira tão aberta prejudicara a imagem deles no tribunal da opinião pública. Os irmãos Winklevoss foram triturados pela imprensa e ridicularizados pela blogosfera, definidos como pirralhos mimados e invejosos terminais. No entanto, sempre que as traições shakespearianas de Zuckerberg vinham à tona, a mídia ignorava.

Até Larry Summers, ex-reitor de Harvard, chamou os irmãos de "babacas" em uma apresentação no evento Brainstorm Tech Conference, realizado pela *Fortune* no Aspen Institute. Por quê? Porque os gêmeos estavam de terno e gravata quando foram à sala de Summers, em abril de 2004, para falar sobre o comportamento dissimulado de Zuckerberg — uma conduta que, segundo eles, violava diretamente o *Manual do Aluno de Harvard*, especificamente o item que estabelecia: *Todos os alunos devem ser honestos e transparentes em suas relações com os membros da comunidade de Harvard. Além disso, havia a expectativa de "honestidade intelectual" e "respeito pela dignidade humana".*

Indignados com esse ataque público, tão injusto e desonesto para um educador e professor de Harvard, os gêmeos escreveram uma carta aberta para Drew Faust, reitor da instituição na época, criticando a conduta de Summers:

No expediente normal [de março], nós [Cameron, Tyler e Divya] esperávamos na recepção [da sala do reitor Summers] quando fomos informados de que teríamos que voltar no mês seguinte, pois já havia alunos demais na fila. Em abril de 2004, voltamos no horário normal do expediente e conseguimos uma reunião com o reitor Summers. Seu comportamento foi consistente com sua reputação e suas recentes confissões de falta da mais elementar civilidade. O pior não foi o lapso de não apertar nossas mãos na entrada da sala (para isso, ele precisaria ter tirado os pés da mesa

> *e se levantado da cadeira) nem seus hábitos, mas seu desprezo por um debate honesto sobre questões éticas profundas, o Código de Honra de Harvard e sua aplicabilidade.*
>
> *Agora compreendemos melhor por que a reunião foi improdutiva; o indivíduo que não adota uma conduta ética no plano pessoal não tem o mínimo interesse no assunto, ainda mais quando se trata da conduta de outras pessoas. Talvez haja uma "variabilidade de aptidão" para decência e profissionalismo no corpo docente da universidade.*
>
> *Entretanto, é terrível que um professor desta universidade admita abertamente que julga o caráter dos alunos com base nas aparências. Naturalmente, todo aluno deve se sentir à vontade para comunicar suas demandas, se vestir como achar melhor e se expressar sem medo de preconceito ou depreciação pública por parte dos colegas da comunidade e, principalmente, dos professores.*
>
> *Ironicamente, nossa escolha de vestuário naquele dia foi influenciada pelo respeito que dedicamos à reitoria. Por conseguinte, solicitamos respeitosamente que o senhor, como atual reitor da universidade, analise esse episódio lamentável e nocivo à relação especial entre professor e aluno. Aguardamos sua resposta.*

Apesar de Summers ter confessado publicamente que avaliara os gêmeos, seus alunos, com base na aparência, a imprensa encarou tudo com sarcasmo; o reitor Faust jogou a carta para escanteio e se recusou a emitir uma advertência.

Não surpreende que a passagem de Summers pela reitoria de Harvard tenha sido curta e considerada por muitos como um fracasso. Em janeiro de 2005, durante uma conferência acadêmica sobre diversidade na ciência e na engenharia, Summers causou um escândalo quando questionou a aptidão natural das mulheres — em comparação com a dos homens — para a atividade científica. Três meses depois, o corpo docente de Harvard aprovou uma moção que retirava seu apoio ao reitor; menos de um ano depois, em 21 de fevereiro de 2006, Summers renunciou. Foi o mandato mais curto na reitoria desde a Guerra Civil.

Depois de Harvard, Summers passou a atuar no governo de Obama, mas não recebeu a nomeação para a presidência do Federal Reserve, que ficou com Janet Yellen — uma mulher. Ironicamente, apesar de não ter percebido o enorme potencial do Facebook quando o site se apresentou diante dele em Harvard Yard — na reunião com os gêmeos, ele se referiu à rede social como um projeto irrelevante —, Summers depois integrou os conselhos de algumas empresas de tecnologia do Vale do Silício, incluindo a Square. Nessas atividades, ele contava com a influência de Sheryl Sandberg, diretora de operações do Facebook desde 2008. Ela era ex-aluna e trabalhara com Summers em sua passagem pela secretaria do tesouro na época do presidente Clinton. Talvez a amizade de Summers com Sandberg tenha inspirado sua antipatia com os gêmeos e uma vontade de acertar as contas. Quem sabe?

"A gente pode ganhar essa corrida infinitas vezes", disse Cameron, na popa do barco, "mas nunca vai ser suficiente".

Ele tinha razão. Os irmãos agora possuíam muito dinheiro, mas, para o mundo todo, eram perdedores. Ninguém mudaria de opinião se eles participassem de outra Olimpíada. Até um pódio não faria justiça no caso deles. Os gêmeos seriam apenas os atletas idiotas que remaram na direção do pôr do sol.

"Não levem pro lado pessoal", dissera um dos advogados, "são só negócios". Nesse ponto, eles começaram a questionar o número de ações do Facebook que receberam. Para Tyler, isso cheirava tão mal quanto a mensagem de Zuckerberg: "Você pode ser antiético e andar dentro da lei."

Entre eles e Zuckerberg, a questão nunca havia se limitado aos negócios, sempre fora pessoal. E os irmãos haviam perdido. Para mudar essa narrativa, os remos não seriam suficientes.

Eles tinham que voltar para a arena onde tudo começara para retomar a briga.

3
OS PÁRIAS

Quatro semanas depois, a cabeça de Cameron estava a mil ao sair do táxi que levara os irmãos Winklevoss do Aeroporto Internacional de São Francisco para o coração do Vale do Silício. Era uma "viagem de trinta minutos" que sempre demorava mais de uma hora, com um visual bem agradável para quem pegava a estrada 280 em vez de tentar a sorte na 101. Mas Cameron mal notara a paisagem, sentado ao lado do irmão no banco traseiro, vasculhando a imensa pasta com fichas de empresas trazida de Nova York.

Depois de anunciarem oficialmente sua saída da equipe olímpica, os irmãos voltaram ao mundo da alta tecnologia do Vale do Silício. Mas, diferente de Zuckerberg, eles não se mudaram para a costa oeste. Manhattan era a opção mais natural para uma base de operações. Além de ser um cenário mais familiar (eles cresceram nos arredores da cidade), a empresa de consultoria do pai dos gêmeos fizera fortuna com uma clientela de organizações sediadas em Nova York, muitas delas listadas na Fortune 500. Para os irmãos, não importava de onde vinham as ideias nem onde as empresas construíam sedes sofisticadas; Nova York ainda era o centro financeiro do mundo.

Como tudo que eles faziam na época virava notícia, quando os gêmeos alugaram escritórios para a empresa de capital de risco Winklevoss Capital no Flatiron District — o epicentro da crescente cena de tecnologia de Nova York, conhecido informalmente como Silicon Alley [Beco do Silício] —, a transação foi manchete na seção especializada em imóveis do jornal *New York Post*. Com aqueles 640 m² em área nobre, a poucos quarteirões do Empire State, tudo indicava que os gêmeos queriam fazer uma entrada em grande estilo.

Atuar como investidores anjos — investidores que adiantam recursos para empreendedores sem nenhuma garantia — parecia a forma mais rápida de voltar ao jogo das startups e aumentar as chances de mudar o final da história que fora inventada para eles.

Divya Narendra, colega e parte na briga judicial dos gêmeos contra Zuckerberg, já tinha virado a página. Depois de se formar em direito e obter um MBA pela Universidade Northeastern, Divya fundou o SumZero — uma rede social para investidores profissionais. Em vez de compartilhar fotos, os usuários trocavam ideias sobre investimentos. Embora não tivesse bilhões de usuários, os usuários do SumZero tinham bilhões de dólares. A rede da empresa já se aproximava do status de maior do mundo na área, e os gêmeos estavam empolgados com a possibilidade de investir nela. Então, tiveram um insight: quantos Divyas não havia por aí, camuflados no cotidiano? O empreendedor tinha uma, talvez duas, mas não mais do que três chances de tirar a sorte grande. O investidor de risco, no entanto, podia caçar a sorte grande enquanto seu dinheiro durasse.

Cameron e Tyler cresceram no mundo financeiro. Eles sabiam que o dinheiro era o ar das empresas. Sem os US$ 1 mil iniciais de Eduardo Saverin e os US$ 500 mil de Peter Theil, o bilionário do PayPal, o Facebook ainda seria um site feito de zoeira por um bando de universitários. O dinheiro permitiu que Zuckerberg aplacasse o apetite voraz do Facebook por engenheiros e servidores e dominasse o mundo.

Cameron se viu diante da fachada de um edifício de vários andares; a estrutura de madeira ficava entre um pequeno estacionamento e um *biergarten* cercado. Logo em frente, uma placa de cores vivas, com a imagem de uma palmeira, adornava um canto do prédio e anunciava, em letras largas e alaranjadas: *Oasis*. Embaixo, havia uma inscrição menos dramática: *Burgers & Pizza*.

Como investidores em tecnologia, seu irmão e ele não inventariam o próximo Facebook, mas poderiam encontrá-la. E talvez ela estivesse ali; Cameron sentia a onda inicial de uma emoção conhecida. Aquele era um novo capítulo para os gêmeos, e ele não imaginava um ponto de partida melhor do que o Oasis, uma lanchonete bem no centro de Menlo Park.

Cameron sabia que Tyler, saindo naquele momento do táxi com uma pasta cheia de planos de negócios de empresas em busca de capital de risco, diria para ele respirar e atenuar o otimismo. Embora muitos achassem que eles eram idênticos, os irmãos Winklevoss são gêmeos espelho; ocorre quando o óvulo fecundado começa a se dividir mais tarde do que o normal no processo, por volta do nono dia, e origina dois embriões separados. Os gêmeos são dizigóticos — dois óvulos fecundados por dois espermatozoides —, mas os gêmeos idênticos são monozigóticos — um único óvulo, fecundado por um único espermatozoide, que origina dois embriões viáveis. Os gêmeos espelho começam de modo semelhante — um único óvulo fecundado por um único espermatozoide —, mas permanecem unidos por um tempo bem maior; a divisão que dá origem a gêmeos idênticos normais ocorre entre o segundo e o quinto dia. De fato, podemos afirmar que os gêmeos espelho são dois indivíduos que permaneceram unidos pelo maior tempo biologicamente possível — o monozigoto que se divide após o 10º dia, em geral, produz gêmeos siameses, unidos para sempre.

Como os gêmeos idênticos, os gêmeos espelho têm as mesmas características físicas, mas são exatamente opostos, como o reflexo de alguém em um espelho. Se um gêmeo tiver uma marca de nascença na coxa esquerda, o outro terá a mesma marca na coxa direita.

Como duas páginas sequenciais arrancadas de um livro: Tyler é destro, e sua região cerebral mais ativa é a esquerda; ele é analítico, comedido e mais estratégico. Cameron é canhoto, e sua região cerebral mais ativa é a direita; ele é mais tático, operacional, engraçadinho e artístico; às vezes, mais empático e otimista.

Muitas vezes, Tyler pensava mais na escada do que nos degraus; já Cameron deixava sua imaginação correr solta até se esquecer dos dados disponíveis. Nenhum se definiria como poeta, mas, se Tyler via tons em preto e branco, Cameron tentava absorver mais cores. Os dois tinham uma criatividade intuitiva e, juntos, acreditavam no potencial das suas mentes para criar algo excelente.

Agora, com as centenas de milhões de dólares que receberam após o acordo com o Facebook, poucos entendiam por que os gêmeos queriam começar de novo. Eles nunca precisaram trabalhar, mas escolheram trabalhar todos os dias. Por quê? Eles estavam atrás de quê?

Os gêmeos eram movidos pela *curiosidade* e pelo desejo de explorar. Eles se davam bem com desafios e adoravam testar seus limites. Para eles, isso era emocionante, fascinante. A complacência não estava no DNA deles.

Tyler e Cameron eram essencialmente *construtores*. Na infância, eles montavam LEGOs, na adolescência, sites; na faculdade, construíram uma rede social. Eles não estavam na Terra a passeio. Eles estavam aqui para criar.

Diferente da visão de Zuckerberg — que insistia no erro de que os gêmeos não passavam de atletas burros —, aos 13 anos de idade, eles aprenderam HTML sozinhos e até ganharam algum dinheiro no verão criando sites para pequenas empresas. Naquela época, os irmãos não tinham aulas de computação na escola, então fizeram todos os cursos de extensão que encontraram. O plano deles era estudar ciência da computação em Harvard, mas, como a dedicação exigida pela equipe de remo inviabilizou o projeto, eles se formaram em economia. Zuckerberg teve sorte — em outro mundo, os gêmeos nunca teriam recorrido a ele para ajudar no desenvolvimento do site. Em todo caso, Tyler e Cameron não achavam que estavam na Terra a passeio; eles estavam aqui para criar, construir.

E não havia outro lugar melhor para construir o futuro do que o Vale do Silício. O local não apenas abrigava um bando de empreendedores com propostas para investidores: o Vale do Silício era um organismo vivo, dinâmico.

O sistema circulatório era formado pelos figurões do investimento de risco, instalados em sedes de poucos andares, no estilo dos ranchos californianos, ao longo da Sand Hill Road: inaugurada como base por Kleiner Perkins, em 1972, a proverbial "Sand Hill" agora servia de endereço para empresas como Sequoia, Accel, Founders Fund e Andreessen Horowitz, entre outras. A Sand Hill injetava dinheiro nas veias das startups embrionárias para desenvolver suas mãozinhas e pezinhos.

Os órgãos vitais do Vale eram as megacorporações que tomaram essa injeção e ampliaram seu porte, viabilidade e força: em Mountain View, havia o Google, sediado no imenso campus Googleplex, com sessenta edifícios repletos de engenheiros, desenvolvedores e especialistas em IA; a Apple ficava em Cupertino e estava prestes a se tornar a empresa mais valiosa do mundo e a finalizar a construção da sua nova sede, projetada para parecer uma enorme nave espacial que caíra na Terra; claro, havia o Facebook, que havia se instalado inicialmente a poucos quarteirões de onde Cameron estava, mas que agora se assentava no número um da Hacker

Way, cuspindo novos milionários a cada semana, elevando o preço dos imóveis para a maior faixa do país e brindando a Sand Hill com os códigos postais mais ricos dos Estados Unidos; Intel, Tesla, Twitter e assim por diante, cada organização tão essencial para o sistema quanto um fígado, um rim ou um pulmão. Havia também alguns órgãos vestigiais, como as famosas garagens da HP e da Apple, pontos turísticos onde os visitantes se imaginavam no papel de engenheiros jovens e geniais prestes a mudar o mundo.

O organismo tinha até um cérebro: a Universidade de Stanford, em Palo Alto, que produzia anualmente dezenas de jovens brilhantes, entre cientistas e engenheiros da computação, neurotransmissores que fluíam pelos neurônios do sistema nervoso do Vale, formando grupos para saltar entre as diversas sinapses instaladas ao longo das suas rotas.

E, claro, havia o sistema digestivo: restaurantes, lanchonetes e cafés onde a aristocracia do Vale se reunia para trocar inovações em meio a ovos mexidos, *chai lattes* e batatas fritas.

O Oasis podia não ser tão famoso quanto o Buck's of Woodside, um restaurante próximo onde ocorreu a primeira demonstração do PayPal e onde um investidor recebeu a primeira proposta de um negócio chamado Yahoo!, mas a hamburgueria e seu jardim, na esquina da primeira sede do Facebook, já atendiam os empreendedores, investidores e sonhadores radiantes do Vale há décadas. Aberta logo após o fim da Lei Seca, a lanchonete era um dos lugares favoritos de Cameron e Tyler para fazer reuniões. De fato, era o local favorito dos seus pais, quando a jovem família ainda morava em Palo Alto. Depois que o pai deles vendeu sua primeira empresa para a Johnson & Higgins, uma das maiores corretoras de seguros do mundo, a família se mudou para a Costa Leste. Embora soasse meio estranho fazer reuniões tão perto do reino de Zuckerberg, com quem os irmãos sabiam que eram associados por todos no Vale, não havia motivo para evitar a associação. Além disso, o Oasis servia ótimos hambúrgueres.

Tyler foi o primeiro a chegar, mas abriu passagem para Cameron na entrada do restaurante. Cameron ficou impressionado com o cheiro de batatas fritas, carne grelhada e cerveja; passava das duas da tarde, mas o local estava lotado. Todos tinham uma aparência impossivelmente jovial; Cameron imaginou que metade eram alunos de Stanford, os outros deviam ser recém-graduados. Ao passar pelas mesas, ele pensou nos possíveis funcionários do Facebook sentados ali. Enquanto os irmãos atravessavam a multidão, as pessoas olhavam, apontavam e fingiam que não tinham visto. Não havia nada de estranho nisso; as pessoas sempre olhavam e apontavam para eles nos lugares. Mesmo antes do filme, antes de Harvard, os gêmeos sempre atraíam a atenção dos outros. Mas ali era diferente.

Cameron começou a sentir uma leve redução no otimismo de alguns segundos atrás; não era a prudência habitual de Tyler refletida em sua mente, mas algo que ele conseguira evitar no longo voo saindo de Nova York e no táxi do aeroporto até ali. Embora os irmãos tivessem criado a Winklevoss Capital alguns meses antes e divulgado que estavam em busca de startups de tecnologia para investir, eles ainda não haviam fechado nenhum acordo. Tyler segurava uma pasta imensa, mas muitas daquelas empresas já haviam passado de possíveis investimentos para oportunidades perdidas.

Os dois agiam rápido quando gostavam de alguma coisa, fazendo ligações e viajando para outras regiões logo que algo despertava seu interesse. Mas, várias vezes, devido a algum problema na percepção da oportunidade, eles estavam prestes a assinar o cheque quando recebiam uma mensagem do empreendedor dizendo que, infelizmente, a rodada de financiamento acabara de ser fechada ou que havia "excesso de interessados". Isso não era incomum em um mundo onde rodadas milionárias aconteciam em uma tarde e onde havia um grande volume de dinheiro caçando o próximo sucesso estrondoso — mas, ainda assim, era muito frustrante. O dinheiro estava pronto para ser transferido, mas o negócio nunca era fechado.

Cameron se recusava a cancelar seu otimismo. Mas, enquanto seguia Tyler em meio à multidão, passando por mesas abarrotadas de jarras de cerveja, montanhas de batatas fritas, hambúrgueres e cachorros quentes tostados, ele questionava se aqueles olhares indicavam outra coisa.

Cameron afastou esse pensamento incômodo quando, por cima do ombro do irmão, viu um rapaz bem esquisito. Sardento, magro, com cabelos ruivos sobre um rosto esticado e vestindo uma camiseta verde gritante, o sujeito estava sentado sozinho em uma mesa redonda, com uma jarra meio vazia de cerveja na frente dele, três copos cheios já preparados.

Tyler chegou à mesa primeiro e, um segundo depois, o rapaz se levantou um pouco da cadeira, nervoso e suado, e apertou suas mãos como se estivesse bombeando água de um poço. Ele estava sorrindo, mas, antes de se sentar ao lado de Tyler, Cameron percebeu que havia algo errado. Ele se instalou em um banco de madeira manchado, cheio de assinaturas esculpidas pelos clientes. Até ali, os empreendedores eram obcecados pela ideia da imortalidade e queriam ser lembrados para sempre. Ser imortalizado em alguns centímetros de madeira no centro do Vale do Silício era melhor do que nada.

No dia anterior, pouco antes dos irmãos embarcarem para a Califórnia, aquele garoto — seu nome era Jake; ele se formara em Stanford havia dois anos, e sua empresa acabara de trocar a publicidade móvel pela realidade virtual — estava explodindo de entusiasmo pelo telefone. Jake receberia o primeiro investimento da Winklevoss Capital, no valor de US$ 1 milhão.

Mas nem um minuto de conversa havia transcorrido, e Cameron nem havia provado a cerveja, quando Jake iniciou um monólogo cheio de desculpas, uma ioga verbal confusa que dificultava a compreensão do porquê daqueles lamentos todos. Mas as últimas frases foram cristalinas:

"Olha, cara, eu queria muito pegar o dinheiro de vocês. Eu pensei mesmo que a gente ia pegar essa grana. Conversei com o conselho sobre aumentar a rodada e... Hmm... (Aqui ele cuspiu um pouco.) Eles estão falando algo sobre excesso de interessados e, tipo, vamos ter que recusar o dinheiro."

Cameron viu zonas vermelhas se expandindo no rosto do seu irmão. Então, decidiu falar primeiro, antes que Tyler deixasse a raiva gritar mais alto. Talvez houvesse alguma forma de reverter a situação.

"Mas, na conversa anterior, você não falou nada sobre excesso de interessados. Isso foi há oito horas. Você ofereceu participação na empresa. A gente estava vendo a possibilidade de ceder escritórios na expansão para Nova York. O que mudou durante o voo?"

O garoto passou a mão no cabelo.

"Foi isso, cara, *errr*, tipo, excesso de interessados."

"Pode ser sincero. Viemos até aqui para assinar o contrato de compra das ações. Só queremos respeito. Diga o que aconteceu."

O garoto parou e olhou para as mesas mais próximas. As pessoas estavam olhando, mas não dava para ouvir. Jake se inclinou e disse, em voz baixa:

"Entre nós aqui, eu quero pegar o dinheiro de vocês. Mas não posso. Deu excesso de interessados. Tá na minha hora, pessoal."

Ele se levantou da cadeira. Tyler parecia prestes a agarrar o garoto, mas Cameron manteve um tom calmo na voz.

"Qual é, Jake, só mais um minuto. Excesso de interessados? Nossos dólares são tão verdes quanto os dos outros. Por favor, diga o que está acontecendo. Merecemos isso."

"Foi um longo voo até aqui", acrescentou Tyler, serenamente.

O garoto olhou em volta novamente e voltou para a cadeira. Depois, tomou um gole de cerveja, um gole daqueles, e suspirou.

"Vocês conhecem esse lugar? A primeira sede do Facebook era aqui; dessa cadeira, dá pra acertar o prédio com um disco rígido. A nova sede fica a oito quilômetros e meio daqui, por aquela estrada."

Cameron teve a sensação de estar afundando no banco. Ele já sabia onde essa conversa ia dar.

"Tá vendo esses caras aí do lado?", continuou Jake. "Eu conheço. Eram da minha turma em Stanford. Eles trabalham em uma startup que cria cartões postais digitais. Qual é o plano B deles? E aqueles caras nos fliperamas ali? Eles trabalham com compressão de vídeo. Qual é a estratégia de saída deles? Eles só têm seis semanas de segurança antes das startups caírem do penhasco."

Historicamente, o empreendedorismo é um jogo de muito azar: como a maioria das startups fracassava terrivelmente, todo empreendedor tinha que iniciar o negócio com um plano B, C, D etc. O Vale do Silício era uma cidade de engenheiros que pensavam em termos de estruturas, árvores de decisão e teoria dos jogos. Todos precisavam de dinheiro, mas a opção era tão importante quanto os recursos. Na hora da queda — que chegaria para 99% dos frequentadores daquele restaurante —, uma aquisição providencial (a tão chamada "acquihire": aquisição/contratação) efetuada por uma empresa maior, como o Facebook, era essencial para a viabilização da próxima startup.

"Talvez seja uma questão de óptica", continuou Jake. "Mas a óptica é importante nessa terra de sonhadores. Eles podem querer o dinheiro de vocês, podem não ter nada contra vocês, na verdade, podem *até* gostar de vocês, mas não querem cortar todos os galhos das árvores. Eles têm outros investidores, têm os membros do conselho — vocês acham que os caras de terno autorizariam a captação de um centavo dos caras que o Zuckerberg mais odeia no mundo? Seus dólares são verdes, mas estão marcados."

"Que loucura", disse Cameron. "Seguindo esse raciocínio, ninguém pegaria nosso dinheiro nem se a gente desse."

O garoto não esboçou nem um traço de sorriso.

"Aqui não. Pra todos os efeitos, estamos sentados na lanchonete do Facebook. Todos os restaurantes do Vale — todo mundo só fala do Facebook. Qual empresa eles vão comprar agora? Quantos milionários eles vão produzir amanhã? Quando eles vão listar a empresa na bolsa? É um milagre que esse local ainda sirva hambúrgueres pra vocês."

O Vale do Silício era um oásis para os empreendedores de tecnologia, mas, para os gêmeos, mesmo sentados naquele Oasis, não passava de um deserto.

O garoto tomou outro gole de cerveja. Talvez ele não quisesse ter sido tão duro, mas suas palavras caíram sobre Cameron como uma tonelada de tijolos. Todo o otimismo dele foi para o espaço. O desejo de virar a mesa, que vinha crescendo desde que os irmãos deixaram o Lago Carnegie e as Olimpíadas para trás, e a vontade de recomeçar, mudar a narrativa e fazer parte do mundo empresarial — todos esses projetos estavam agonizando.

De certa forma, Zuckerberg também tirara isso deles.

Jake se levantou de novo, pedindo desculpas com o olhar, e tirou do bolso uma nota amassada de vinte dólares. Cameron e seu irmão observaram o garoto, que provavelmente nem tinha saldo suficiente na conta bancária para comprar uma carteira decente, largando a cédula amassada sobre a mesa, na frente deles.

Naquele lugar, o jovem empreendedor que tentava concretizar seus sonhos tinha medo de ser visto deixando os gêmeos Winklevoss pagarem a sua cerveja.

4
NO COMEÇO ERA A ESPUMA

Julho de 2012.
    Três da manhã.
    Ibiza.

Uma ilha no Mediterrâneo com farra 24 horas por dia, a 150 quilômetros da costa da Espanha.

Quando você tem dois metros de altura, 100 quilos e existe em dose dupla, é difícil sumir na multidão...

Com seus ombros imensos, Tyler abria caminho na multidão que lotava a pista de dança, desviando a cabeça das acrobatas seminuas agarradas às cordas de borracha fixadas no teto. Tyler sentia a música alta estremecendo seus ossos, uma oscilação eletrônica que parecia emanar do chão. Acompanhando as acrobatas, cerejas gigantes de neon serpenteavam sobre aquela linda massa humana; às vezes, ele precisava proteger os olhos dos mosaicos de lasers coloridos que reluziam entre a galera que se divertia. Todos eram jovens e belos, mas Tyler não queria conhecer ninguém naquela noite e se policiava para não manter contato visual quando não estava evitando as rajadas de luz que queimavam sua retina. Ele só queria ser anônimo ali, como se isso fosse *possível*. Aos 30 anos, Tyler não sabia o que era anonimato há muito tempo.

Mas aquela pista de dança na costa de uma das ilhas mais belas e hedonistas do mundo não era o local ideal para passar *despercebido*; a boate Pacha, uma antiga "finca" (um tipo de rancho espanhol), era uma das baladas mais clássicas da elite europeia e um playground decadente para a aristocracia de Hollywood. O clube recebia jovens do mundo todo e era famoso por suas pistas, seu sistema de som milionário, suas salas VIP e seus DJs famosos. Aliás, naquela noite, estava rolando a festa "F@@k Me I'm Famous" [Sou Famoso, Vamos Transar]; antes de chegarem à sua mesa VIP, os irmãos passaram por Naomi Campbell, Kate Moss e Paris Hilton. Até Hilton fixou o olhar quando Tyler passou. Ele fez o melhor que pôde para fingir que não havia percebido.

"É, dá pra chamar isso de loucura total."

Tyler atravessou os lasers e a multidão seguindo a voz, e quase tropeçou nele mesmo. Cameron esboçou um sorriso e fez um cômico sinal de positivo com o polegar. Ele estava com um colar ridículo, feito de flores e cerejas de um vermelho brilhante, no pescoço. No rosto dele, havia uma mancha de espuma, vestígio da festa que estava rolando ao lado — onde, Tyler concluiu, a pista de dança recebia jatos periódicos de bolhas brancas. Maravilha, pensou. Mas sempre podia ser pior. Eu podia estar deprimido *e* coberto de espuma.

Ao lado de Cameron, Tyler se sentia ainda mais visível ali. Claro, gêmeos idênticos chamavam atenção em todos os lugares; no colégio, o fato havia sido uma curiosidade quase sempre agradável. Os irmãos não só eram iguais, como também treinavam remo juntos desde o primeiro ano da escola. Todos em Greenwich, no estado de Connecticut, sabiam quem eles eram. Em Harvard, isso também ocorria: eles eram famosos no campus como atletas de alto nível e membros destacados do Porcellian Club, a elite dos *final clubs*, um grupo fechado de onde saíram presidentes e reis.

"Por que a gente tá aqui?", Tyler perguntou ao irmão, que observava a multidão.

"Pra se divertir, eu acho."

Do nada, alguém arremessou uma bola luminescente que passou perto da cabeça de Cameron antes de seguir sua trajetória aleatória sobre a massa.

"Isso lá é diversão?"

"Que tal a espuma da outra festa", disse Cameron. "Mas não é bom ingerir. Deve ser uma fonte certa de infecção por Legionella."

Tyler apontou para um bar no outro lado do corredor, povoado por mulheres equipadas com tubos de ensaio fosforescentes, suspensos em bandoleiras. O consumo de álcool parecia dispensável diante daquela sobrecarga sensorial, mas Tyler concluiu que era a forma ideal de fechar a noite.

Estar de férias era um pouco estranho. Os irmãos nunca haviam tirado férias até então. Antes, todo tempo livre deles era dedicado aos treinos; depois da formatura, eles passaram a treinar seis horas por dia, seis dias por semana, cinquenta semanas por ano — tirando só quinze dias para recarregar as baterias depois de cada temporada.

Mas aquela fase acabara; os gêmeos já não eram remadores profissionais. E, aparentemente, também não eram mais investidores. Depois da reunião no Oasis, onde Jake esqueceu o roteiro e explicou por que eles não conseguiam se estabelecer como investidores de risco no Vale do Silício, os dois voltaram para Nova York. Soava como um absurdo total: ninguém queria pegar o dinheiro deles porque todos queriam preservar suas opções. O Facebook havia criado um vácuo imenso que tragava os sonhos de todos os empreendedores da região; nesse contexto, Tyler e Cameron eram tóxicos. Ninguém ousaria colocar o sobrenome deles no contrato social da empresa mesmo que precisasse urgentemente de dinheiro. A grana dos Winklevoss era o beijo da morte.

Tyler achava que eles já conheciam o fundo do poço, mas aquele ponto fora ainda mais baixo. De volta a Nova York, os irmãos avaliaram a situação para definir seus próximos passos.

Embolsar o acordo e sair do jogo, mesmo por um valor incrível, não era uma opção. Eduardo Saverin, o fundador ejetado do Facebook que fechara um acordo muito maior — segundo relatos, na casa dos bilhões — podia pegar a grana e sair de cena, mas os irmãos nunca conseguiriam; esse tipo de postura não estava no DNA deles. Algumas versões apontavam que Saverin levava uma existência de alto nível em Singapura —, mas Tyler e seu irmão tinham outro calibre.

43

No entanto, os gêmeos precisavam encarar os fatos. Eles se recusavam a entregar os pontos, mas talvez fosse uma boa ideia recarregar, repensar tudo e encontrar um novo caminho. Para isso, Cameron sugeriu Ibiza. No momento em que entrou no avião, Tyler começou a se arrepender da decisão. Eles eram solteiros, jovens e gostavam de farras, mas sempre tiveram um plano. Era difícil para Tyler se adaptar àquele tipo de vida, focado no presente.

Ele já estava no meio do caminho até o bar, com o olhar fixo naqueles tubos de ensaio de visual tenebroso e pensando em pegar o primeiro voo de volta para os EUA, quando um desconhecido segurou seu braço e se pôs na frente dele, portando um sorriso e dizendo, com um forte sotaque do Brooklyn:

"Ei, você não é o Winklevii?"

Era o apelido deles da época do colégio, que depois foi imortalizado pelo filme e se tornou um lugar-comum na imprensa.

"Já estamos de saída", disse Tyler, mas o sujeito era persistente. Para Tyler, ele parecia jovem, 30 e poucos anos, forte e em boa forma, com o peitoral delineado na camisa de manga curta aberta. Ele tinha olhos agitados, cabeça raspada, mas um sorriso bem simpático.

"A gente precisa conversar sobre um negócio. É muito importante. Na verdade, é revolucionário."

Cameron havia chegado e já estava se divertindo com aquela abordagem agressiva bem mais do que Tyler. Às vezes, Cameron era assim. Tyler não tolerava idiotas, mas, em certas ocasiões, Cameron achava mais divertido falar com esse tipo de gente. Em Ibiza, essa preferência era recorrente.

"Já demos nossa contribuição pra uma revolução. Não ganhamos muita coisa com isso. Em todo caso, obrigado."

"Tá falando do Facebook?", disse o sujeito. "O Facebook não é mais uma revolução. O Facebook é o *establishment* agora."

Parecia loucura, mas Tyler sabia que era verdade. A ideia original (criar uma plataforma online em torno de redes interpessoais reais e otimizar a forma como as pessoas se conheciam, se comunicavam e compartilhavam informações) já fora uma novidade revolucionária, animada por um espírito indie, rebelde. Mas, em poucos anos (e naqueles meses desde a reunião no Oasis), o Facebook dominou a internet, concentrando o oxigênio do Vale, acumulando grandes volumes de dados e monetizando informações em larga escala. Para muitos, o caso do Facebook lembrava mais o Big Brother do que Robin Hood.

"Qual é o projeto?", perguntou Tyler . "Outra rede social?"

O sujeito sorriu de novo e fez um gesto enigmático: tirou do bolso uma nota de um dólar

"É isso aí, cara! A rede social mais antiga da Terra."

5
O PORÃO

Charlie Shrem desceu as escadas voando, dois degraus a cada passo; mantendo a mão na parede lisa de concreto à direita, ele pisava nas pequenas placas de madeira que levavam até o centro de comando no porão, sua sede operacional, o salão do seu trono corporativo — sua batcaverna.

Todos os nervos distribuídos naquele corpo frágil de 1,65 metro estavam disparando no ritmo da música eletrônica que os fones de ouvido reproduziam em um volume bizarro de tão alto. Charlie já estava naquela vibe de som eletrônico há duas semanas, desde que saíra com um amigo da faculdade, que trabalhava em um banco de investimentos de Wall Street, para comemorar o iminente lançamento da sua nova empresa. Ele chegara a passar dos limites em um clube do outro lado da ponte, em Manhattan, talvez Chelsea, Charlie não sabia ao certo: depois das duas da manhã, a noite era um borrão, e os detalhes se emaranhavam. Ele lembrava do *som estourando tudo*, da *multidão*, das garotas com tops bem pequenos, shorts e saltos ridiculamente altos. Mas Charlie tinha certeza de que não conversara com nenhuma delas; em Nova York, a maioria das meninas era bem mais alta do que ele. Além disso, seu amigo arranjara uma mesa de canto e um estoque imenso de vodka, bem melhor do que a birita com que Charlie estava acostumado. Trabalhar em um banco de investimentos tinha algumas vantagens, como aquele cartão corporativo. E, naquela época, o plástico ainda dominava.

Assim que pisou no último degrau, Charlie se atirou sobre um monte de caixas de papelão, cheias de teclados e roteadores avariados. Havia outras pilhas de caixas à direita e à esquerda, vestígios de um dos seus negócios anteriores, a empresa da época do colégio. Enquanto as outras crianças da Yeshivá de Flatbush estudavam a Torá — claro, algumas daquelas caixas continham menorás, livros de orações, quipás —, Charlie escapava da escola nos horários livres para visitar as casas do bairro em busca de eletrônicos quebrados, como computadores, roteadores, DVD players e até gravadores de fitas K7, para consertar na sua batcaverna. A empresa se chamava Epiphany Design and Production porque ele gostava da palavra "epifania". Algum tempo depois, no ano entre o colégio e a faculdade, seu primeiro negócio deu origem ao segundo, o Daily Checkout, um e-commerce com ofertas diárias.

Por isso havia tantas caixas empilhadas naquele porão no Brooklyn, encostadas nas paredes de concreto, formando pirâmides altas, dignas do faraó Ramsés. Suas antigas ferramentas estavam guardadas em armários de metal: um labirinto de ferros de solda, placas, alicates e extensões que saíam de todas as direções, como se estivessem vivas.

Charlie atravessou esse caos em direção à sua mesa — uma pequena mesa de madeira, onde mal cabia seu equipamento: um computador, três monitores e o teclado. Charlie não ligava para essas coisas, mas aquela escrivaninha já estava com ele desde a época do colégio e do Yeshivá, desde a correria que fora sua graduação na Brooklyn College.

Para Charlie, um dia esse porão sairia nas capas das revistas, uma imagem que seria emoldurada e colocada no Smithsonian, ao lado dos dentes de George Washington e do primeiro Mac de Steve Jobs.

Ok, ele não sabia se o Mac de Jobs estava mesmo no Smithsonian, mas devia estar, e a mesa de Charlie ficaria bem ao lado dele. Na Califórnia, esses caras tinham iniciado revoluções em garagens: Jobs e Woz montaram computadores pessoais em uma garagem em Los Altos, perto de um jogo de chaves de mecânico; Bill Hewitt e Dave Packard criaram osciladores em uma garagem em Palo Alto parecida com um celeiro; Larry Page e Sergey Brin inventaram o Google na garagem de Susan Wojcicki em Menlo Park, quando ainda estudavam em Stanford. Mas quase ninguém tinha garagem no Brooklyn; só havia porões. E, na vizinhança onde Charlie crescera, os porões sempre estavam cheios de coisas, eram escuros, bagunçados e tinham um leve cheiro de carne bovina.

De cima, aquela zona de ruas estreitas, que se estendia da Avenida I até a Avenida V e da Nostrand até a West Sixth Street, parecia só mais uma região do Brooklyn, mas a casa de Charlie ficava bem no meio de uma comunidade judaica ortodoxa de origem síria com mais de 75 mil membros — uma ilha étnica, religiosa e cultural. Esses judeus (os "SY", como se denominavam) não usavam trajes negros como as demais seitas ortodoxas — uma opção que trouxe bastante sucesso financeiro e comercial para eles no mundo dos outros judeus e dos gentios —, mas preservavam sua unidade por meio de tradições e códigos estritos, observados há muitas gerações. A norma mais radical — o "Edito" estabelecido por um grupo de rabinos sírios em 1935 — materializava o isolamento da seita: "Nenhum membro masculino ou feminino da nossa comunidade tem o direito de casar com não judeus; esta lei prevê a conversão, que consideramos um ato fictício e desprovido de valor." Mas, apesar do grande sucesso dessas estratégias rabínicas em conservar os laços da comunidade — toda a família de Charlie, incluindo seus primos, tios, avôs e as gerações anteriores, vivia em um raio de 400 metros e estava totalmente integrada à paisagem do Brooklyn —, os SY criaram impérios financeiros que ultrapassaram os limites desse universo nos setores de imóveis, varejo, eletrônicos e outras atividades e, ultimamente com mais frequência, tecnologia.

Charlie chegou à mesa e se sentou, tirou os fones de ouvido e colocou o celular perto do teclado. Depois, ligou o computador e abriu o Skype. Em menos de um minuto, o sócio dele apareceu encolhido em uma janela no canto inferior esquerdo; enquanto falava, Charlie monitorava o código que fluía como um rio no centro do monitor.

"Você está atrasado", resmungou o sócio pelo alto-falante do computador de Charlie. "Já é um hábito agora?"

O foco de Charlie estava no código. Ele já tinha se acostumado ao estilo de conversação de Gareth Nelson: seu desdém recorrente pelas convenções sociais, suas intervenções abruptas e, claro, seu forte sotaque galês, que impossibilitava a compreensão de metade do que ele dizia. Isso explicava por que a maioria das interações entre eles se dava por e-mail e mensagens instantâneas. Charlie calculava que não passara nem dezessete minutos conversando por voz com seu sócio desde que o conhecera. Por texto, o sotaque de Gareth não atrapalhava e a síndrome de Asperger (de que ele sofria) era uma grande vantagem. O cara não desperdiçava nenhuma palavra; só falava de negócios. Logo, era o sócio ideal e um excelente contrapeso para Charlie.

"Muito bom", disse Charlie, examinando o código. "As transações vão ocorrer numa boa, e os servidores vão suportar uma base de clientes bem grande. É um ótimo ponto de partida."

Ele quase pulou da cadeira enquanto fazia os cálculos mentalmente. Embora fosse pequeno, Charlie estava sempre em movimento e, portanto, ocupava bem mais espaço do que o porte dele sugeria. Além disso, ele falava muito rápido; na verdade, todas as expressões dele eram rápidas. Pés, boca, cérebro. Até os folículos capilares dele seguiam esse ritmo; sua face e seu queixo estavam sempre se enchendo de pelos e, ao meio-dia, uma barba incipiente já pairava sobre eles.

Essa velocidade mental explica por que, na faculdade, Charlie deixou de lado seu interesse por eletrônicos e mergulhou na programação, que estudou por conta própria até se tornar um hacker extraordinário. Trabalhar com hardware era um processo lento, minucioso; ao programar e hackear, você seguia na velocidade da corrente elétrica. Claro, o hacking tinha seus riscos, e quem não era cuidadoso acabava tendo muitos problemas.

Depois de hackear a Universidade de Gana, Charlie enviou um relatório para a instituição descrevendo os pontos vulneráveis do sistema de segurança. O ato era uma cortesia conhecida nos círculos de segurança como *"responsible disclosure"* [divulgação responsável]. Ele também invadiu o sistema de segurança de um aeroporto na Alemanha e conquistou vários seguidores nos fóruns de hackers com o avatar "Yankee", uma referência à sua origem nova-iorquina.

Charlie não era um *black hat*, um hacker mal-intencionado em busca de dinheiro; ele estava mais próximo dos *white hats*, programadores que gostam de solucionar enigmas e do desafio de encontrar falhas de segurança. Na verdade, foi o hacking que revelou a oportunidade para esse novo negócio, que Charlie estava prestes a lançar com seu sócio Gareth, o galês autista que ele ainda não conhecera pessoalmente. Para Charlie, o empreendimento seria outro momento revolucionário na história da tecnologia.

Sua nova aventura começara há quase três anos, no último ano da faculdade. Depois de passar um dia banal comentando em vários fóruns de hackers, Charlie se deparou com um estranho e-mail que fora enviado para um grupo de criptografia. O remetente era um tal de Satoshi Nakamoto. No e-mail, Satoshi afirmava que havia desenvolvido uma nova moeda virtual e descrevia essa invenção em um "white paper" que acompanhava a mensagem.

De início, Charlie achou que era uma piada. Papo furado, pensou. Quem era esse tal de Satoshi Nakamoto? Charlie procurou mais informações sobre Satoshi nos fóruns, mas não encontrou nada. Havia algo muito estranho ali: Satoshi dizia que era um japonês de 35 anos, mas os e-mails estavam escritos em um inglês perfeito e idiomático. Porém, depois de ler o white paper, Charlie concluiu que Satoshi era um polímata, um gênio multidisciplinar e especialista em criptografia, matemática, ciência da computação, redes peer-to-peer, economia e muitas outras áreas. Como alguém tão inteligente e versátil podia ser um fantasma na internet, um espectro virtual? Por que Charlie nunca ouvira falar dele?

Ou dela.

Ou deles.

Charlie teria continuado sua vida e esquecido o e-mail e o white paper se não fosse pelo entusiasmo de um novo amigo online, que conhecera vasculhando os fóruns e grupos de criptografia sob o pseudônimo de "Yankee": Gareth Nelson, o autista do País de Gales. Pelas suas conversas anteriores, Charlie sabia que Gareth não era um cara que se empolgava facilmente; na real, antes de Satoshi e do seu white paper, Charlie nem achava que aquele cara era capaz de se empolgar com alguma coisa.

Mas, agora, Gareth estava empolgado de verdade: aquilo era grande, muito importante.

Revolucionário.

Nos anos seguintes, Charlie viu que o galês estava certo. Ele se aproximou da tela enquanto as últimas linhas do código fluíam para cima. Charlie estava completamente concentrado e mal ouvia os comentários de Gareth na janela do Skype ou a música eletrônica que vazava, em pequenas doses, dos fones de ouvido na mesa, perto do celular, ou os passos que ecoavam no teto do porão: a mãe dele, preparando a carne.

Quase três anos depois de ter lido o white paper de Satoshi, Charlie tinha uma certeza: aquilo mudaria tudo.

E aquela inovação radical seria iniciada por Charlie ali mesmo, no porão da casa da mãe dele.

6
HÁ UMA LUZ NO FIM DO TÚNEL

"Então, o dinheiro é uma rede social. Sem dúvida, parece bem interessante." Tyler se apoiou em um cotovelo, estirando seu corpo em uma pose desajeitada sobre o sofá-cama branco. Ele estava muito elegante, com sua camisa branca de linho, um calção de banho colorido da Vilebrequin e um chapéu-panamá. À esquerda, Cameron repousava em um sofá parecido, sem camisa e com um calção também colorido. Uma tenda protegia os dois do sol a pino, e a brisa mediterrânea refrescava a areia escaldante da praia, acompanhando o avanço do mar.

"Vocês sabem alguma coisa sobre redes sociais — eu sei sobre o dinheiro. O dinheiro conecta as pessoas. É uma forma de comunicação. E chegou a hora de expressar isso no mundo virtual."

O cara musculoso da noite anterior — David Azar, um empreendedor do Brooklyn, dono de uma rede de agências especializadas em saques de cheques — estava em frente aos gêmeos, vestindo uma camisa branca aberta no peito, de pernas cruzadas sobre algo que lembrava um pufe ou uma otomana. Ao lado do sofá-cama, sobre uma mesa de madeira banhada pelo sol, havia uma seleção de vinhos rosé, taças de champanhe e bandejas repletas de frutas.

Os três estavam bem no centro do Blue Marlin Ibiza, o resort VIP mais famoso do mundo, um pedaço do paraíso que abrigava um restaurante sofisticado e uma das maiores centrais de farras da Europa. Uma tarde em um sofá-cama saía por 400 euros; os sofás que ficavam atrás do DJ custavam o triplo disso. Ninguém ia ao Blue Marlin em uma tarde de domingo para ter conversas profissionais; todos ali só queriam curtir o sol, as bebidas de primeira, o som pulsante, a galera bonita e as celebridades que circulavam pelo melhor point do Velho Mundo.

A maior parte da galera, deitada nos outros sofás, comendo no restaurante sofisticado e ondulando na pista de dança fechada com seus sarongues e sandálias, era europeia e bela. As mulheres brilhavam em pequenos biquínis, às vezes, sem a parte de cima. Os homens, com camisas brancas de musseline ou linho ou só de bermuda, eram quase todos sarados e bronzeados. Muitas modelos estavam lá; os monozigóticos conheciam alguns nomes e rostos. Dois sofás à frente, havia uma garota que os gêmeos tinham visto nos destaques da revista de bordo da Iberia Airlines, durante o voo de Barcelona até a ilha. Talvez ela tivesse chegado ao Blue Marlin pela longa passarela de madeira, que lembrava as dos desfiles de moda e ia do centro do resort até o mar, onde lanchas e jet skis traziam e levavam os turistas para os iates luxuosos ancorados na baía. Cada chegada despertava uma maré de sussurros, mas nenhum celular disparava fotos. No Blue Marlin, as pessoas mais famosas do mundo faziam parte da paisagem.

"Se o que você disser ajudar nosso dinheiro a atravessar o Atlântico até o locador da nossa *villa*, sou todo ouvidos", disse Tyler, desviando a atenção da passarela, por onde passavam duas italianas, estrelas do Instagram, com sapatos Louboutin de salto incrivelmente alto.

O problema com o aluguel da *villa*, que ainda não fora pago dois dias após a chegada dos irmãos Winklevoss, ilustrava como o dinheiro fluía — ou não — em 2012. Pelo Facebook, você podia se conectar com qualquer pessoa do mundo; pelo Skype, podia falar com qualquer pessoa do mundo; por e-mail, podia se comunicar com qualquer pessoa do mundo, quase sem nenhum custo. Mas mandar dinheiro para alguém não era tão fácil. Em 2012, a transferência de recursos para outras regiões do mundo ainda funcionava como em 1973, o ano da abertura da Pacha.

Era preciso recorrer ao confuso e arcaico sistema bancário, criado antes da internet e povoado por intermediários e oportunistas. O dinheiro só fluía entre os pontos A e B, sempre a conta-gotas, se as autoridades centrais dessa rede permitissem. De fato, em 2012, para mandar dinheiro de Nova York para Ibiza, o método mais rápido e seguro era pegar um avião no aeroporto JFK com uma mala cheia de grana.

Sem recorrer a esse expediente, os gêmeos chegaram a Ibiza bem antes do depósito do aluguel; felizmente, o locador — um italiano sorridente que, pelo visto, também seria o motorista deles (foi ele quem pegou os irmãos no aeroporto, dirigindo um utilitário personalizado, com um smartphone em cada mão e um fone bluetooth agarrado nos cabelos) — sabia como a economia internacional funcionava (ou não).

"O projeto", disse Azar, bebericando o vinho, "é completamente novo. Dinheiro totalmente digital, descentralizado; a transferência vai ser como trocar e-mails. Sem intermediários. Sem autoridades. O dinheiro vai fluir pela internet na velocidade da corrente elétrica. Esse sistema vai fazer com o dinheiro o que o Napster fez com a música".

Tyler olhou para a cabine do DJ, onde um jovem francês vibrava em frente a um computador. A galera na pista de dança se movia junto com ele, uma profusão de corpos esguios, tão próximos que ficavam indistinguíveis.

Há menos de uma década, os DJs precisavam levar caixas pesadas de metal com centenas de discos de vinil para todos os shows. Hoje, o set inteiro de uma festa cabe no bolso, armazenado em um pen drive. Se a música transcendeu o mundo físico e se tornou digital, por que o dinheiro não poderia fazer isso?

Na verdade, o dinheiro já era digital em vários aspectos. Quando você fazia um depósito de, por exemplo, US$ 100, o banco não guardava o dinheiro em um cofre até o dia do saque. Os US$ 100 logo entravam no mundo digital; os bancos quase não tinham dinheiro em espécie. Nos termos da legislação federal dos EUA, os bancos só precisavam manter reservas líquidas de 10% do total depositado. Logo, para cada depósito de US$ 100, o banco só guardava US$ 10 em algum cofre. E os outros US$ 90? Estavam no ambiente digital: eram sequências de 1 e 0 em um disco rígido ou na nuvem.

Todo dinheiro físico das pessoas estava na carteira delas. A maior parte dos recursos era transformada em dados por intermediários, que cobravam uma taxa para isso.

O projeto de Azar pulava essa etapa: o novo dinheiro já começava como um volume de dados.

Digital, descentralizado, sem autoridades. Era papo de vendedor — sem dúvida, Azar soava como um vendedor dos bons. Seu jeito de falar, seu entusiasmo — ele parecia ter saído de uma concessionária de automóveis do Brooklyn. Como o DJ francês, Azar tinha uma noção perfeita de ritmo. No sistema atual, o fluxo do dinheiro era controlado por mediadores poderosos: Visa, MasterCard, Western Union e governos. O esquema parecia arbitrário e tinha falhas óbvias: atrasos, taxas obscuras, nós burocráticos.

Antes de Ibiza, Tyler e o irmão tiveram que encarar outros sistemas arbitrários; primeiro, a vara federal da Califórnia, onde a autoridade central era o juiz James Ware, que rejeitou o pedido dos gêmeos para retomar a ação contra o Facebook. (Não vem ao caso, mas, por muitos anos, Ware mentiu sobre ter um irmão mais novo assassinado, que teria sido vítima de um crime racial na época do movimento pelos direitos civis — pela mentira, ele levou uma advertência judicial.) O pedido então subiu para o Tribunal Federal de Recursos da 9ª Região, onde a autoridade central era o desembargador Alex Kozinski, que confirmou a decisão de Ware. (Não vem ao caso, mas, por muitos anos, Kozinski foi acusado de assediar sexualmente suas funcionárias. Ele mostrava fotos pornográficas no computador quando elas estavam no seu gabinete e há relatos de que teria mantido um servidor com imagens explícitas, incluindo uma com mulheres nuas engatinhando, pintadas como vacas.)

Digital, descentralizada, sem autoridades arbitrárias.

Talvez fosse a paisagem ou o momento, mas Tyler se interessou por aquele papo do vendedor do Brooklyn.

"Como o Napster", continuou Azar, "o sistema é peer-to-peer. Não tem nenhum segredo. Não tem truques nem informações privilegiadas. O código é aberto. O esquema é democrático. Esse novo dinheiro gira em torno de operações matemáticas, não de seres humanos". Azar pegou uma garrafa da mesa que estava entre eles e encheu sua taça. "O negócio se chama Bitcoin", terminou, erguendo a taça. "É uma criptomoeda."

"Criptomoeda", repetiu Cameron, no outro sofá. "Parece algo criminoso. Isso é lícito?"

"Acho que o termo não se aplica ao caso. Esse é um dos melhores aspectos do Bitcoin. Ele não precisa da aprovação do governo. A polícia não pode fazer buscas na sede, porque não existe sede. Pra interromper o sistema, é preciso parar a internet."

Parar a internet? Tyler sabia que o vendedor musculoso tinha um roteiro preparado; ele não parecia ter um grande domínio técnico nem um conhecimento profundo sobre o projeto, mas sabia do que estava falando. Como dissera antes, Azar sabia algo sobre dinheiro, mas não sobre o que circulava em Wall Street; ele entendia a grana produzida por uma rede de agências de saque de cheques que já ultrapassara a área da comunidade dos judeus ortodoxos de origem síria no Brooklyn. Ele compreendia a conexão emocional da moeda, o desespero de quem queria sacar um cheque, mas não tinha acesso ao sistema bancário tradicional. Azar sabia tudo sobre velocidade e liquidez.

"A base do dinheiro tradicional é a confiança", continuou Azar. "Você precisa confiar nas máquinas e nos intermediários. Já no Bitcoin, ninguém precisa confiar em N-I-N-G-U-É-M. Isso porque, como já disse, tudo gira em torno de operações matemáticas."

Tyler olhou para Cameron, que estava tão concentrado no vendedor e no papo quanto ele. Nenhum dos dois ouvira falar daquilo antes; nunca fora mencionado em nenhuma das propostas que receberam das startups nem nas reuniões de que participaram no Vale do Silício. Nem no Oasis, na Sand Hill Road, em nenhum lugar. Eles ainda não entendiam como essa tal de criptomoeda funcionava — nem as operações matemáticas pertinentes. Mas um sistema sem confiança ou autoridades — parecia bom demais para ser verdade.

"Tyler! Aqui! Acho que vi vocês ontem à noite na Pacha! Vamos tomar alguma coisa!"

Tyler procurou a origem da voz. Bem atrás de Azar, ele reconheceu um grupo de norte-americanos acenando em quatro sofás-cama. Pelo menos dois eram de Nova York: um tal de Josh ou Jason, um cara alto que tinha uma galeria no centro da cidade especializada nos mestres do grafite dos anos 1970, e uma morena em um biquíni de macramê. O visual do resto do grupo também era ótimo; ninguém tinha mais de 25 anos, e aquela não era a primeira vez de nenhum deles na ilha, a uma distância considerável da terra natal. Eram *millennials* ricos, com contas bancárias bem polpudas e dez cartões de crédito no total; sem dúvida, aquele grupo de "influencers" havia se dedicado de corpo, alma e pixels à construção do Facebook. Tyler tinha certeza de que ninguém ali ouvira falar do Bitcoin. O dinheiro mais familiar para eles era a grana que passava de uma geração para outra, a grana que adornava seus dedos, pescoços e talvez até seus pés.

"Calma aí! A gente já vai", respondeu Tyler. Cameron já estava se levantando com uma das garrafas de rosé nas mãos. Pensando bem, será que Cameron já não tinha ficado com a morena? Em todo caso, Tyler sabia que Cameron só voltaria à conversa sobre criptomoeda depois de uns drinques com aquela gatinha.

"Amigos seus?" perguntou Azar. "Saquei, vocês estão de férias. Mas eu gostaria muito de retomar a conversa quando vocês voltarem para Nova York."

Tyler apontou para a garrafa que seu irmão estava segurando.

"Quanto isso vale em bitcoins?"

"No momento? Não sei. Tenho que ver no celular. Hoje de manhã, um bitcoin estava saindo por US$ 7. O sistema ainda é muito volátil porque há pouca gente e ninguém pode comprar nada com ele. É como o Facebook antes dos usuários."

HÁ UMA LUZ NO FIM DO TÚNEL

Sem dúvida, Azar queria estabelecer uma conexão emocional com aquela referência ao Facebook. E funcionou. Tyler lembrou do Facebook, da situação que motivara a viagem para Ibiza. Os irmãos confiaram no sistema judicial e foram derrotados. Aquele sistema, baseado na confiança entre os seres humanos, falhara com eles.

A ideia de um sistema baseado em operações matemáticas, em vez de confiança, era fascinante. Ninguém podia quebrar as regras da matemática, nem mesmo Zuckerberg.

Tyler percebia que aquilo era só a superfície da coisa — por outro lado, tudo que sabia sobre essa nova moeda saíra da explicação de Azar. Tyler não conhecia de fato essa tecnologia nem seus potenciais — então, chegou a uma conclusão: *se esse tal de Bitcoin não for conversa fiada, deve ser uma grande oportunidade*. Uma nova moeda, uma invenção radical. Se o Bitcoin não fosse uma besteira total, algum dia teria um valor incalculável.

"E se a gente quiser entrar nisso", disse Tyler, ao se levantar do sofá, sentindo nos pés descalços os pulsos que vinham da cabine do DJ. "O que é pra fazer? Comprar bitcoins?"

"É uma opção. Mas existe outra, que vai bem mais longe. Como eu disse, o Bitcoin ainda é muito volátil. Comprar bitcoins é uma aposta. E, como todo mundo sabe, ninguém ganha muita grana apostando."

"A grana de verdade", continuou Azar, com o sorriso típico dos vendedores de carros do Brooklyn, "fica com o cassino".

7
30 DE AGOSTO DE 2012

A analogia foi um pouco estranha — não eram bem um cassino, e sim um banco. Continuando na metáfora das apostas: ele estava falando do guichê onde se trocam as fichas."

"Presta atenção na estrada, Cam. A gente não vai ser nem o cassino nem o banco se o carro bater em um poste."

Cameron aliviou a pressão do pé sobre o acelerador e colocou o SUV na pista lenta. Tyler tinha razão: Cameron ficara absorto na chamada, que começara há quarenta minutos, na entrada da Long Island Expressway, e agora estava no piloto automático. Por isso, estava dirigindo rápido, estilo Fórmula 1, no ritmo dos pensamentos que fluíam intensamente atrás dos seus olhos.

"Acho que não fazem mais pesquisas por telefone sobre a MENTIRA", disse ele, com o polegar sobre o botão de Mudo no console do alto-falante do carro.

Para que tantos postes? Aquele smartphone em cima do banco do passageiro estava conectado via bluetooth ao computador de bordo, que mantinha uma ligação invisível com a torre de cobertura mais próxima. Quando Cameron pressionava o botão de silenciar, desativando a função acionada sempre que ele e o irmão precisavam digerir o que vinha do outro lado da linha, todas as palavras que pronunciava eram transformadas em informações digitais, sequências de 1 e 0 reunidas em pacotes eletrônicos que se aglomeravam nas torres de cobertura, criando fluxos de dados maiores que eram lançados no espaço até chegarem aos satélites, que despejavam esses dados em outra torre, a muitos quilômetros de distância, chegando a outro smartphone em um escritório na West Twenty-Third Street, no centro de Manhattan, o destino previsto daquela viagem matinal.

Claro, teria sido mais prudente iniciar a reunião no local, a um quarteirão da sede da Winklevoss Capital, ainda em construção na época, mas Cameron estava a mil desde que ele e o irmão haviam entrado em contato com Azar depois que voltaram de Ibiza.

Azar encontrara Cameron no Twitter, mas ele não lembrava de ter mencionado seu e-mail no Blue Marlin. Aquele dia fora cheio de distrações, com tantas bebidas e modelos na praia; além disso, a *villa* tinha uma piscina privativa. Por sorte, Azar era muito esperto. Ao ler sua primeira mensagem direta no Twitter, Cameron deu uma gargalhada:

> Não sei se tive a conversa sobre moedas virtuais com você ou com seu irmão no blue marlin em Ibiza. Vamos marcar uma reunião em NY...

As conversas logo ficaram mais formais, e a reunião foi marcada. Cameron e Tyler tinham lofts na cidade, mas estavam passando o verão na casa dos pais, nos Hamptons. Embora a área fosse um point conhecido — não no nível de Ibiza, mas com muitos restaurantes luxuosos e filiais de boates célebres de Manhattan —, os gêmeos só ficaram relaxando na praia e devorando todos os materiais que encontraram sobre o Bitcoin. Na época, ainda não havia nenhum livro sobre o tema, mas, após uma intensa pesquisa na internet, eles acharam blogs, posts no Reddit, artigos de entusiastas (os "Bitcoiners) e o white paper de Satoshi Nakamoto. Os irmãos também mandaram e-mails para antigos professores de Harvard e Oxford, onde haviam cursado o programa de MBA, para reunir opiniões acadêmicas sobre aquela nova moeda virtual.

Nenhum dos professores, dentre eles alguns economistas mais famosos do mundo, tinha ouvido falar do Bitcoin. Quando os gêmeos explicavam o que sabiam até aquele momento, alguns deles se apressavam em definir o Bitcoin como um golpe, um esquema de pirâmide. Mas, quando Cameron questionava essas alegações, os professores não conseguiam explicar *como* funcionava o golpe ou esquema.

30 DE AGOSTO DE 2012

Depois de reduzir a velocidade do SUV para um pouco abaixo do limite, Cameron apertou o botão e ativou o som.

"A festa está só começando", disse uma voz, em um ritmo tão acelerado que as palavras quase colidiam umas com as outras. "O valor de mercado total da economia do Bitcoin é de apenas 140 milhões. Milhões, com *m*. O ouro vale 7 trilhões. E o ouro é inútil. Tentem comprar chicletes em uma loja usando ouro."

Às vezes, era difícil identificar as vozes naquelas chamadas, ainda mais em um carro rodando a cem quilômetros por hora, ouvindo a sirene do veículo de emergência que avançava na direção oposta, do outro lado do faixa central. Mas Cameron logo percebeu que a voz era de Charlie Shrem, o membro mais jovem da equipe que eles encontrariam daqui a pouco. Charlie costumava falar muito rápido e tinha uma energia totalmente proporcional à sua idade. Ele mal chegara aos 22 anos e, pelo que Cameron captara na troca de e-mails, ainda morava no porão da casa da mãe, em uma comunidade judaica ortodoxa de origem síria no Brooklyn. Mas Charlie, sem dúvida, era um gênio. A empresa dele, para a qual Azar tentava atrair investidores, já estava sacudindo a comunidade do Bitcoin.

Mas, antes de investir naquela empresa, Cameron e seu irmão queriam entender melhor o Bitcoin. Por que o projeto era viável? Por que a moeda era melhor do que o ouro? Onde estava o dinheiro?

"Ok, mas o ouro tem valor intrínseco", disse Tyler. "É usado na produção de joias e transistores."

"E o dinheiro?", respondeu Charlie. "O dinheiro não está atrelado ao ouro desde os anos 1970. O governo pode produzir o volume que quiser. É um esquema clássico. Não tem nenhum valor intrínseco."

"O dinheiro tem valor intrínseco", respondeu Cameron. "Quando você está congelando no topo de uma montanha, pode queimar o dinheiro para se aquecer."

"Ah, a técnica do *Risco Total*", disse Azar, pelos alto-falantes do carro. "Adoro esse filme."

"O valor intrínseco do ouro é um exagero", sugeriu outra voz.

Cameron lançou um olhar para Tyler. A voz era de Erik Voorhees, o chefe de marketing da empresa de Charlie. Voorhees era um pouco mais velho, simpático, mas muito incisivo e perito em Bitcoin. Nascido no Colorado, Voorhees era um libertário convicto e viajara pelo mundo todo antes de se estabelecer em New Hampshire como integrante do Free State Project, um movimento político que buscava criar uma comunidade baseada em ideais libertários. Ele agora estava em Nova York para ajudar Charlie a administrar sua nova empresa. Adepto da Escola Austríaca de Economia, Voorhees era filósofo e ativista e se interessava pelo projeto porque via no Bitcoin uma forma de dinheiro que não dependia da força estatal e não se sujeitava a nenhuma restrição.

"Acho que o ouro não é uma grande vantagem para um náufrago em uma ilha", disse Cameron. "Nesse caso, qualquer um pegaria comida e água em vez de uma barra de ouro ou de uma montanha de dinheiro."

"Nessa situação", disse Voorhees, "o Bitcoin teria um valor intrínseco bem parecido com o do ouro e do dinheiro. Mas, se o náufrago ficar preso na ilha com dinheiro, ouro e o Bitcoin, se ele tiver um smartphone, vai poder usar o Bitcoin. Isso porque o Bitcoin tem valor intrínseco *tecnológico*. O Bitcoin tem potencial pra mudar tudo".

Trinta minutos atrás, pouco antes de entrarem na via expressa, Cameron e Tyler haviam parado em um posto de gasolina da franquia 7-Eleven. Quase dez quilômetros depois, Tyler percebeu que esquecera a carteira em cima da bomba de combustível, e eles tiveram que voltar. Como o atraso no pagamento do aluguel em Ibiza, o episódio da carteira destacava os pontos fracos daquele meio físico e inspirava a mesma pergunta: o que era o dinheiro?

O dinheiro era só aquele punhado de papéis verdes com fotos de presidentes e outras figuras mortas, dentro de uma carteira de couro em cima de uma bomba na Long Island Expressway?

Era uma pedra brilhante extraída do solo e transformada em barras e moedas que ficavam guardadas em um cofre?

Ou era outra coisa, algo em sincronia com as mudanças aceleradas do mundo atual?

Era algo novo, uma tecnologia prática e contemporânea como o smartphone ao lado de Cameron, que reproduzia vozes lançadas no espaço e recapturadas pelos sensores?

30 DE AGOSTO DE 2012

"Sejam bem-vindos à 'Padaria', senhores. Se essas paredes falassem — soariam bem chapadas. Muita fumaça já rolou nesta sala. Mas é aqui que temos as melhores ideias. Disparamos neurônios por um futuro melhor."

Charlie Shrem se encaixava perfeitamente na imagem que Cameron e Tyler tinham de um CEO prodígio: estatura diminuta, levemente barbado, cabeça pequena e cabelos encaracolados penteados para trás com uma camada brilhante de gel. Mas aquele homúnculo — pequeno como o timoneiro dos gêmeos na época do remo — tinha uma presença que dominava a sede da startup criada há oito meses. Charlie vinha dando uma de mestre de cerimônias desde o primeiro contato entre eles, em frente à casa na 23rd Street, onde apareceu com os braços bem abertos e um sorriso de orelha a orelha. Ele recebeu os irmãos Winklevoss com dois abraços desengonçados, meio hipsters. Cameron sentiu toda a energia ansiosa que o garoto exalava — Charlie estava tremendo — e percebeu um leve cheiro de maconha saindo da camisa xadrez de manga curta e da calça cáqui amarrotada.

Daí em diante, o nível de energia só aumentou. Enquanto conduzia os gêmeos até a sede da empresa, Charlie estava quase saltando no seu All Star. O local era um labirinto de mesas e computadores, com um espaguete de fios saindo de todas as direções. Charlie parou diante de um monitor, pendurado em uma parede de tijolos, que mostrava o preço do Bitcoin no momento — US$ 7,43 — e comentou que era um pioneiro, que chegara quando só havia mato no mundo do Bitcoin. Em seguida, eles foram para a sala conhecida como Padaria, um nome que já era óbvio antes da piada sobre as paredes falantes.

O espaço era pequeno e abarrotado de coisas, e suas janelas davam para a Twenty-Third Street; a parafernália do hobby favorito de Charlie estava espalhada por todos os cantos e em todas as prateleiras. Cameron identificou três *bongs* e vários cinzeiros cheios entre os equipamentos eletrônicos e pastas abertas. Ele também viu um dispositivo que não reconheceu; Charlie depois explicou que era uma Magic Box, um protótipo de vaporizador. Era basicamente uma caixa de madeira com um tubo de vidro, por onde se aspirava o vapor produzido pela maconha aquecida dentro da caixa. Charlie acreditava que a invenção cairia no gosto popular em um ou dois anos, talvez três. Cameron acompanhou seu irmão e Charlie até a sala. Pouco depois, chegaram Voorhees — magro, altura mediana, cabelos ruivos já rareando e traços fortes — e seu velho amigo de Ibiza, Azar. Cameron observou de perto dois potes que pareciam miniaturas de tambores e viu que eles estavam cheios de letras do alfabeto cirílico. Ele não entendia as palavras, mas, pelo que lembrava das aulas de linguística que assistira em Harvard, podia dizer que eram russas.

"Ah, essa parada é muito legal", disse Charlie, passando um dos potes para Cameron. "Vodka em miniaturas de tambores. Lê o que diz no verso."

"A NEFT apoia a economia do Bitcoin", leu Cameron, em voz alta.

"Basta passar o código de barras no leitor pra comprar com bitcoins. É brilhante."

Para Cameron, essa introdução a Charlie e sua empresa estava sendo engraçada, mas também uma doideira. O garoto viajava totalmente; ele era esperto e determinado, mas estava sempre a mil por hora. Porém, de fato, aquela não era mais uma startup do Vale do Silício em busca de investidores em meio à panelinha dos amantes de calças cáqui da Sand Hill Road — aquela empresa era diferente.

"A moeda digital bitcoin, com *b* minúsculo", disse Voorhees, apontando para o barril em miniatura. "Charlie quis dizer que você manda bitcoins da sua carteira digital pro endereço definido no código QR no verso da lata. É simples, mas é só uma pequena parte do processo."

Cameron sabia que a primeira compra com bitcoins ocorrera em 22 de maio de 2010. Naquele dia histórico, o programador Laszlo Hanyecz, da Flórida, estava com fome e resolveu usar alguns bitcoins que acumulara para pedir uma pizza. Só havia um problema: nenhuma empresa aceitava o bitcoin como forma de pagamento na época. Então, o obstinado Hanyecz postou uma mensagem ("Uma pizza por alguns bitcoins") no fórum Bitcointalk, o principal ponto de encontro online dos Bitcoiners naqueles dias:

> Estou disposto a pagar 10 mil bitcoins por duas pizzas, grandes, pra sobrar pro outro dia. Gosto de ter pizza de ontem na geladeira pra ir roendo de vez em quando. Você pode fazer a pizza e entregar aqui ou fazer um pedido pra mim numa pizzaria, mas a ideia é pagar em bitcoins pra receber comida sem precisar pedir nem fazer. É tipo o que ocorre no café da manhã dos hotéis. Eles trazem alguma coisa pra você comer, e você fica feliz!

30 DE AGOSTO DE 2012

Um garoto de 18 anos chamado Jeremy Sturdivant ("jercos" na internet) aceitou a oferta de Hanyecz. Eles acertaram os detalhes pelo IRC (Internet Relay Chat), e Hanyecz pagou 10 mil bitcoins a jercos por duas pizzas da loja Papa John. O valor correspondia a cerca de US$ 30 na época. Hanyecz confirmou a transação no Bitcointalk:

Acabei de comprar duas pizzas por 10 mil bitcoins. Obrigado, jercos!

Essa data especial ficou eternizada como o Bitcoin Pizza Day. Desde então, os Bitcoiners criaram várias contas no Twitter (como o @bitcoin_pizza) para acompanhar o valor atual das pizzas compradas por Hanyecz. Enquanto escrevo este livro, essas duas pizzas valem cerca de US$ 36,6 milhões.

"Mas a ação de verdade está no Bitcoin com *B* maiúsculo", disse Charlie.

A energia daquele cara só ficava em um nível controlado quando ele falava. Em uma conversa anterior com os gêmeos, Azar mencionara a história de Charlie, um garoto bem esquisito da comunidade judaica de origem síria no Brooklyn, onde Azar também morava. Os dois cresceram na mesma vizinhança, e Charlie sempre levara jeito para mexer com computadores. Agora, o garoto que nunca era escolhido para jogar bola estava no centro das atenções, aproveitando ao máximo aquele momento. Não era a primeira vez que os irmãos Winklevoss cruzavam com esse tipo de personagem.

"O 'Bitcoin' com *B* maiúsculo indica o *protocolo*, ou seja, a Rede Bitcoin como um todo", disse Voorhees; seu tom comedido contrastava com a avalanche verbal de Charlie. "Já o 'bitcoin' com *b* minúsculo se refere ao ativo digital que flui pela Rede Bitcoin."

"Uma palavra, dois significados bem diferentes, dependendo do tamanho da primeira letra", apontou Charlie. "Os protocolos são os canos digitais que estruturam a internet", continuou Voorhees.

"Eles são os canais por onde os e-mails fluem, os túneis que transmitem sua voz até um destinatário do outro lado do mundo. O protocolo do Bitcoin permite que cada bitcoin vá do ponto A para o ponto B e viabiliza a compra dessa miniatura de barril da NEFT Vodka."

"Essa analogia soa meio perigosa", disse Cameron. "Se o 'Bitcoin' com *B* maiúsculo é um sistema de encanamento, por que o 'bitcoin' com *b* minúsculo não é só um detrito digital?"

Voorhees sorriu. "As propriedades que influenciam o valor do ouro também fazem do bitcoin um recurso valioso."

Cameron e seu irmão estavam só no início da curva de aprendizado daquela nova moeda digital, mas, como economistas formados em Harvard, eles entendiam muito bem o mundo do dinheiro tradicional. Na faculdade, os irmãos estudaram com Martin Feldstein, que fora o principal assessor do presidente Ronald Reagan para assuntos econômicos e inspirara o personagem do Sr. Burns de *Os Simpsons*. Eles conheciam profundamente as obras de Adam Smith, Milton Friedman e John Maynard Keynes. Sabiam que o ouro só valia o que as pessoas estavam dispostas a pagar por ele — um caso clássico de oferta e demanda. E também entediam os fatores que determinavam essa demanda — compreendiam por que o dinheiro do ouro era "bom". Aliás, os gêmeos já tinham feito uma apresentação sobre o tema usando o PowerPoint.

Inicialmente, as propriedades químicas do ouro justificavam essa escolha. Analisando os elementos da tabela periódica, dava para cortar os gases logo de cara. Para servir como dinheiro, a substância não poderia ter uma alta reatividade — para não explodir nas mãos das pessoas — nem ser corrosiva — para não enferrujar —, o que desqualificava mais 38 elementos. Além disso, o dinheiro tinha que ser raro, mas não muito raro — o cobre era abundante demais, mas o ósmio era raro demais, presente apenas em meteoritos —, o que afastava mais 26 elementos.

Restavam apenas o ródio, o paládio, a platina, a prata e o ouro — cinco dos oito metais nobres. O ródio e o paládio só foram descobertos na década de 1880, e o dinheiro já circulava há milhares de anos. Por outro lado, o ponto de fusão da platina era muito elevado para os fornos pré-industriais. Por eliminação, sobravam a prata e o ouro. A prata facilmente ficava manchada e tinha uma grande utilidade industrial — o que não era conveniente para um dinheiro bom. Logo, o ouro era a melhor opção.

"O ouro é valioso devido às suas propriedades naturais: ele é escasso, durável, portátil, divisível, fungível, difícil de falsificar e fácil de autenticar", disse Tyler.

"Exato", respondeu Voorhees. "E o bitcoin também tem todas essas propriedades..."

"Na verdade, o Bitcoin é um ouro melhor do que o ouro", interrompeu Charlie.

"Correto. Além de ser escasso como o ouro, a oferta do Bitcoin é fixa", disse Voorhees. "Segundo o white paper do Satoshi Nakamoto, nunca vão existir mais de 21 milhões de bitcoins. Já a oferta do ouro sempre aumenta com a descoberta de novas jazidas. Além disso, o bitcoin é mais divisível do que o ouro. Cada bitcoin pode ser subdividido em 100 milhões de partes; é possível ser dono de apenas 0,00000001 de bitcoin. Você pode mandar esse valor pra alguém instantaneamente, como um e-mail. Já tentou mandar uma barra de ouro pra alguém?."

"É um ouro com asas, um ouro 2.0!", disse Charlie.

"Todo o fluxo é regido pelo código-fonte", acrescentou Tyler.

Charlie parecia estar gostando do rumo da conversa e pegou um *bong* imenso para se regalar.

"O código é a lei", disse Voorhees. "Uma lei matemática."

"O que me impede de gastar o mesmo bitcoin duas vezes?", perguntou Cameron. "Eu posso enviar a mesma foto por e-mail pra mais de uma pessoa, então por que não poderia fazer isso com o bitcoin?"

"O problema do gasto duplicado", disse Voorhees.

Esse era um problema exclusivo da moeda digital; não existia no mundo do dinheiro físico. Se você dava uma nota de US$ 20 a alguém, não podia dar a mesma nota de US$ 20 para outra pessoa. Mas o mundo digital se baseava em sequências de 1 e 0 e, portanto, não estava sujeito a nenhuma dessas limitações físicas. Historicamente, esse problema sempre fora resolvido pela autoridade central — Sistema de Reserva Federal, Visa, MasterCard —, que monitorava as transações para evitar que os dólares digitais fossem gastos mais de uma vez pela mesma pessoa. Mas o Bitcoin não tinha nenhuma autoridade, nenhum árbitro. Entre os cientistas da computação, esse dilema era conhecido como o "problema dos generais bizantinos" e considerado insolúvel: como criar consenso em um sistema totalmente descentralizado?

"É aí que a coisa começa a ficar muito boa", disse Charlie, olhando por cima do *bong*. "Satoshi resolveu o problema no white paper, o início de tudo. É essa resposta que faz o sistema Bitcoin funcionar: a *mineração*."

Cameron só sabia o que captara em algumas horas de leitura na internet sobre o sistema da "mineração", o motor do ecossistema Bitcoin. Ele ainda não compreendia a dinâmica como um todo — mas já estava fascinado.

Voorhees explicou como os mineradores — pessoas que rodavam softwares especializados — resolviam problemas matemáticos complexos gerados pelas transações com bitcoins para validá-las e auditá-las. Quando um minerador solucionava o enigma matemático de um novo "bloco" de transações, esse bloco era adicionado ao "blockchain" do Bitcoin, o registro global de todas as transações realizadas com bitcoins desde o início dos tempos. Pelo esforço, os mineradores ganhavam novos bitcoins gerados pela rede, em um processo conhecido como "recompensa em bloco". O minerador que contribuía com um grande poder computacional para a rede aumentava suas chances de resolver os problemas e ganhar recompensas em bloco. Um maior desempenho na mineração maximizava a probabilidade de ganhar.

"No jargão técnico", disse Voorhees. "Quanto maior for o hashrate de um mineirador, maiores serão as chances dele."

Cameron ouvira aquele termo alguns anos atrás, em uma aula de ciência da computação. O hashrate (ou hashes por segundo) era uma medida de potência computacional: o número de cálculos (hashes) executados por um computador em um segundo. Os mineradores brigavam pela oportunidade de resolver os problemas matemáticos que validavam o bloco atual de transações com bitcoins; eles tinham que investir em hardware — comprando chips mais rápidos, instalando computadores em data centers com sistemas de refrigeração e assim por diante — para aumentar suas chances de ganhar bitcoins novos como recompensa. Quando isso ocorria, a disputa recomeçava.

Na época, Cameron formulara uma analogia simples para compreender esse processo e decidiu compartilhar a ideia com os outros:

"Vocês lembram do *A Fantástica Fábrica de Chocolate*?", disse ele.

30 DE AGOSTO DE 2012

Charlie expeliu uma nuvem de fumaça, interrompendo a tragada na metade.

"Cara, não inventa de assistir esse filme chapado. Vai se borrar todo com os Oompa Loompas."

"O menino do filme", continuou Cameron, tentando não se distrair com aquele outro Charlie, cada vez mais chapado, "procura por um bilhete dourado dentro das barras de chocolate. O Charlie é um minerador. E o bilhete dourado, que dá direito a uma visita à fábrica do Willy Wonka, é a recompensa em bloco. Agora, imaginem que, durante essa busca pelo bilhete dourado, o Charlie também valide as compras de barras de chocolate e documente essas aquisições no registro contábil da fábrica — o blockchain do Willy Wonka. Imaginem que muitos Charlies estejam fazendo a mesma coisa no mundo todo em suas buscas pelo bilhete dourado. Quando eles abrem as barras, estão auditando o blockchain do Wonka e monitorando o desempenho dos colegas. O concurso promovido pelo Willy Wonka incentiva crianças do mundo todo a cooperarem na validação e no registro das transações com as barras. Assim, o Willy pode identificar os compradores, fiscalizar os lucros e manter a fábrica operando e produzindo chocolates para todos".

Voorhees sorriu.

"Muito bom. Esse exemplo ilustra perfeitamente a mágica do Bitcoin. Em vez de intermediários e gatekeepers, há uma competição aberta entre os mineradores, que recebem incentivos individuais para validar as transações. Não há nenhum banco ou governo julgando as transações nem pegando um pedaço de cada fatia da torta. No lugar dos intermediários, temos operações matemáticas ou, de acordo com o seu exemplo, um exército de Charlies."

"E o Willy Wonka do Bitcoin", disse Tyler. "O cara que iniciou tudo isso: o Satoshi Nakamoto."

Cameron sabia que o criador do Bitcoin era tão misterioso quanto o personagem fictício da analogia. Em 31 de outubro de 2008, Satoshi Nakamoto divulgara seu famoso white paper *Bitcoin: A Peer-to-Peer Electronic Cash System* [Bitcoin: Um Sistema de Dinheiro Eletrônico Peer-to-Peer, em tradução livre] em uma *mailing list* sobre criptografia — "um grupo de discussão moderado e discreto, voltado para tecnologias criptográficas e seus impactos políticos". O documento descrevia "um novo sistema de dinheiro eletrônico totalmente peer-to-peer, sem autoridades externas" e definia os recursos específicos do bitcoin:

- A rede peer-to-peer evita gastos duplicados.
- Sem dinheiro impresso nem autoridades.
- Os participantes podem ser anônimos.
- As novas moedas são produzidas com uma prova de trabalho estilo Hashcash.
- A prova de trabalho utilizada na geração das novas moedas também alimenta a rede para evitar gastos duplicados.

Três meses depois, a primeira versão do software do Bitcoin foi lançada. Naquelas 31 linhas de código, Satoshi conseguiu realizar algo inédito até então: eliminou a necessidade de autoridades centrais. Em 3 de janeiro de 2009, Satoshi confirmou o primeiro bloco do Bitcoin, o bloco 0 — o "Bloco Gênesis". A manchete do jornal britânico *Times* daquele dia foi incorporada ao bloco:

CHANCELER PRESTES A SALVAR OS BANCOS OUTRA VEZ

A manchete chamava atenção para a falibilidade humana e seu impacto no sistema financeiro.

Pouco depois, Satoshi desapareceu e nunca mais se ouviu falar dele.

Ao longo dos anos, muitos jornalistas tentaram encontrar esse fundador enigmático, mas quase não havia pistas. Satoshi Nakamoto soava como um pseudônimo. Em japonês, "satoshi" significa "raciocínio claro" ou "sábio"; "naka" significa "dentro" ou "relacionamento". "Moto" indica "origem" ou "fundação". A tradução do nome sugere algo como "pensar claramente dentro da fundação". Era uma pista? Um mantra?

Somando o white paper, o código-fonte, as postagens em blogs e os e-mails trocados com os principais desenvolvedores do Bitcoin, Satoshi deixou cerca de 80 mil palavras na internet, o equivalente a um romance. No entanto, quase não há pistas sobre sua vida pessoal. Satoshi se dizia japonês, mas escrevia em um inglês fluente, sem falhas, alternando entre as grafias norte-americana e britânica. Os carimbos de data/hora dos textos não revelavam nenhum fuso horário específico. Alguns jornalistas investigativos chegaram a apontar quinze nomes como possíveis identidades do inventor misterioso, inclusive Elon Musk, o bilionário da Tesla, e Hal Finney, o designer de games e especialista em criptografia que recebeu a primeira transação do Bitcoin realizada por Satoshi, em 2009; mas nenhuma dessas suspeitas se concretizou.

"Na minha opinião", disse Voorhees, "o mistério em torno do Satoshi é um recurso do Bitcoin, não um bug. A beleza do Bitcoin é não ser centralizado em Satoshi, não ser centralizado em ninguém. Para entender o Bitcoin, você só precisa conhecer o *Bitcoin*."

Charlie tossiu, em meio a um anel épico de fumaça de maconha, e sorriu. "A gravidade não funciona só porque você acredita em Isaac Newton."

Dez minutos depois, o grupo saiu da Padaria e voltou para o escritório da startup para que Charlie fechasse a visita com as explicações finais.

Em dois computadores, ele rodou alguns softwares que criara. "Nossa empresa, a BitInstant, é um elemento da gravidade causada pela economia do Bitcoin. Especificamente, nosso negócio é facilitar compras de bitcoins. Vamos receber o dinheiro das pessoas, transformar esse valor em bitcoins e enviar essas moedas para elas *instantaneamente*."

"Por uma pequena taxa", esclareceu Voorhees, atrás dos irmãos.

"Veja bem", continuou Charlie. "Hoje, quando você compra bitcoins no mercado — no momento, uma única bolsa concentra a maior parte das transações, quase 90% —, precisa encarar a dor de cabeça de abrir uma conta, preencher documentos, transferir dinheiro para o exterior e assim por diante. Tem que esperar várias semanas pela aprovação da conta e vários dias até que o dinheiro chegue ao outro lado. Dá muito trabalho. No BitInstant, fazemos tudo isso pra você. É só mandar o dinheiro que a gente faz o resto."

"Vocês são o guichê", disse Cameron. "Processam as trocas."

"Correto. Transformamos dinheiro em moedas digitais diretamente. Pegamos o seu dinheiro e, em menos de 30 minutos, colocamos bitcoins na sua carteira virtual."

"Essas carteiras 'virtuais' são seguras? À prova de hackers? E se você perder o celular, se o seu computador for invadido..."

"Parece um roubo de cofre estilo Velho Oeste", disse Charlie. "Você tem razão. O Bitcoin cria questões de segurança específicas. Mas, além de digital, o Bitcoin também é físico."

Charlie ergueu a mão esquerda, e Cameron viu um brilho prateado circundando o dedo mínimo do jovem empreendedor. Com muito cuidado, Charlie tirou e mostrou o objeto. Cameron e seu irmão viram centenas de pequenos caracteres alfanuméricos no parte interna do anel.

"É a sua chave privada?", perguntou Cameron, referindo-se à "senha" de acesso aos bitcoins. A chave privada do bitcoin era um número de 256 bits que podia ser qualquer combinação formada pelos números 1 e 0. Essa chave tinha 2^{256} possibilidades, ou seja, mais opções do que átomos no universo. A probabilidade de alguém adivinhar uma chave privada era de 1 em 115×10^{75}.

"Sei quase tudo de cabeça, menos os últimos cinco caracteres."

"Foi você quem gravou a chave privada no anel?"

"Na verdade, foi o meu pai. Ele trabalha com joias e gravou a chave. Vinte por cento dos meus bitcoins ficam guardados no meu dedo. Chamamos isso de 'armazenamento a frio', offline."

"Isso é mesmo necessário?", perguntou Tyler. "Por que não colocar em um pen drive? Em um cofre?"

"Claro. Pode colocar uma parte em um pen drive. Outra parte pode ficar em uma pasta protegida por senha no computador. Outra parte, em um anel no dedo mínimo. Quer saber? O cara pode até tatuar no braço. Na verdade, não ligamos pro que as pessoas fazem com os bitcoins delas. Só queremos facilitar as compras de moedas. Depois disso, elas podem fazer o que quiserem."

Voorhees estava de acordo, e Cameron percebeu que aquele era o início da filosofia do negócio. A ideia de que as pessoas podiam fazer o que quisessem com seu dinheiro, sem nenhuma supervisão do governo, era uma das bases da ideologia libertária que alimentava o interesse no Bitcoin até aquele momento. Como Voorhees, os primeiros Bitcoiners acreditavam que, se não houvesse danos para outras pessoas, ninguém deveria exercer controle sobre as ações dos indivíduos. Essa filosofia sugeria possibilidades perigosas.

"Armazenamento é uma coisa", disse Cameron. "Comércio é outra. As pessoas não estão comprando só vodka e pizzas com bitcoins."

Ele olhou para o *bong* industrial do outro lado da sala. Charlie riu. "Você está falando do Silk Road."

O tema estava longe de ser um tabu no mundo do Bitcoin. O Silk Road era um infame bazar online em que os usuários compravam e vendiam bens e serviços ilegais. O site se tornou um negócio multimilionário, a Amazon das drogas ilícitas, na época em que a moeda virtual se estabeleceu. As pessoas que conheciam os dois fenômenos viam uma ligação muito próxima.

"Essa relação é mais do que controversa", disse Tyler. "A gente analisou o caso do Silk Road. O site não mexe apenas com drogas, mas também armas e encomenda de assassinatos. Bem pesado."

Acessar o Silk Road não era tão simples quanto digitar um endereço no navegador. Cameron e Tyler baixaram um software especial chamado Tor para manter a conexão anônima, mas ficaram muito apreensivos quando viram algumas páginas do bazar. O conteúdo do site era quase inacreditável. Páginas e páginas repletas de drogas, ilustradas com fotos. Havia cocaína, heroína, maconha. Quando o usuário encontrava o que queria, fechava a compra com bitcoins — a única forma de pagamento — e recebia a encomenda em casa.

Talvez Voorhees, um libertário inveterado, viu o site apenas como um lugar onde as pessoas podiam fazer compras sem nenhuma intervenção do governo, mas Tyler e Cameron tiveram uma impressão totalmente diferente — o bazar era obviamente *criminoso*. Eles ficavam de cabelo em pé com o termo "dark web", o mundo online subterrâneo que hospedava sites como o Silk Road. Esse primeiro uso da moeda virtual era preocupante e um grande obstáculo à popularização do Bitcoin — esse tipo de coisa podia matar uma inovação que ainda estava em fase de crescimento.

"Dá pra comprar uns brownies muito bons lá", disse Charlie.

"O Silk Road é só uma prova de conceito", disse Voorhees. "É possível comprar e vender produtos reais com o bitcoin. A função da BitInstant é mais genérica. Ajudamos as pessoas a comprarem bitcoins, só isso."

Cameron havia lido muitos textos com opiniões de Voorhees na internet e sabia que a visão dele era bem mais estrutural: ele era totalmente contrário à criminalização das drogas e a qualquer tipo de controle governamental sobre o comportamento das pessoas. Quando fora contratado por Charlie na qualidade de primeiro funcionário da BitInstant, Voorhees morava em New Hampshire, onde integrava o Free State Project, um movimento político radical que pretendia reunir no estado uma grande massa de inconformados que vinham lutando pela liberdade contra os tentáculos do governo. Aparentemente, Voorhees era contra a maioria dos tributos, a maioria das ações militares e muitas leis financeiras (ou a maioria delas). No entanto, embora fosse poucos anos mais velho do que Charlie, ele parecia ser um empreendedor prático e criterioso.

"Já estamos movimentando quase US$ 2 milhões por mês pelo sistema", continuou Voorhees. "A cada dez bitcoins em circulação, três foram adquiridos aqui, e esse número está aumentando."

"Não estamos conseguindo acompanhar o ritmo", disse Charlie. "Contratei dez funcionários, mas preciso do dobro, do triplo disso. Vamos ser a Apple do Bitcoin."

Como já tinha ouvido propostas em outras reuniões, Cameron conhecia hipérboles, mas sabia que Charlie não estava encenando; o garoto realmente acreditava que havia acertado em cheio no alvo. E por que não? Ele fundara a empresa no porão da casa da mãe, com a ajuda de um cara que conhecera na internet, o sócio remoto Gareth Nelson, que aparentemente era autista e cuidava de aspectos técnicos do empreendimento de fora da sede — em outro país. Charlie começara com um empréstimo de US$ 10 mil da mãe. Era a velha história do bilionário saído do nada, um clássico do mundo da tecnologia.

A BitInstant era simples e talvez fosse, como Charlie acreditava, um acerto fenomenal. Os irmãos acharam que encontrariam essa oportunidade no Vale do Silício, mas foram hostilizados lá.

Charlie estava recebendo os gêmeos de braços abertos por meio de Azar, que havia crescido na mesma comunidade fechada e que agora tentava atrair investidores para a empresa de Charlie — especificamente, aqueles gêmeos idênticos com contas bancárias fora de série.

Cameron analisou o local. Na certa, aqueles dez funcionários da BitInstant estavam compartilhando mesas e até cadeiras. No momento, Charlie Shrem já havia levantado US$ 130 mil. Além dos US$ 10 mil da mãe, Charlie pegara um cheque de um investidor bem fora do comum que conhecera depois de fazer uma live em uma conferência realizada em Nova York. Em sua apresentação, Charlie falou sobre a BitInstant, mencionando que os investidores não entendiam o Bitcoin e se recusavam a pôr dinheiro no projeto, e que ele só precisava de uma pequena injeção de recursos para fazer a empresa decolar. Quatro horas depois, Charlie recebeu uma chamada no Skype de Roger Ver, um famoso entusiasta do Bitcoin.

Conhecido na comunidade como o "Jesus do Bitcoin" devido às suas ações de evangelização e aos diversos investimentos que fizera no setor, Ver iniciou a breve conversa perguntando a Charlie de quanto dinheiro ele precisava; Charlie disparou um número quase sem pensar, e Ver concordou na hora. Foi bem rápido: sem nenhuma reunião pessoal, eles fecharam o acordo, e Ver transferiu US$ 120 mil para Charlie em troca de 15% da BitInstant.

Pelo que Cameron havia lido, Ver tinha uma filosofia semelhante à de Voorhees, mas parecia ser bem mais radical, mais fundamentalista. Ver já havia se candidatado à Assembleia Legislativa da Califórnia pelo Partido Libertário; em 2006, passou dez meses em uma prisão federal por ter vendido fogos de artifício ilegais pela internet. Depois disso, imigrou para o Japão.

Ver começara a comprar bitcoins logo no início do projeto e já financiara mais de dez startups como a BitInstant. Cameron e Tyler ainda não conheciam Ver, mas já haviam recebido alguns e-mails que também chegaram a ele. Naquele momento, ninguém sabia se, com o crescimento da BitInstant, Ver permaneceria na posição de investidor anjo silencioso ou aumentaria seu envolvimento.

Voorhees e Ver podiam ser guiados pela ideologia, mas também eram especialistas. Já Charlie se interessava menos pelo aspecto ideológico, mas era mais apaixonado; talvez estivesse até um pouco iludido: os bons empreendedores tinham essas características. Eles eram evangelizadores, falavam em mudar o mundo e acreditavam nessa mensagem.

Cameron tinha algumas reservas, mas sabia que havia falhas em todos os acordos fechados com startups em fase inicial. Sua intuição dizia que, para entrar no mundo do Bitcoin, investir na BitInstant era a decisão certa. Talvez Charlie Shrem, esse garoto cheio de bravatas e determinação e com um toque de ingenuidade, fosse a grande chance que os gêmeos estavam procurando — mesmo que o capital da empresa fosse apenas deles, do Jesus do Bitcoin e da mãe de Charlie.

Nas conversas anteriores, Azar mencionara que a BitInstant tinha outros pretendentes — investidores com experiência no mundo das criptomoedas que estavam prestes a fazer uma proposta para Charlie. Então, se estivesse interessada na BitInstant, a Winklevoss Capital tinha que agir rápido.

Cameron já via seus próximos passos. Ele ainda não fechara o acordo de investimento, mas sua empresa não estava no Vale do Silício; estava no Flatiron District. Era Nova York, e os restaurantes e clubes da cidade não tinham nenhum pudor em recusar estrelas de tecnologia do Vale do Silício. Eles estavam no centro de Manhattan — o playground dos gêmeos Winklevoss.

Cameron sabia como impressionar um garoto como Charlie Shrem.

8
CHARLIE

À s vezes, pedimos desesperadamente por um sinal, um aceno apontando para qualquer direção, um raio brilhando no céu, iluminando o caminho que devemos seguir, mas não recebemos nada, nem um flash, nem um mísero vaga-lume.

Mas, às vezes, aparece uma sarça ardente.

Melhor ainda, pensou Charlie, ao passar pelas enormes portas duplas que davam acesso a uma sala de estar cercada por janelas de vidro plano. Lá fora, havia uma sacada tão gigante que abrigava um pomar de macieiras de verdade — não eram plantas em vasos, nem essas trepadeiras de merda que ficam enroladas em painéis da IKEA ou da Pottery Barn, mas um pomar real, com maçãs e tudo mais. *Pode esquecer a sarça ardente. Por que não um loft no SoHo cheio de modelos europeias?*

Na verdade, chamar aquele lugar de "loft" era uma total falta de imaginação. Se não fosse por Voorhees, que seguia logo atrás dele, rebocando o chefe pelos pequenos degraus que levavam ao carpete do nível principal, Charlie acharia que tinha desmaiado no curto trajeto de táxi do Flatiron District até ali e entrado em algum tipo de estado de fuga. Fora dos tabloides, esses lugares não existiam de verdade. Tudo lá era tão *chique*.

Tudo, das janelas ridículas aos móveis, todos modernos, cheios de curvas e *ondulações*, iluminados por um sistema sofisticado instalado no teto, seis metros acima. E as pessoas! Havia pelo menos 100 pessoas no local e, mesmo assim, não estava lotado, dava para *circular* tranquilamente. Era o SoHo, ou melhor, era a imagem do SoHo que você via nos guias de viagem e no canal Bravo. Todos lá eram altos e esbeltos e desfilavam em roupas elegantes, que nem precisavam de etiquetas para deixar claro que vinham de grifes famosas, daquelas que serviam champanhe enquanto os clientes faziam compras.

"Isso sim é uma festa", disse Charlie, enquanto Voorhees se aproximava, captando tudo.

"Com certeza."

Charlie sabia que Voorhees estava se controlando; de fato, Voorhees estava sempre sob controle. Ele era esperto. Apenas cinco anos mais velho que Charlie, Voorhees já era um empreendedor de verdade, um orador incrível e um vendedor talentoso. Roger Ver lhe apresentara Voorhees; pouco depois daquela transferência providencial na casa dos seis dígitos, Ver disse que conhecia o cara perfeito para a empresa de Charlie. De cara, ele rejeitou a ideia: "Não vou contratar um cara aleatório de New Hampshire!" Mas, assim que o conheceu, em um evento de tecnologia realizado em Nova York, Charlie topou. Voorhees entendia os aspectos mais estruturais, era um dos mais brilhantes e eloquentes teóricos da economia que Charlie já conhecera, e sabia ser duro na queda no trabalho sempre que necessário.

Voorhees nunca veria o mundo como Charlie via o mundo, o que provavelmente era bom. Ele não saíra de onde Charlie saíra, um local bem mais distante do que New Hampshire. Alguém tinha que ter o pé no chão ali. Até porque, naquele momento, Charlie estava levitando, e a sensação era muito boa.

"Nossos anfitriões", disse Voorhees, apontando para a galera.

Eram eles de novo, surgindo como entidades da mitologia grega. Um deles estava perto do bar, conversando com um cara que usava cavanhaque e dreads; a alguns metros, Tyler, ou Cameron (nunca dava para ter certeza), estava sentado em um banco de couro ao lado de uma morena em um elegante vestido prateado, que começava na metade das coxas e terminava bem antes do que deveria. A pele de porcelana da mulher era tão pálida e brilhante que não podia ser real; devia ser uma marionete que acabara de escapar das cordas.

Cameron, ou Tyler, ou Cameron, acenou para Charlie e sussurrou algo no ouvido da mulher, que sorriu, um sorriso de verdade, e deu palmadinhas no banco ao lado dela. Ela era real e tudo indicava que queria conversar com *Charlie*.

Cruzando o carpete, ele tentou não esbarrar em nenhum dos obstáculos que pareciam ter surgido do nada. Uma enorme cadeira de plástico no formato de uma mão aberta, com dedos determinados a tocar em Charlie. Duas garçonetes, em trajes de empregada francesa e com curvas voluptuosas saindo dos bustiês de couro, ameaçavam sufocar Charlie em plena travessia. Uma subcelebridade da TV a cabo apareceu, oferecendo um cigarro esquisito, instando Charlie a parar, fazer uma pausa, ir mais devagar.

Falando sério, Charlie já tinha bebido além da conta. A euforia passara há horas, em algum ponto da curta caminhada entre a sede da BitInstant, onde no início da tarde ocorrera a segunda reunião (regada a doses da vodka NEFT) com os gêmeos, e a sede, ainda em construção, da empresa de Tyler e Cameron, onde ele fizera um tour. O espaço ainda estava cru, um labirinto de placas de gesso, vigas de madeira e poeira, mas a escala do local era impressionante. Aqueles 460m² pareciam o Taj Mahal para Charlie, que crescera em locais onde quase sempre dava para tocar duas paredes ao mesmo tempo. Sem dúvida, a Winklevoss Capital queria transmitir uma mensagem. De fato, apesar de tudo que falavam por aí, Tyler e Cameron sempre deixavam uma marca.

"Charlie", disse o gêmeo que estava sentado no banco, pegando duas taças de champanhe de uma mesa elegante com design nórdico. "Essa é a Anya. Ela é da Bulgária e está muito interessada no Bitcoin."

Gaguejando, Charlie disse "oi" e tomou um longo gole de champanhe.

"É o futuro do dinheiro", disse ele, depois de um esforço considerável. A garota riu e contou sobre sua última visita a Paris, na semana da moda. Anya queria muito comprar um par de sapatos, mas só tinha dinheiro búlgaro e ninguém estava nem aí para a taxa de câmbio entre o lev e o euro. Charlie sabia como resolver isso? Em seguida, ela riu novamente, e Charlie percebeu que aquela mulher estava interessada nele de verdade.

"Isso aqui é incrível", disse Charlie, logo percebendo que deixara escapar. O gêmeo riu.

"Não, é só uma noite de sábado. As melhores festas acontecem no meio da semana. Mas acho que dá pra aproveitar alguma coisa dessa noite. Ainda não são nem onze horas; temos outros lugares pra ir."

Ele pegou uma garrafa de Dom Perignon na mesa elegante, encheu a taça de Charlie até a borda e fez o mesmo com a taça da beldade búlgara sentada entre eles.

"Apertem os cintos, pessoal. A noite está só começando."

Três horas depois, Charlie estava se equilibrando na parede de um boteco no East Village, focado no copo cheio de rum que chegara à sua outra mão por uma via indecifrável. Ao seu lado, Cameron — agora ele sabia que era mesmo Cameron, porque, com certeza, aquele era Tyler perto da jukebox, conversando com uma loira fenomenal, a namorada atual, ex-namorada ou futura namorada de Tyler — contava uma história que se passara na Vila Olímpica de Pequim, algo envolvendo uma equipe de remo da América do Sul, um boxeador russo e intoxicação alimentar, mas Charlie estava lutando para manter um pouco de sobriedade. Aquele já era o terceiro drinque que entornava desde que eles chegaram ao esconderijo, entrando por uma porta nos fundos de um depósito de carga; além disso, a modelo búlgara também estava lá com ele, a poucos metros, dançando com duas amigas que estiveram com ela em Paris na ocasião em que não conseguira comprar aqueles sapatos. De tempos em tempos, quando não estava pressionando seu corpo no das amigas, ela dava um sorriso para Charlie.

Voorhees nunca acreditaria que tudo estava correndo tão bem. Antes de se retirar, uma hora antes, ele abordou Charlie na saída e lhe disse para não tomar nenhuma decisão até a manhã de segunda-feira, no início do expediente. Charlie sabia que Voorhees tinha algumas reservas com relação ao dinheiro dos gêmeos. Ele ficara impressionado e até preferia os irmãos ao establishment do Vale do Silício, mas eles não eram Bitcoiners, ou melhor, ainda não eram. Explicar o Bitcoin e incentivá-los a investir no ecossistema era uma coisa, mas pegar o dinheiro e firmar uma parceria com eles era outra, completamente diferente.

Ver era bem mais inflexível. Ele começara a reclamar desde as primeiras sugestões de Azar sobre a participação dos gêmeos Winklevoss, dizendo que eles não tinham a mesma visão sobre a BitInstant que Charlie, Voorhees e ele. Para

Ver, esses caras adoravam processar pessoas de quem discordavam. Além disso, a BitInstant não precisava do dinheiro deles. Os negócios estavam indo muito bem, não era necessário colocar mais gente no barco.

Recentemente, em uma conversa com Ver sobre os gêmeos pelo Skype, o clima havia esquentado, e surgiu o primeiro desentendimento entre Charlie e seu investidor inicial. Ver disse que os gêmeos só trariam complicações. Mas Charlie bateu o pé. Ele concordava com Azar nessa questão e apontou que os gêmeos Winklevoss eram o combustível de que a BitInstant e o Bitcoin precisavam naquele momento. No final das contas, a empresa era de Charlie, e Ver teve que ceder.

Charlie acreditava que o posicionamento crítico de Ver com relação aos gêmeos Winklevoss se baseava nas suas origens e no que eles representavam (ou no que Ver achava que os irmãos representavam) — o establishment. Mas Charlie já tivera contato pessoal e passara um tempo com eles, ao contrário de Ver, que extraíra sua única impressão de um filme. Apesar das aparências, na realidade, os irmãos eram determinados e cheios de entusiasmo. Como eles haviam chegado às Olimpíadas e concretizado tantos objetivos? Apesar da imagem que circulava por aí, eles queriam mostrar que eram capazes. Para eles mesmos e para o mundo.

Ver era irredutível na defesa dos seus pontos de vista e adotava uma postura quase combativa diante de tudo e todos que contrariavam esses princípios. Erik Voorhees tinha opiniões extravagantes, mas o libertarianismo de Ver estava em outro nível. Para Charlie, essa visão tinha uma base positiva — Ver realmente acreditava que o livre mercado elevaria o padrão de vida e os níveis de felicidade da maioria das pessoas. Por outro lado, Ver (e, em menor grau, Voorhees) pensava que estava em guerra contra governos, estados, fronteiras e regulamentos. Portanto, era de se esperar que ele visse nos gêmeos Winklevoss, esses "homens de Harvard" feitos de celuloide, o sonho mais ardente do establishment.

Charlie não era nenhum ideólogo. Ele só queria sair do porão da casa da mãe. Embora respeitasse os intelectos de Ver e Voorhees, Charlie achava que o momento de investir na ideologia era depois do sucesso, não antes.

Ele sorriu de volta para a modelo búlgara. Que merda... Ela era uns 15cm mais alta e tinha aquela pele, aquele cabelo preto majestoso, ondulado, aquele vestido prateado, que recobria as curvas daquele corpo como as escamas apertadas de um peixe mágico e... Cara, como ele estava bêbado... Muito, muito, muito bêbado.

Quando deu por si, Charlie estava se movendo, passando primeiro por Cameron (ou seria Tyler?), depois por Tyler (ou seria Cameron?), atravessando um corredor longo e estreito que terminava em uma porta de madeira decorada com a imagem de um *sombrero*. Ele já tinha passado pelos mictórios e estava quase chegando ao boxe quando vomitou nos próprios sapatos.

Quando conseguiu se recompor um pouco e reunir forças para ir até as pias de metal em frente aos mictórios, Charlie percebeu que estava sorrindo. Estava bêbado, mas nunca se sentira tão feliz. Voorhees podia criticar o quanto quisesse e Ver podia discordar totalmente, mas Charlie sabia que já tinha tomado sua decisão.

Ele colocou a cabeça embaixo da torneira e deixou que a água fria injetasse vida no seu rosto. Charlie acabara de vomitar nos próprios sapatos, mas não ficaria para trás naquela corrida.

9
STEPFORD, CONNECTICUT

"Ainda lembro da época em que havia só um barco. Dois garotos loucos remando na imensidão azul. Toda vez que penso nisso, me vem um sorriso."

Howard Winklevoss estava encostado na cerca branca, com os cotovelos na parte superior da estrutura de madeira. Seus poucos cabelos brancos esvoaçavam na brisa, e os óculos estilo aviador protegiam seus olhos do sol forte que fazia no meio da manhã. Tyler era bem mais alto, mas seu pai, aos 69 anos, ainda exercia uma enorme influência em sua vida. Observando o local onde as margens sinuosas do Long Island Sound chegavam ao parque, parecia que ele tinha 15 anos de novo.

A vista de Tod's Point — um local com quatro quilômetros de trilhas, áreas para piquenique e parques, onde a cidade de Greenwich, em Connecticut, havia sido fundada (a região foi comprada da tribo Sinoway, em 1640, pela soma vultosa de 25 casacos de peles) — era como a paleta de um pintor antes que o pincel tocasse sua superfície e desarrumasse as cores. Os amarelos, verdes e azuis estavam intactos: areia cintilante, gramado vívido, água cristalina. Tyler identificou sete barcos remando na diagonal da corrente, faixas brancas em meio ao azul, com borrões que sugeriam homens e mulheres jovens executando movimentos sincronizados.

"Ver todos esses barcos ainda é surreal", disse Tyler.

Todos aqueles barcos na água— e o sucesso cada vez maior do remo em Greenwich, com centenas de adeptos conquistados a cada ano — eram importantes para Tyler e sua família, porque eles haviam contribuído para isso. Cameron e ele viam o esporte como sua primeira startup; aqueles jovens só estavam na água porque os irmãos haviam corrido riscos anos atrás.

"Daqui parece tão fácil, não é?", disse o pai dele. "A complexidade, o trabalho duro, a dor, a física, tudo isso fica debaixo de uma superfície tranquila e bela."

Tyler sorriu e olhou para Cameron. Ele sabia que os dois estavam pensando a mesma coisa: era assim que o pai deles via o mundo. A matemática permeava tudo. Howard Winklevoss não via apenas barcos na água; via centros de gravidade, torque, alavancagem, a relação entre empuxo e arrasto, atrito, todos esses fatores combinados na criação do equilíbrio, da harmonia. Era assim que a mente dele operava: decompondo a realidade em problemas matemáticos passíveis de resolução. O caos dava origem à ordem, o inverso da entropia.

Howard Winklevoss não nasceu em um local como Greenwich. Sua trajetória evocava as clássicas histórias de sucesso do país. Howard conseguiu enxertar a família Winklevoss na elite usando sua inteligência e seu talento para a matemática.

O mineiro August Winklevoss, bisavô de Howard Winklevoss e tataravô dos gêmeos, imigrara de Hannover, na Alemanha, para a Pensilvânia holandesa, onde morreu de antracose pulmonar. Seu filho, o bisavô dos gêmeos, começou a trabalhar nas minas de carvão aos 8 anos. No final da existência, a coluna dele estava dobrada permanentemente em L, resultado de uma vida inteira com as costas curvadas, tirando carvão em cavernas e poços com uma picareta pesada sobre o ombro. O irmão dele perdeu uma perna ao ser atropelado por um vagão nas minas — o membro ferido foi serrado por um médico do condado em uma mesa na cozinha da casa da família.

Howard Winklevoss Sr., o avô dos gêmeos, não passou a vida inteira nas minas, mas começou como mineiro. Ele aprendeu mecânica de automóveis sozinho e teve a sorte de ajudar um homem rico cujo carro quebrara em uma estrada próxima à fazenda da família em Mercer, na Pensilvânia, onde morava com os pais, seis irmãos e cinco irmãs. Howard Sr. recebeu um generoso pagamento pelo conserto do veículo naquele dia e resolveu sair das minas para ser mecânico em tempo integral. Algum tempo depois, com uma ajuda do homem rico, ele investiu o pouco dinheiro que juntara como mineiro e abriu uma garagem improvisada com seus irmãos, a "Barnyard Garagemen". Na época, o pai dele, bisavô dos gêmeos, estava muito frustrado, pois achava que o cavalo era bem melhor que o automóvel — os cavalos eram confiáveis, não quebravam e trabalhavam na lavoura, ao contrário dos carros. Depois disso, Howard Sr. iniciou vários empreendimentos, incluindo uma mercearia.

Howard Jr. herdou do pai a paixão pelos automóveis e o espírito empreendedor, mas quase se deu mal na escola porque passava todo seu tempo livre construindo do zero um Modelo A da Ford. Todos os dias, ele trabalhava na mercearia do pai depois da escola e, após o jantar, mexia no carro até tarde da noite. Todos diziam que Howard Jr. era louco e que o protótipo nunca passaria pela inspeção do governo da Pensilvânia. Ele procurava peças em ferros-velhos, bazares e catálogos postais; sua obsessão era deixar o Modelo A perfeito até o último parafuso.

Ele concluiu o serviço em dois anos, e o carro passou pela inspeção estadual. Mas suas notas no colégio foram um desastre. Em todo caso, dirigindo seu carango turbinado, Howard Jr. foi até a seção de matrículas da Penn State. Lá, a senhora que cuidava da papelada olhou seu histórico e achou que o pedido era brincadeira. Obstinado, Howard Jr. foi para a Grove City College, onde impressionou o diretor da seção de matrículas com seu protótipo.

Na Grove City College, ocorreram dois eventos importantes: ele continuou desenvolvendo a visão empreendedora que aprendera com o pai e conheceu Carol Leonard, sua futura esposa.

Na fila do registro, durante a semana de recepção dos calouros, em 1961, Howard e seus pais estavam na frente de Carol e seus pais. Brincando, Mildred (sua mãe) chamou a atenção da filha para o jovem bonitão. Carol não sabia na época, mas os pais de Howard também lhe mostraram a linda loirinha que estava atrás deles. Um mês depois, Howard e Carol telefonaram para seus pais com novidades.

Howard e Carol formavam um par perfeito, emblemático dos anos 1960, do contexto universitário e do pós-guerra. Filha de um detetive do Departamento de Polícia de Nova York e de uma professora de New Hyde Park, em Long Island, Carol fora a rainha do baile de formatura, mas era discreta e preferia seguir as regras a quebrá-las. Ela aprendia tudo muito facilmente e conhecia profundamente as verdades universais contidas no Livro dos Provérbios, que sua mãe costumava citar junto com outras passagens bíblicas. Howard era um emergente bonito, atlético e confiante — beirando o arrogante — com uma boa disposição para correr riscos e fazer uso criativo das regras. Juntos, eles formavam um casal imbatível.

Quando não estava com Carol ou com o pessoal da fraternidade, Howard se dedicava aos seus empreendimentos. Para se manter na universidade, ele vendia panelas e frigideiras de porta em porta. Em pouco tempo, contratou seus colegas da fraternidade e passou a chefiar um pequeno império de utensílios de cozinha. Depois da formatura, Howard resolveu estudar administração para aperfeiçoar suas habilidades. Ao saber que a San Jose State, na Califórnia, cobrava apenas US$ 49,50 por crédito e fazia poucas exigências de currículo, ele foi para a costa oeste. Mas, como as matrículas para o mestrado em administração (MBA) da San Jose já estavam encerradas naquele ano, Howard decidiu cursar um mestrado em seguros para ingressar no programa de MBA no ano seguinte.

Em San Jose e, com maior intensidade durante o doutorado na Universidade do Oregon, sua paixão pela mecânica foi redirecionada para a ciência da computação, um campo novo na época. No Oregon, um curso de verão sobre pensões — uma área da administração que envolvia operações matemáticas complexas e era tão obscura que ele foi o único a se matricular na disciplina — mudou sua vida para sempre. Depois de criar uma simulação computacional inovadora que comparava diferentes cálculos de pensões, Horward conquistou um cargo de professor na Wharton School e escreveu a obra revolucionária *Pension Mathematics: With Numerical Illustrations* [Matemática Aplicada às Pensões: Com Ilustrações Numéricas, em tradução livre]. Nesse período, Carol atuou como professora na educação infantil e concluiu um mestrado e um doutorado em educação na Universidade da Pensilvânia.

Algum tempo depois, Howard saiu da Wharton e abriu uma empresa de consultoria. Ele contratou alguns dos seus alunos mais brilhantes — que não desperdiçavam seu tempo construindo carros e vendendo panelas.

A sede da Winklevoss Consultants ficava na Filadélfia, mas Howard viajava tanto para fazer reuniões com clientes que praticamente morava nas pontes aéreas que ligavam os principais aeroportos dos Estados Unidos. Depois de treze anos na Filadélfia, Carol e ele decidiram mudar de ares e instalaram sua jovem família em Palo Alto, na Califórnia.

STEPFORD, CONNECTICUT

Naquela época, a região de Palo Alto ainda não era conhecida como Vale do Silício. O ótimo clima e o fato de muitos parentes de Howard terem saído da cinzenta Pensilvânia para se estabelecer lá com suas famílias justificavam essa escolha. O casal e seus filhos gostavam da bela cidade, dos parques exuberantes e da movimentação em torno da Universidade de Stanford. Cameron e Tyler eram tão fanáticos pelo parquinho da rua onde moravam que, todos os dias, sob chuva ou sol, eles colocavam seus brinquedos nos carrinhos e levavam a carga até o playground.

Enquanto Howard trabalhava no escritório que ficava em cima da garagem e construía seu império nas suas muitas viagens, Carol cuidava das crianças e atuava como voluntária na comunidade. Howard sempre dizia aos filhos que devia todo seu sucesso à esposa. No que dizia respeito ao desenvolvimento familiar, essa afirmação era especialmente verdadeira.

Alguns anos depois, Howard vendeu sua empresa para a Johnson & Higgins, uma das maiores seguradoras do mundo, e a família se mudou para Greenwich, em Connecticut, um subúrbio próximo da sede da companhia, em Nova York. Howard foi vice-presidente sênior da Johnson & Higgins por dois anos, fazendo o percurso diário entre Greenwich e Nova York, mas, ao final desse período, concluiu que tinha alma de empreendedor. Então, em 1987, aos 44 anos, ele decidiu recomeçar e fundou uma nova empresa, a Winklevoss Technologies.

A nova empresa era diferente da anterior. Em vez de oferecer consultoria, conduzir estudos complexos sobre pensões e entregar um produto final, Howard e sua equipe desenvolveram um software que executava essas análises e passaram a vender o programa para que as empresas realizassem os estudos por conta própria. A Winklevoss Technologies comercializava softwares, não um serviço de consultoria cobrado por horas de trabalho. Na época, o computador pessoal ainda era uma ideia nova. A empresa de Howard fez uma aposta nessa tecnologia, que estava crescendo, melhorando e se popularizando rapidamente. Ele só topou correr esses riscos porque tinha o incentivo e o apoio de Carol.

Depois da escola, os gêmeos costumavam fazer o dever de casa no escritório do pai. Entre as tarefas, eles exploravam o local, conversavam com os engenheiros, liam revistas de informática, brincavam nos computadores e observavam a dinâmica interna da empresa. Cameron e Tyler cresceram em uma startup antes de *existirem* startups, como conhecemos hoje.

A família Winklevoss não era uma típica família de atletas. Todos eram ativos e praticavam esportes, mas as conversas à mesa de jantar não giravam em torno dos jogos dos Yankees ou de temas parecidos. Na verdade, Howard gostava de falar sobre suas grandes paixões — negócios, tecnologia, computadores, matemática, mercados financeiros — e Carol injetava na conversa tópicos como literatura, cinema, comportamento, cultura e arte. À sua maneira, Howard e Carol eram intelectuais extraordinários e, juntos, tinham uma grande reserva de conhecimento e sabedoria. Cameron e Tyler não cresceram admirando atletas, mas fundadores de startups como Steve Jobs e Bill Gates, as pessoas que apareciam nas revistas de negócios que eles liam no escritório do pai e que, como Howard, queriam mudar o mundo por meio da tecnologia.

Howard ensinava aos filhos tudo que sabia sobre o mundo dos negócios, e Carol oferecia a melhor educação possível nos outros aspectos da vida. Seu grande objetivo era criar oportunidades para que os gêmeos encontrassem sua verdadeira paixão.

Tyler e seu irmão cresceram em uma casa rica, mas seus pais sempre destacaram a história da família como um todo e não apenas a da linha paterna, associada às minas de carvão. Os ancestrais de Carol também eram imigrantes alemães que chegaram aos Estados Unidos no século XIX só com os sonhos. Seu avô era bombeiro e tinha um hotel em Rockaway Beach, seu tio serviu no Exército dos EUA durante a Segunda Guerra Mundial e combateu na Guerra do Pacífico, e seu pai era detetive no departamento de homicídios. Como a de Howard, a família de Carol adotava costumes cristãos e valorizava a palavra das pessoas. Howard e Carol cresceram acreditando no respeito pela honestidade e pela disposição para trabalhar. O mais importante não era ganhar, mas se dedicar ao máximo e manter uma postura de alta integridade e ótimo caráter. Howard Sr. sempre dizia ao filho: "Não ligo para o pessoal que vem atrás de mim, só quero ser o primeiro a deixar as pegadas na neve."

"Lembro quando vocês começaram", disse o pai de Tyler. "Todos olhavam espantados quando vocês saíam do campus e entravam na floresta para remar."

Tyler riu. Os irmãos não haviam crescido na região das minas de carvão — longe disso, na verdade —, mas sempre quiseram caminhar com as próprias pernas e abrir suas trilhas na neve metafórica. Os dois garotos idênticos e muito altos se destacavam no colégio, cuja atmosfera lembrava o romance *O Senhor das Moscas*, mas nem sempre de forma positiva. A obsessão deles por latim, computadores e criação de páginas da web não era exatamente popular. Isso também se aplicava

STEPFORD, CONNECTICUT

aos doze anos de aulas de piano clássico e ao estudo de HTML por conta própria. Nessa época, os gêmeos estavam muito longe do estereótipo propagado por Mark Zuckerberg, de atletas da elite universitária. Mas uma curiosidade geográfica despertou neles uma grande paixão, que acabou dominando suas vidas e influenciando seus status na comunidade local, que concentrava muitos fãs de esportes.

Tudo começou com Ethan Ayer, um vizinho que tinha dois metros de altura e era dez anos mais velho que os gêmeos. Ele estudava no colégio interno de Andover, cujo programa de remo era um dos melhores do país. Tempos depois, Ethan também remou em Harvard e Cambridge. Durante uma visita à família, ele contou ótimas histórias sobre como era remar, estar na água e competir com atletas do mundo todo. Tyler e Cameron ficaram intrigados. A mãe deles procurou nas páginas amarelas, mas não encontrou nenhum programa de remo em Greenwich. Embora houvesse muita água na região e vários adultos que já tinham praticado remo em colégios internos e universidades, não havia nenhum curso para inscrever Tyler e Cameron. Por telefone, Carol ouviu de todas as marinas da área que as pessoas só remavam ali quando os barcos ficavam sem combustível.

Mas ela persistiu e acabou encontrando um clube de remo em Westport, no estado de Connecticut, cinquenta quilômetros ao norte. Em um dia de agosto de 1996, Carol embarcou os gêmeos no carro e dirigiu até um prédio de madeira abandonado — a primeira estação ferroviária de Westport. O clube ficava lá. Às margens do rio Saugatuck, o local era modesto e havia sido fundado alguns anos antes pelo irlandês James Mangan.

Os gêmeos entraram no comprido estaleiro de madeira, onde não encontraram ninguém, e seguiram a trilha cheia de mato que levava até a água. No meio do caminho, eles se depararam com Mangan. Quando lançou o primeiro olhar sobre aqueles dois — gêmeos idênticos que, aos 15 anos, já tinham passado de 1,80 metro e ainda estavam crescendo —, ele abriu um sorriso imenso. Em seu forte sotaque irlandês, Mangan comentou algo sobre um presente de Deus: dois garotos, um destro e um canhoto, exatamente iguais, em plena fase de crescimento. Na mesma hora, ele concordou em treiná-los.

No início, eles não sabiam ao certo o que estavam fazendo ali naquela pocilga. A antiga estação não tinha água corrente, eletricidade ou aquecimento; era preciso andar com cuidado para não cair nos buracos do piso; o vestiário mais próximo ficava no banheiro do posto de gasolina Mobil, do outro lado da rua.

No primeiro treino na água, em um barco antigo e precário, com remendos em fita adesiva, Tyler e seu irmão conseguiram dar onze remadas no total. Sempre sorrindo, Mangan disse que, um dia, eles dariam centenas e até mais de mil remadas em um só treino. Além disso, a fita adesiva e a condição do casco não importavam: *ali, a vitória dependia do atleta, não dos recursos*. Mais importante, o barco não ligava para nomes, origens, grana no banco — só o *desempenho* do atleta importava.

"Achamos que vocês tinham ficado loucos quando resolveram não entrar em nenhuma equipe do colégio", disse Howard. "E eu pensei que a mãe de vocês também tinha enlouquecido quando me convenceu a colocar um remo seco no sótão."

Tyler sentiu um incômodo quando lembrou daquele aparelho brutal, bem parecido com uma máquina de tortura medieval. Quantos invernos ele passara no sótão, puxando a corrente daquele monstro mecânico? Mas foi o remo seco que colocou os gêmeos na trilha das Olimpíadas. A cada mês, adolescentes do país todo enviavam os resultados que obtinham em treinos de vinte minutos no aparelho para a US Rowing, que postava os dados no site da instituição. Quando viram que suas pontuações estavam entre as dez melhores do país na faixa etária deles, Tyler e Cameron concluíram que era possível competir em um nível totalmente diferente.

Eles resolveram persuadir o diretor da escola a criar um programa de remo no colégio, o primeiro da história de Greenwich. Com a ajuda do pai, os gêmeos encontraram um local em Long Island Sound e convenceram alguns colegas a se inscreverem no curso. Os dois, que antes não sabiam nada sobre o esporte, treinaram e suaram (em parte, no sótão) até atingirem o nível nacional de competição. Eles entraram na equipe nacional de remo júnior e participaram do Campeonato Mundial de 1999, realizado na Bulgária. Em seguida, os irmãos criaram sua primeira startup: a equipe de remo do colégio. Esse empreendimento contribuiu para a aprovação antecipada da matrícula deles em Harvard — afinal, os gêmeos não eram só atletas. Eles eram "atletas aplicados", polímatas que mostravam seu valor na sala de aula e na água. Além disso, construir essa startup abriu as portas para uma rota insólita que levava a outro mundo, onde eles também precisariam começar do zero.

Para eles, o remo fora uma amostra da vida nas startups; ali, os irmãos aprenderam a trabalhar em equipe e sob pressão, sempre de olho na diferença mínima entre a vitória e a derrota. Cameron costumava dizer que ouvira ótimas lições de vida no estaleiro — que tinham pouco ou nada a ver com o esporte.

STEPFORD, CONNECTICUT

Tyler redirecionou a conversa para o motivo daquela visita ao Tod's Point. "Agora, sabemos mais sobre o Bitcoin do que sabíamos sobre o remo aos 15 anos, quando mergulhamos nisso. Foi uma grande decisão na época, e essa decisão de agora parece muito importante também."

Tyler sempre recorria aos conselhos do pai em questões de negócios, pois, além de ser um gênio da matemática que construíra uma empresa de consultoria bem-sucedida com a mesma habilidade que empregara na montagem do seu Ford Modelo A na época do colégio, seu pai era a pessoa mais ética e íntegra que ele conhecia. Inspirado, talvez, por suas origens, Howard Winklevoss Jr. ensinara aos gêmeos o valor da diferença entre o certo e o errado, e que um aperto de mão era mais importante do que o melhor contrato elaborado pelo melhor dos advogados. No início da crise com Zuckerberg, foi Howard Jr. quem ficou mais chocado ao saber da conduta do jovem CEO. Ele não era nada ingênuo, mas não conseguia entender como alguém podia se comportar de forma tão vil e desrespeitosa. Howard Jr. apoiou Tyler e Cameron em sua cruzada por justiça até mesmo quando eles trocaram o dinheiro do acordo por ações do Facebook. Os gêmeos não ligaram quando os advogados disseram que era estupidez. Com o apoio do pai, eles estavam confiantes de que aquela era a decisão certa.

"Cameron resumiu bem a situação: 'Se esse tal de Bitcoin não for conversa fiada, deve ser a grande chance'", disse Tyler.

Com o olhar fixo na água, seu pai concordou. Eles já haviam conversado bastante sobre o Bitcoin por telefone e no café da manhã. Howard Jr. logo percebeu a beleza matemática da criptomoeda, que só tinha três anos de existência. De cara, ele compreendeu a elegância do blockchain — o registro aberto e descentralizado em que as transações eram documentadas constantemente — e a sagacidade do Bitcoin, uma moeda baseada em matemática e criptografia, com uma oferta fixa, produzida por computadores que executavam equações complexas. Essa dinâmica eletrizava sua mente matemática. Mas, como Tyler e Cameron, Howard Jr. tinha reservas com relação ao Silk Road e ao lado sombrio do mundo do Bitcoin.

"Acho que o Bitcoin tem muito potencial, mas a maior dúvida é a BitInstant. Vai ser difícil lidar com esse garoto, o Charlie."

"Ele não está sozinho", disse Tyler. "A BitInstant também tem um chefe de marketing e um investidor inicial."

"Um filósofo do libertarianismo e um anarquista."

"Acho que Roger Ver não é anarquista. Ele se define como individualista."

"Também li algumas obras da Ayn Rand na faculdade. Mas alguém precisa estar no comando, controlando a empresa para que as coisas não saiam dos trilhos. Falta alguém no compliance, mais gente, um setor para tocar o dia a dia. Gestão de riscos, um setor jurídico. No momento, o Charlie está fazendo tudo isso; seu investimento vai ser nele. Não vai ser no plano de negócios nem na filosofia: vai ser no garoto que está no leme do barco."

Tyler sabia que seu pai tinha razão; o investimento não seria apenas na ideia, mas na pessoa, no empreendedor. Essa era a definição de investimento de risco.

"Ele é inteligente e ambicioso, quer provar o valor dele", disse Cameron. Eram bons sinais. Mas Charlie também parecia acreditar, em algum nível, na filosofia de Voorhees e na ideologia de Ver. Ele dissera algo bem preocupante: *não ligamos pro que as pessoas fazem com os bitcoins delas*. O comentário soara como uma frase de efeito, mas ficara com os gêmeos. Comercialmente, fazia sentido. A BitInstant era apenas uma forma de ajudar as pessoas a trocarem dinheiro por bitcoins. Mas, filosoficamente, a frase parecia bastante ameaçadora. Para libertários e individualistas, as pessoas deveriam ser livres para fazer o que quisessem com seu dinheiro. Mas, na prática, essa liberdade não existia. Havia leis, regulamentos, códigos penais.

O Bitcoin era recente e, até aquele momento, não havia sido regulamentado. Mas isso não duraria muito tempo; em algum ponto, os governos ficariam muito interessados na forma como as pessoas movimentavam seus bitcoins.

Investindo na BitInstant, os gêmeos apostariam em Charlie. Era um risco. Mas a missão não era essa? Correr riscos? Não era isso que eles estavam procurando? A oportunidade de apostar em algo com um potencial imenso? Participar de outra revolução, mas sem Mark Zuckerberg dessa vez?

Até o pai deles, um gênio da matemática, concordava: o Bitcoin era muito promissor e parecia valer a pena. Uma chance como essa não costumava aparecer uma vez, muito menos duas.

STEPFORD, CONNECTICUT

Uma hora depois, Tyler estava no SUV ao lado de Cameron, que procurava um contato no celular. Sua janela estava aberta, e Tyler sentia a brisa no rosto. O pai deles ficara em Tod's Point, observando os barcos. Howard Jr. e Carol sempre iam lá, mas não só para lembrar dos gêmeos e do remo.

O Point também fora o lugar favorito de Amanda, a irmã mais velha de Tyler e Cameron, uma garota que reunia as melhores qualidades individuais dos gêmeos. Ela era uma aluna brilhante, excelente atleta, atriz carismática e dona de um estoque de energia quase infinito. O talento dela ofuscava facilmente o dos irmãos. E, mais importante, Amanda era a graça personificada. Quando chegou à Williams College, ela era uma jovem muito promissora, mas, de repente, começou a ter crises graves de depressão. A família ficou muito preocupada e tomou várias medidas para lidar com a situação. Foi uma jornada terrível de dois anos pelo mundo da saúde mental. De uma hora para outra, eles se viram em uma região que a ciência não compreendia, onde combinar o diagnóstico com o tratamento certo era como descobrir um ponto marcado caminhando a esmo pelo Grand Canyon com uma venda nos olhos. Foi uma luta profunda e pessoal (poucos sabiam fora da família), incompreensível para a maioria das pessoas. Não era um braço quebrado, não era nada que você pudesse identificar e processar. Era o desconhecido, algo cheio de estigmas. Às vezes, durante o processo de recuperação, Amanda tentava aliviar sua dor com drogas — e acabou morrendo dessa forma em junho de 2002, quando estava em Nova York. Ela tinha 23 anos, e nunca mais teria a chance de aproveitar uma excelente oportunidade.

Como a trágica morte ocorrera em público — por volta da meia-noite de 14 de junho, em meio à chuva, ela caiu em uma rua onde uma equipe estava gravando um filme com Robert De Niro —, o *New York Post* logo publicou uma série de matérias inventadas e lançou o caso no círculo dos tabloides. Essa descaracterização cruel de uma luta pessoal maculava a verdade sobre a irmã deles: ela fora uma estrela que brilhou intensamente na Terra e que, agora, cruzava os pontos mais altos do céu.

Habitarei uma dessas estrelas. E em uma delas, estarei rindo.
Então, quando olhares o céu à noite,
será como se todas as estrelas rissem para ti.

Príncipe, Antoine de Saint-Exupéry, *O Pequeno Príncipe*

Um trecho do livro favorito dela foi gravado em sua lápide. Na época, Tyler e Cameron tinham 20 anos e eram só calouros que passavam a maior parte do tempo remando e pensando em futuros empreendimentos no quarto do dormitório da universidade. Foi um período terrível para eles e seus pais. Entre todas as pessoas do mundo (incluindo seus pais), Amanda era a única que nunca confundia os gêmeos; ela sempre sabia quem era Cameron e quem era Tyler. Quando se classificaram para as Olimpíadas, os irmãos batizaram seu barco em homenagem a ela. Durante os Jogos Olímpicos de Pequim, enquanto ultrapassavam medalhistas rumo à grande final naquela que era sua primeira regata internacional, uma façanha pouco comum no esporte, o espírito de Amanda estava com eles. E, apenas dois anos depois da sua morte, os gêmeos entraram no tortuoso labirinto de eventos que os levou ao ponto onde estavam agora.

"Preparado?", perguntou Cameron, com o dedo sobre o contato na tela do celular.

Tyler fez um gesto afirmativo. Para quem via de fora, parecia que eles sempre recebiam tudo da maneira mais fácil. Mas Tyler sabia que isso não era verdade. Com o pai e aquelas dificuldades familiares, eles aprenderam que o essencial era a postura que adotavam diante das situações, fáceis ou difíceis. Se você caísse, tinha que levantar.

E se surgisse uma excelente oportunidade, você tinha que aproveitar.

Cameron discou o número.

"E então?", disse David Azar; seu sotaque do Brooklyn ecoou pelo carro. "Vai rolar?"

"Pode fazer o contrato", disse Tyler. Porém, Azar não sabia que aquele investimento de US$ 800 mil na BitInstant era só uma fração do plano de Tyler e Cameron.

"Fantástico! Cara, pensei em um nome perfeito pro grupo de investidores. Preparados? Maguire Investments. Entenderam? Jerry Maguire? O cara que falava: *Show me the money!*[1]"

Cameron apertou o botão, silenciou a chamada e olhou para Tyler.

"Ainda dá tempo de voltar atrás", disse ele.

Tyler riu.

Para ele, o jogo já tinha começado.

---

1 Em tradução livre: Quero ver a grana!

10
OS BONS COMPRADORES

Charlie colocou o celular sobre a mesa e relaxou na cadeira. Uma atmosfera pesada e úmida se instalara na sala; o ar-condicionado quebrara de novo, e Charlie havia dito a Voorhees e ao engenheiro-chefe Ira Miller, um ruivo que sacava tudo de programação, que acionaria o síndico para providenciar o conserto, mas aquela besteira podia esperar. No momento, a mente de Charlie estava a mil, e aquele vermelho no rosto dele não tinha nada a ver com o final do verão.

Ele tinha acabado de falar com Cameron pelo telefone; era a terceira vez naquela tarde, a oitava vez no dia, a décima quinta na semana. E, pela conversa, Charlie percebia que o cara ainda faria muitas chamadas como essas. Que loucura! Há um mês, Charlie jamais teria imaginado que, em pouco tempo, estaria em seu escritório comprando uma quantia absurda de bitcoins para os gêmeos Winklevoss. A ideia era ridícula!

Era loucura, mas também era *incrível*. Além de comprar os bitcoins, Charlie e Voorhees também mostraram aos gêmeos como montar uma carteira da criptomoeda, apresentando e explicando a dinâmica da economia do Bitcoin. Nesse processo, os irmãos também passaram a compreender a BitInstant e a revolução que Charlie estava prestes a iniciar.

Na época, o Bitcoin ainda estava bem longe do mainstream. Charlie não teria admitido naquela primeira reunião na Padaria, mas, no geral, os grandes proprietários de bitcoins eram traficantes, compradores de drogas, geeks atraídos por meio de fóruns online e libertários como Ver e Voorhees. Para que essa economia crescesse e a BitInstant se tornasse a nova Apple, os norte-americanos médios teriam que entrar no jogo das criptomoedas. E, para isso, o Bitcoin precisava de embaixadores.

Que tal aqueles gêmeos idênticos, que pareciam ter saído da capa de um catálogo da Polo? Havia embaixadores melhores do que eles?

Mas os irmãos não se contentaram com o investimento na BitInstant — US$ 800 mil em troca de 22% da empresa. Durante a negociação, interessados em adquirir bitcoins, eles pediram a ajuda de Charlie, que ensinou o caminho das pedras para os gêmeos.

Desde o início, a principal preocupação deles era com a segurança. Charlie achava os irmãos um pouco paranoicos; em geral, as pessoas faziam o download de uma carteira digital e nunca mais se preocupavam com isso. Mas o dinheiro era dos gêmeos, e eles tinham todo o direito de ser cuidadosos.

A pedido deles, Charlie comprou dois laptops "limpos" na Best Buy (um "quente" e outro "frio") e dez pen drives. Em seguida, ele ajudou a configurar a carteira digital dos irmãos. O software cliente do Bitcoin foi baixado no laptop quente (conectado à internet) e, em seguida, transferido via USB para o laptop frio, que nunca seria conectado à internet. No software instalado no computador frio, eles criaram a carteira digital e geraram a chave privada. Depois, cópias da chave foram colocadas em cada pen drive, e os gêmeos guardaram os dispositivos em locais seguros.

Em sua primeira transação pela BitInstant, Cameron se dispôs a comprar US$ 100 em bitcoins. Charlie imprimiu a primeira guia de depósito do serviço (no valor de US$ 100), e Cameron levou o boleto até uma farmácia da rede Walgreens. Na época, a parceria da BitInstant com a MoneyGram e a SoftPay criava uma rede de dez mil lojas para as movimentações. Para comprar bitcoins, bastava gerar uma guia no site da BitInstant e pagar o boleto em qualquer loja das redes Walgreens, Duane Reade, CVS e 7-Eleven. De fato, segundo uma piada que circulava na comunidade de criptografia, os maiorais eram os caras que compravam o primeiro bitcoin pelo "telefone vermelho", uma referência aos aparelhos instalados nos quiosques da MoneyGram.

Na farmácia, Cameron pegou o telefone vermelho e informou o código do boleto da BitInstant ao operador. Depois de ouvir a confirmação da transação, ele pagou US$ 100 ao caixa da loja. Em seguida, pegou o recibo, saiu e ligou para Charlie, que confirmou a transferência de US$ 100 em bitcoins para um dos endereços Bitcoin associados à carteira digital de Cameron e Tyler.

Esses primeiros bitcoins saíram das reservas da empresa. Foi uma transação rápida e fácil: a prova de conceito da BitInstant. Mas, para Cameron e seu irmão, era só o começo.

Na mesma tarde, eles disseram a Charlie que queriam comprar mais e que podiam transferir US$ 100 mil da conta da Winklevoss Capital.

Cem mil dólares. Era uma quantia impressionante; os clientes típicos de Charlie nas operações de compra e venda de bitcoins gastavam, no máximo, algumas centenas de dólares. Claro, havia peixes grandes no mercado, mas nenhum deles movimentava uma grana tão alta.

Charlie ficou ainda mais perplexo quando soube que essa transferência fora só a *primeira*.

Muito mais dinheiro entrou na jogada. De fato, pelo volume de bitcoins que desejavam adquirir, os gêmeos teriam que pular Charlie e a BitInstant para comprar diretamente do mercado. Aquela quantia só era negociada na Mt. Gox.

Charlie lembrava bem da expressão no rosto de Cameron e Tyler quando ouviram que 80% das negociações com bitcoins ocorriam no epicentro das trocas de criptomoedas: a Mt. Gox. O nome extravagante tinha uma origem bastante ridícula. O proprietário da bolsa era Mark Karpeles, um francês de 28 anos que se estabelecera na região de Shibuya, em Tóquio. Karpeles, que se dizia o Rei do Bitcoin e passara boa parte da juventude postando vídeos de gatos no YouTube, comprou a empresa de um sujeito que criara o site como uma plataforma para negociações de cartas do jogo Magic: The Gathering. Por isso, o nome Mt. Gox: "Magic: The Gathering Online eXchange"[1]. A bolsa operava de forma caótica, precária e sem nenhuma regulamentação. Embora milhões de dólares em bitcoins fossem negociados diariamente nela, tudo ocorria sem nenhuma supervisão. Pior ainda, a movimentação do dinheiro na bolsa poderia demorar, em média, mais de seis dias.

Porém, diante do volume daquele investimento, a Mt. Gox era a única opção dos gêmeos. Charlie já havia comprado US$ 750 mil em bitcoins para Cameron e Tyler, mas a sede deles pela moeda virtual não diminuiu. Na verdade, ela cresceu.

---

[1] Em tradução livre: Bolsa Online de Cartas do Magic: The Gathering.

Portanto, os irmãos Winklevoss teriam que negociar diretamente na bolsa japonesa, onde abririam uma conta e atuariam como clientes. Mas não era fácil. Havia várias dificuldades em uma transferência desse porte para a Mt. Gox. Primeiro, eles digitalizaram seus passaportes e enviaram documentos físicos para o Japão — especificamente, para uma caixa postal em Shibuya. Depois que as informações chegassem ao país asiático, os gêmeos teriam que esperar várias semanas pelo processamento dos dados, pois a fila de espera na Mt. Gox era muito longa. Felizmente, como a BitInstant era um dos maiores clientes da bolsa, Charlie tinha um relacionamento próximo com o empresário francês e acelerou o processo.

Karpeles era obeso, difícil e muito esquisito; às vezes, desaparecia por vários dias, mas também era obcecado por controle e por gerenciar os mínimos detalhes, não deixando ninguém tocar nem nas partes mais triviais da empresa. Além disso, tinha fixação por gatos e mangás. Charlie imaginava o francês em sua sala, tarde da noite, as luzes neon de Tóquio brilhando pelas frestas das cortinas atrás dele, um gato ronronando no seu colo, um croissant na sua mão obesa; mas Charlie nunca estivera com Karpeles pessoalmente, os dois só conversavam pelo IRC (Internet Relay Chat).

Quando as contas foram ativadas, os gêmeos começaram a fazer transferências diretas para a Mt. Gox e fechar suas próprias compras. E, até onde Charlie sabia, eles estavam comprando em um ritmo violento. As transferências chegavam a meio milhão de dólares por semana, talvez mais. Aliás, o imenso volume das ordens de compra alterava o preço da moeda virtual (que, na época, variava entre US$ 10 e US$ 20 por bitcoin) quando os pedidos não eram distribuídos em um período mais longo. Todos sabiam que os irmãos eram os maiores compradores de bitcoins do mundo — as *baleias* daquele mercado.

Charlie observava o telefone sobre a mesa. Seu rosto ainda estava vermelho, e o suor escorria pelas suas costas formando pequenos córregos de calor. Antes de mais nada, ele queria dar um tempo na Padaria com o protótipo do vaporizador. Charlie desejava algo que acalmasse sua mente. Minutos atrás, Cameron lhe dissera a estratégia deles. O investimento em Charlie e na BitInstant, as compras iniciais por meio da Mt. Gox, tudo isso fora apenas para sondar o terreno. Agora eles estavam prontos para entrar em cena.

11
O ROUBO REVERSO

"**S**enhoras e senhores, removam seus laptops, dispositivos eletrônicos de grande porte, metais, líquidos, sapatos, jaquetas..."

Quando tirou a mochila preta do ombro, Cameron mal ouvia a voz monótona e entediada do fiscal atrás da esteira. Aquelas instruções eram redundantes. Ele viajava de avião desde bebê. Cameron sabia de cor aquela coreografia patética da segurança do aeroporto, um vestígio do 11 de setembro. Seu laptop já estava a caminho da máquina de raios X. Seus tênis de cano alto avançavam na cesta ao lado, em cima da carteira de couro e das chaves. Só restava a mochila.

Cameron achou que aquele troço devia pesar uns 40 quilos quando colocou a mochila na terceira cesta que pegara no início da esteira, mas, na verdade, ela era bem leve. Quando a mochila chegasse à máquina de raios X, os fiscais só veriam duas revistas, um pente e um livro de bolso. Se eles olhassem com mais atenção, veriam doze envelopes plásticos tamanho Carta, à prova de fogo, impermeáveis e invioláveis, entre as edições mais recentes das revistas *Economist* e *Vanity Fair*. Se ficassem muito curiosos e resolvessem abrir os envelopes, veriam que cada um deles continha só uma folha de papel. Em cada folha, eles veriam um labirinto de letras e números aleatórios, impressos por um computador.

No entanto, só de pensar na ínfima possibilidade de os fiscais pegarem aqueles envelopes, Cameron tinha calafrios. Pior ainda, quando pensava na máquina de raios X, ele ficava em pânico. Esses aparelhos podiam capturar imagens legíveis das doze folhas de papel naqueles doze envelopes de plástico? Onde essas imagens ficavam armazenadas? Em um disco rígido? Na nuvem? Quem tinha acesso a elas? Com muito cuidado, ao colocar sua mochila na esteira e se dirigir para a pequena fila do scanner corporal, que dava acesso ao terminal Delta no aeroporto LaGuardia, Cameron percebeu que estava tremendo. Ele não tinha nada a temer; não estava contrabandeando armas, drogas ou dinheiro, só folhas de papel em envelopes plásticos.

Ele observou quando uma moça entrou no scanner e levantou os braços como se fosse pular de um trampolim. Havia duas pessoas atrás dela: um cara de, no máximo, 19 anos, vestindo um jeans rasgado e uma camiseta preta do Megadeth, e um empresário de meia-idade com calças curtas, estilo capri, que revelavam suas meias quadriculadas. Em pouco tempo, chegaria a vez de Cameron. Depois, já do outro lado, ele pegaria a mochila de novo. E só então aquela palpitação passaria.

Quando a moça saiu e o fã do Megadeth entrou no scanner, Cameron se perguntou se o irmão dele também havia passado por aquela angústia. Tyler saíra do escritório algumas horas antes e já devia estar em Detroit para o voo de conexão, com a mochila nos ombros, em segurança, bem longe dos olhares curiosos dos fiscais do aeroporto.

O fã do Megadeth passou pelo scanner, e o empresário logo deu seu pulo no trampolim imaginário. Pouco depois, Cameron estava dentro do scanner com os braços para cima, imaginando as faixas diminutas de micro-ondas tocando sua pele, ossos e órgãos. Quando viu, estava de volta à esteira e teve que se concentrar para pegar os sapatos e o laptop antes da mochila. Assim que tocou nela, voltou a respirar normalmente. Porém, sua frequência cardíaca só baixou um pouco no meio do caminho até o portão.

Cameron se perguntou se aqueles três dias de viagem seriam assim. Um ataque de pânico em cada aeroporto, tremendo diante dos fiscais, até que as doze folhas de papel chegassem ao seu local de destino? Mas, ao conferir os monitores, perto do portão, ele parou de divagar; o voo para Milwaukee estava no horário, tudo certo com o cronograma. A conexão para Madison estava garantida. Lá, seria um trajeto de menos de vinte minutos do aeroporto até o primeiro banco. Depois, mais vinte minutos para voltar ao aeroporto. Se as companhias aéreas não vacilassem (uma possibilidade sempre presente), Cameron logo estaria iniciando a próxima etapa da jornada.

Tyler planejara cada detalhe: os voos, as conexões, até os táxis. Com o lado esquerdo do cérebro mais desenvolvido, Tyler era um excelente planejador; desde a adolescência, era ele quem montava os itinerários para as férias da família.

Enquanto caminhava até a agente do portão para mostrar o código do bilhete eletrônico no celular, Cameron teve um momento de clareza: Quer saber? Foda-se! Ele e seu irmão foram feitos para aquele tipo de coisa. *Cenários de muita pressão, muitos riscos.* Para Cameron, as próximas 72 horas seriam bem longas. Mas, comparado com uma prova olímpica, aquilo era um passeio no parque.

"Tenho certeza de que o senhor ficará muito satisfeito com os nossos serviços, sr. Winklevoss. Nossa estrutura pode não ser tão formal quanto a dos bancos que o senhor conhece, mas nosso profissionalismo é excepcional. Sem dúvida, atenderemos a todas as suas necessidades bancárias na região."

O penteado colmeia balançava enquanto ela andava. A cada passo, seu blazer cinza murmurava, acompanhando os estalos dos saltos plataforma contra os ladrilhos. Era uma mulher simpática, por volta dos 45 anos, com óculos redondos instalados precariamente sobre o nariz e um sorriso radiante que combinava com o penteado. A personalidade dela exalava entusiasmo, o que era bom, pois Cameron precisava absorver energia. Ele já falara com outros dois gerentes de banco só naquele dia, e ainda havia mais dois pela frente, além de vários voos.

Acompanhando a gerente pelo longo corredor que passava pelos caixas da agência do Northwest Bank and Trust de Davenport, no estado de Iowa, Cameron tinha que desacelerar suas pernas longas e seu ritmo de Nova York para não ultrapassá-la. Mas aquele andamento mais calmo do meio-oeste estava perfeito; no momento, Cameron se sentia totalmente exausto. Chegar àquele banco em Davenport não

103

fora tão fácil quanto achar as agências de Madison e Minneapolis. Madison e Minneapolis eram cidades pequenas perto de Nova York, mas, se comparadas a Davenport, cuja população nem chegava a 100 mil habitantes, pareciam enormes.

"No momento", disse Cameron quando se viu diante da porta do cofre, onde a gerente logo sacou um molho de chaves. "Minhas necessidades são mínimas."

A mulher sorriu para ele enquanto abria a porta. Em seguida, os dois entraram em uma sala com duas paredes cheias de cofres no formato de gavetas.

"Nunca se sabe. É só um cofre hoje, mas amanhã pode ser um fundo de previdência privada. Sempre estaremos aqui para atendê-lo, sr. Winklevoss."

Uma coisa era certa: ela gostava de falar o nome dele. Cameron não sabia se fora reconhecido pela gerente, mas, diferente dos outros bancos, ela não fizera nenhuma pergunta sobre o filme ou sobre o Facebook. Era um sinal bastante positivo. Ele não estava cobrindo os olhos com um boné nem havia colocado um bigode falso ou tingido o cabelo, mas era evidente que queria a maior discrição possível. Alugar um cofre em uma agência bancária naquela pequena cidade do estado de Iowa não era um ato suspeito. Talvez Cameron tivesse parentes na região, talvez tivesse conhecido uma garota em uma viagem de negócios e quisesse guardar um anel de noivado, talvez estivesse pensando em abrir uma estaleiro no rio Mississippi. As pessoas alugavam cofres por todos os motivos possíveis.

Por outro lado, se a gerente tivesse visto o itinerário completo, se soubesse que o irmão dele (gêmeo idêntico) estava, naquele exato momento, em um banco em uma cidade de um estado próximo, alugando um cofre de tamanho semelhante, ela teria algumas perguntas.

E mesmo sem saber disso, se alguém de lá tivesse reconhecido o sobrenome de Cameron, ela ou o gestor de riscos do banco poderiam ter dificultado o aluguel do cofre. Por telefone, os gêmeos já tinham ouvido recusas de alguns bancos quando pediram informações sobre como abrir uma conta e alugar um cofre nas agências. Esses bancos eram instituições bem pequenas e não queriam aceitar nenhum depósito dos gêmeos com receio de que o objeto fosse muito valioso — e atraísse ladrões e gente mal-intencionada para as agências.

A maioria das agências pequenas não guardava muito dinheiro nos cofres; algumas só mantinham, no máximo, US$ 20 mil. Aquela agência provavelmente nem guardava esse valor. Era mesmo necessário? Se o dinheiro entrava no mundo digital no instante do depósito, por que contratar guardas, estabelecer rotinas de segurança e criar sistemas robustos para proteger algo que, em última análise, era só uma planilha do Microsoft Excel? Mas o caso dos cofres era diferente. Os valores dos aluguéis não compensavam os riscos de guardar um objeto de grande valor, nem itens pessoais, mas, sim, algo líquido e fungível.

Se a gerente estava preocupada, no entanto, não demonstrava. Se a situação apertasse, para tranquilizá-la, Cameron abriria a mochila e diria que só queria guardar um envelope com seu diploma, seu histórico de Harvard ou antigos retratos dos seus antepassados. Se seguissem perguntado, ele mostraria a folha de papel contida no envelope plástico e explicaria que era o código-fonte de um programa que escrevera na escola, ou algo assim, e que queria proteger sua propriedade intelectual. Mas ela não estava interessada em nada disso. Na verdade, a gerente só mostrou uma gaveta retangular no centro da parede à direita e lhe entregou a chave. Em seguida, foi até a porta do cofre, saiu e trancou. Só então Cameron abriu o zíper da mochila.

Com muito cuidado, Cameron tirou um dos envelopes plásticos da mochila e colocou o item dentro da caixa. Durante o processo, ele observou o conteúdo impresso no papel da marca Staples — letras e números aleatórios, praticamente indecifráveis. Para um computador com o software cliente certo, a folha continha 1/3 de uma chave privada do bitcoin — um *shard* (ou fragmento).

Esse *shard* (o fragmento "alpha"), quando combinado com os *shards* "bravo" e "charlie", formava uma *chave privada* — a chave que controlava todos os bitcoins dos gêmeos. Portanto, os três fragmentos deviam ser guardados em locais separados. Se os três *shards* ficassem em um só cofre, um ladrão poderia roubar a gaveta e controlar todos os bitcoins deles — *um ponto único de falha*. Utilizar os cofres de várias agências de um mesmo banco não era suficiente. Um funcionário mal-intencionado poderia armar um esquema e acessar os cofres das agências escolhidas — outro ponto único de falha. Portanto, os fragmentos alpha, bravo e charlie deviam ser guardados em *diferentes* cofres de *vários* bancos. Com esse modelo de segurança, um ladrão teria que roubar três bancos diferentes, subornar funcionários de três instituições ou combinar vários esquemas como esses para se apropriar dos bitcoins dos gêmeos. Em todo caso, a logística do roubo dos três fragmentos da chave privada seria um pesadelo — uma ação no estilo *Missão Impossível*, que só funciona no cinema.

Os irmãos haviam replicado esse modelo quatro vezes em diferentes regiões para aumentar a redundância do sistema — removendo o ponto único de falha e melhorando a tolerância do modelo como um todo. Portanto, se um desastre natural, como um tornado de grandes proporções, varresse o Meio-Oeste do mapa, ainda haveria fragmentos alpha, bravo e charlie em outras regiões do país (Nordeste, Meio-Atlântico, Oeste etc.) para formar a chave privada dos gêmeos. Se a Costa Leste fosse arrasada por um tsunami — ou por Godzilla — e se um meteoro atingisse Los Angeles, a chave deles ainda estaria em segurança.

O modelo de segurança dos irmãos era formado por doze cofres de três instituições bancárias localizados em quatro regiões dos Estados Unidos. As doze folhas de papel guardadas nesses doze cofres formariam *as únicas quatro cópias da chave privada que existiriam no mundo*. Não haveria nenhuma outra cópia em nenhum outro lugar, nem nos laptops deles, nem na internet, só naqueles doze cofres situados em diferentes pontos do país. Cameron e Tyler haviam criado um sistema de armazenamento "a frio" offline, mas, ironicamente, sofisticado. O modelo baseava a segurança dos bitcoins deles no mundo físico, fora do alcance dos hackers.

O sistema de segurança dos gêmeos evitaria que um ladrão roubasse a chave privada, mas nenhum cofre poderia impedir que um hacker inferisse a sequência. Quando gerada corretamente, era impossível adivinhar a chave privada — a chance era de 1 em 115×10^{75} —, mas tudo dependia da geração correta.

Para gerar a chave privada de forma segura, eles tiveram que adotar um processo completamente aleatório. Porém, não era tão fácil selecionar números aleatórios; o cérebro humano não tinha um bom desempenho na criação de aleatoriedade. Sua tendência era reproduzir padrões e sequências deliberadas, mesmo sem intenção consciente. Os computadores também tinham dificuldades com a aleatoriedade. Essas máquinas determinísticas sempre retornavam o mesmo resultado para uma entrada específica — o oposto de aleatório. Era possível rodar um gerador de números aleatórios no computador, mas e se o algoritmo tivesse alguma falha? E se, em vez de um número aleatório, o programa produzisse uma sequência estruturada por um padrão complexo, previsível e passível de engenharia reversa? E se um hacker ou governo estivesse monitorando os campos eletromagnéticos emitidos pelo computador, lendo todas as informações contidas nele, incluindo os números gerados?

No mundo das moedas virtuais, a paranoia não tinha limites — no final das contas, só os paranoicos sobreviveriam. E os gêmeos estariam entre os sobreviventes. Então, para gerar a chave privada com a maior segurança possível, eles teriam que extrair aleatoriedade de uma fonte, física e aleatória, que dificultasse ao máximo as ações de interceptação e engenharia reversa.

Os gêmeos acabaram recorrendo a um método clássico e selecionaram um gerador físico de números aleatórios: um par de *dados hexadecimais*, ou seja, com dezesseis lados. Cada dado lembrava uma estrutura formada por duas pirâmides de oito lados coladas nas bases. Esses dados eram utilizados pelos garotos do colégio que vestiam casacos pretos e jogavam RPGs como Dungeons and Dragons. Mas havia algumas condições: os dados deveriam estar equilibrados e a mesa, nivelada — era essencial que os dados não estivessem viciados, pendendo para uma letra ou número específico, pois isso eliminaria a aleatoriedade.

Com muito cuidado, Cameron colocou o envelope plástico no cofre, encaixou a gaveta no espaço pertinente e trancou a fechadura com a chave de metal que recebera da gerente. Em seguida, colocou a chave em uma argola, junto com as duas que havia recebido mais cedo, e guardou o chaveiro no bolso da frente da mochila.

No momento seguinte, Cameron se viu diante da porta do cofre, que logo foi aberta pela gerente, tão radiante, saltitante e simpática quanto antes.

"O senhor não prefere uma caixa maior? O aluguel mensal não é tão mais caro, e há bem mais espaço para seus objetos."

Cameron sorriu enquanto ela trancava a porta.

"A caixa atual é mais do que suficiente para guardar as minhas coisas. São objetos que têm valor sentimental para mim, mas que não significam nada para os outros."

Era verdade: outra pessoa não veria nenhum sentido naquela folha de papel. Só números aleatórios, sorteados pelos dados de plástico. Mas se esse papel fosse combinado com as folhas que estavam na mochila e as outras que já haviam sido guardadas pelos gêmeos em cofres de bancos espalhados pelo país — bem, aí seria outra história. Juntos, esses papéis valiam muito mais do que as cédulas guardadas no cofre daquele banco, talvez muito mais do que o valor total mantido nos cofres de todas as agências desses bancos regionais. Cameron não sabia ao certo, pois o valor representado por aquelas folhas de papel mudava diariamente, às vezes a cada minuto. Ele não sabia quanto os papéis valiam, só quanto tinham custado. E esse número seria suficiente para derrubar aquela colmeia na cabeça da gerente.

O táxi estava esperando Cameron para levá-lo de volta ao aeroporto, a tempo do próximo voo.

Tyler, o gênio da eficiência, não havia alocado minutos para conversas amistosas no cronograma; aquela não era uma viagem de lazer, mas de negócios. Era uma missão.

Chegara o momento de ir para a próxima cidade, o próximo banco, o próximo cofre.

"A gente vai mesmo fazer isso?"

Cameron sorriu para o irmão enquanto levantava uma marreta imensa até passar da altura do ombro, os olhos protegidos por óculos de segurança espessos. Ele estava com uma capa de chuva sobre o terno da grife Tom Ford, e galochas de polipropileno cobriam seus sapatos sociais. Cameron poderia ter trocado aquelas roupas caras por um moletom, camiseta e jeans, mas, como estava usando o terno desde a reunião com o contador, naquela manhã, concluiu que o traje correspondia ao momento. Não era todo dia que ele tinha a oportunidade de usar uma marreta vestido a caráter.

"Tudo indica que sim."

Tyler usava roupa de proteção, mas seus óculos de segurança ainda estavam presos no cabelo. Sua marreta estava atrás dele, encostada na parede de cimento, com a cabeça enorme sobre o piso de madeira, a poucos centímetros da lona de plástico onde eles haviam colocado o equipamento. Tyler analisou o hardware: havia cinco laptops abertos, os respectivos discos rígidos (brilhando contra a lona), uma pilha de pen drives, dois roteadores e uma impressora, colocada de lado para facilitar o trabalho das marretas.

"Destruir os roteadores é um exagero", disse Tyler. "A impressora também. É impossível tirar alguma coisa de uma impressora."

Cameron girou o cabo para melhorar a pegada na marreta. As luvas, as roupas de segurança, os óculos, a lona e as marretas foram adquiridos na Home Depot. Charlie comprara um dos computadores e os pen drives. A impressora viera do escritório que eles mantinham em casa, não do local onde estavam agora, a futura sede da Winklevoss Capital, ainda em construção.

Aquele espaço parecia o lugar perfeito para a tarefa. Eles haviam fechado as cortinas, mas ninguém lá fora teria se assustado ao ver dois caras usando marretas em uma obra. Nem Charlie, a alguns quarteirões de distância, na sede da BitInstant, sabia ao certo qual era o objetivo dos irmãos e a extensão das suas preocupações com a segurança. Provavelmente, ele acharia aquilo uma loucura. Quando Charlie explicara o processo de aquisição de bitcoins aos gêmeos, não falou nada sobre marretas.

A participação dele se limitara à compra dos dois laptops limpos e dos pen drives. Depois das primeiras aquisições intermediadas por Charlie, um total de US$ 750 mil em bitcoins, eles mudaram de abordagem.

Cameron explicou a Charlie que aqueles US$ 750 mil eram só o início, e os irmãos pisaram no acelerador. Cameron e Tyler começaram a comprar no Mt. Gox por conta própria, adquirindo valores muito maiores da moeda virtual, mas logo perceberam que aqueles pen drives não dariam conta do recado.

Para início de conversa, não era viável deixar um volume expressivo de bitcoins no Mt. Gox — um site criado para facilitar trocas de cartas de Magic que agora pertencia a um francês doidão, famoso por ter colocado vídeos de gatos no YouTube. O Mt. Gox era um barril de pólvora.

Os gêmeos queriam guardar seus bitcoins em outro local. E, com valores tão altos em jogo, a paranoia dos dois começou a se expandir livremente. Eles ouviram muitas histórias sobre carteiras digitais hackeadas, pen drives roubados e perdas de discos rígidos. Cameron leu sobre um cara no Reino Unido que passou meses cavando em um aterro sanitário à procura de uma unidade de armazenamento que continha US$ 1 milhão em bitcoins. Os gêmeos não queriam revirar lixo nem ser hackeados. A paranoia tinha lá suas vantagens.

Então, um mês antes, no apartamento de Cameron, os dois cobriram todas as janelas com toalhas, conferindo se não havia nenhuma brecha por onde alguém pudesse vê-los, e guardaram seus iPhones em outro local, longe, no modo avião. *Sempre havia o risco de alguém estar espionando pela câmera ou pelos alto-falantes de um smartphone.* Em seguida, eles começaram a rolar os dados hexadecimais, criando uma nova chave privada — diferente da criada com a ajuda de Charlie.

Para aquela nova cerimônia de geração da chave privada, eles compraram mais dois laptops de diferentes lojas, um frio e outro quente. Os gêmeos logo taparam as câmeras e os alto-falantes dos computadores com fita isolante. No laptop quente, eles baixaram o software da carteira digital, que depois foi transferido para o laptop frio via USB. Para desativar o Wi-Fi do computador frio, os irmãos removeram a placa de rede. Depois, inseriram a nova chave privada — gerada com os dados hexadecimais — na carteira digital instalada no laptop frio. Com a carteira digital configurada no computador frio, eles podiam gerar endereços Bitcoin (controlados pela nova chave privada) para receber os valores que estavam na conta do Mt. Gox. Em seguida, os gêmeos conectaram um dispositivo pequeno pelo USB para imprimir os fragmentos da nova chave privada. Depois, colocaram os *shards* — alpha, bravo e charlie — nos envelopes plásticos e fecharam os invólucros. Ao final do processo, os envelopes ficaram na mesa de centro de Cameron — à espera das mochilas e daquela longa missão.

Cameron e Tyler percorreram o país todo, criando algo que, para eles, era o sistema de armazenamento mais seguro da história do Bitcoin. Pen drives e discos rígidos podiam ser roubados ou hackeados. Folhas impressas com chaves privadas guardadas em cofres podiam ser fotografadas ou furtadas. Mas distribuir fragmentos por doze cofres em vários pontos do país — isso era diferente. Só os gêmeos sabiam onde estavam os fragmentos e como montá-los. Só eles poderiam recuperar a chave privada e acessar seus bitcoins.

Era o reverso de um assalto a banco. Em vez de roubar doze bancos, eles fizeram depósitos. Em algum momento no futuro, aquelas folhas de papel, que ficaram sobre a mesa de centro de Cameron e que agora estavam em cofres, valeriam mais do que o patrimônio líquido desses bancos. Talvez.

Faltava apenas atar as pontas soltas. O hardware facilitara aquele roubo reverso. Agora era necessário eliminar as evidências. Apagar todos os rastros de dados, impressões digitais e vestígios da chave privada; destruir qualquer traço que um hacker pudesse explorar.

Cameron levantou a marreta bem alto e, soltando um grito primal, acertou um dos laptops com toda sua força. O teclado se desfez em mil pedaços, e estilhaços de plástico voaram para todas as direções, colidindo com as paredes de cimento. Então, ele ergueu novamente a marreta e apontou para a impressora. No momento do baque, o estalo do plástico reverberou nos seus ombros.

Aquela sensação era muito boa. A região racional do seu cérebro sabia que Cameron só estava protegendo o investimento, impossibilitando o acesso e o roubo dos bitcoins deles por qualquer pessoa ou tecnologia. Mas, de resto, ele estava totalmente absorto naquele momento. Todas as frustrações do passado, a crise com Zuckerberg, com os advogados e tudo mais, tudo se dissipava a cada golpe da marreta, a cada estrondo de plástico, metal e vidro quebrando.

O passado ficara para trás. O Bitcoin era o futuro.

E Cameron e seu irmão mergulharam de cabeça nesse futuro. No total, eles já haviam investido pouco mais de US$ 2 milhões, mas planejavam desembolsar cerca de US$ 11 milhões. Essa seria a maior aposta em uma moeda virtual no mundo todo. Só Satoshi, se existisse mesmo e ainda estivesse vivo, teria mais bitcoins.

Em todo caso, os gêmeos Winklevoss pretendiam ser donos de 1% de todos os bitcoins existentes.

Era tudo o que havia, e jamais haveria mais do que isso.

E com esse tesouro, com essa fortuna, eles estariam no epicentro da revolução das criptomoedas.

ATO DOIS

A vida é uma tempestade, meu amigo. Um dia você está tomando sol e no dia seguinte o mar te lança sobre as rochas. O que faz de você um homem é o que você faz quando a tempestade chega.
— ALEXANDRE DUMAS,
O Conde de Monte Cristo

12
O INÍCIO

Dia 16 de março de 2013.
Pouco depois das sete da manhã.
Chipre.

Uma ilha europeia no Mediterrâneo oriental, com apenas 240 quilômetros de comprimento, 90 quilômetros de largura, a 80 quilômetros da costa da Turquia.

A cidade turística de Larnaca, no litoral sul, era a terceira maior de Chipre. Uma orla magnífica se estendia ao longo da praia de Finikoudes, entremeada por palmeiras. Um paraíso turístico, repleto de cafés, restaurantes abertos e lojas de souvenires. Mesmo naquela manhã úmida de sábado, o local estava lotado; havia grupos de britânicos com camisas coloridas de times de futebol em meio a casais de franceses andando de mãos dadas, adolescentes norte-americanos escapando das excursões para tomar um *latte* e caminhar pela areia e, claro, russos, gregários e barulhentos, tomando café da manhã nos restaurantes e fumando sob as palmeiras.

Marina Korsokov tirou os últimos vestígios de sono profundo dos olhos castanhos claros enquanto saía da orla para pegar uma rua lateral, que levava ao centro da cidade, com um copo de café grego fumegante na mão. Na outra mão, ela levava um saco de croissants para quatro pessoas, mas sabia que, pelo menos, dois daqueles pães sumiriam antes que Nikita, seu marido, e Alexa e Mikhael, seus filhos, saíssem das camas. A noite anterior fora longa; três famílias da vizinhança haviam aparecido para jantar, e a conversa se estendeu até muito além do horário típico dos adultos. Como de praxe, os principais temas foram política e dinheiro. Naquela época, todas as conversas em Chipre giravam em torno de política e dinheiro. Marina achava que isso era natural quando um país estava à beira da falência.

Assim que chegou à cama, Marina dormiu profundamente. Sua vida era cansativa: além das duas crianças pequenas, ainda havia os problemas cotidianos do marido. Muitos cipriotas achavam que oligarcas e gângsteres dominavam a comunidade russa, mas a maioria dos imigrantes era como a família Korsokov — trabalhadores que juntaram dinheiro e se mudaram para Chipre porque a ilha era mais segura que Moscou, mais quente que a Rússia e integrava a União Europeia. O país era uma benção para os filhos de Marina, que cresceriam longe das dificuldades que ela e Nikita haviam vivenciado nas décadas de 1980 e 1990.

Mas, apesar dos problemas de seu novo país, ela acreditava que tudo ficaria bem. Diferente da Rússia, aquele era um país europeu moderno, onde conviviam muitas etnias, religiões e ideologias, um mosaico cultural em meio a um cenário paradisíaco. Marina preferia deixar as conversas sobre política e dinheiro para seu marido e os amigos dele. Sua maior preocupação era cuidar da família.

No fim da rua pela qual saíra da orla, Marina se deparou com uma multidão aglomerada em uma esquina e, no mesmo instante, lembrou de um antigo provérbio russo: *Quanto menos sabemos, melhor dormimos.*

De longe, ela percebeu que a multidão estava agitada e aumentando. Eram, no geral, homens. Marina reconheceu gente da vizinhança; outros usavam aventais de cafés ou ternos que sugeriam sua ligação com os prédios comerciais e bancos situados ao longo daquelas ruas estreitas.

De início, ela pensou que seria melhor evitar o grupo, mas depois reconheceu uma das poucas mulheres que estavam lá, uma russa chamada Natalya que, com o marido, tinha uma pequena butique perto da orla, ao lado da padaria favorita de Marina.

Atravessando a rua, ela acenou para Natalya e acabou derramando café na manga da camisa. Soltou alguns palavrões em russo e continuou caminhando; a amiga veio em sua direção.

O INÍCIO

"É loucura", disse Natalya. "Não consigo acreditar. Isso não está certo."

Marina observou que a multidão estava diante de uma das muitas agências bancárias da cidade e logo reconheceu o vermelho brilhante do Laika Bank, o segundo maior do país. Na fachada de tijolos, com grandes janelas de vidro e uma porta dupla de madeira, havia três caixas eletrônicos. Marina contou cerca de trinta pessoas em frente às máquinas, sem empurra-empurra, mas claramente agitadas.

"O que está acontecendo?", perguntou Marina.

"É o desespero que vem antes do pânico."

Marina pensou que deveria ter prestado mais atenção à longa conversa da noite anterior. Ela sabia que a situação estava ruim. Como muitas das nações mais economicamente frágeis da UE, o Chipre estava atolado em dívidas, e os líderes financeiros do continente já tinham feito algumas reuniões em Bruxelas para discutir possíveis soluções. Porém, Marina também sabia que não era nenhuma especialista no assunto. O Chipre estava sem dinheiro, mas sua economia não quebrara totalmente como a da Grécia, que precisaria adotar um pacote de austeridade — com redução geral em salários e direitos, demissão de funcionários públicos e fechamento de empresas — imposto pela UE como condição para tirar o país do sufoco, um plano que causara protestos em Atenas. O Chipre não era a Grécia; era só uma pequena comunidade com pouco mais de 1 milhão de habitantes. Além disso, o país já havia passado por tempos difíceis. Anteriormente, a ilha fora abalada por uma guerra civil, travada entre o sul (de influência grega) e o norte (dominado pelos turcos), que terminou com a divisão do território em duas regiões.

O marido de Marina, como todos os russos, costumava se desesperar e dizer que o céu estava desabando; mas eles não estavam em Moscou. O Chipre ficava na União Europeia, no mundo civilizado. E, no mundo civilizado, o céu não desabava. Certo?

De repente, alguém soltou um suspiro perto dos caixas eletrônicos, e as palavras logo circularam pela multidão.

"Acabou", gritou um homem vestido com um terno de linho creme. "Os caixas estão vazios. Não são nem oito horas. É um desastre."

"Por que você não vai a outra agência?", perguntou Marina.

O sujeito olhou para Marina como se ela fosse louca.

"Acabou tudo. Não só nos caixas eletrônicos. Nos bancos também. Não tem mais dinheiro."

"É um exagero", disse outro homem. "Eles não vão pegar tudo. É só um corte. Eles estão falando isso. É só um corte."

"Seu idiota", gritou o primeiro. "Eles já anunciaram que os bancos ficarão fechados na segunda-feira e, provavelmente, pela semana toda. *Feriado bancário*. Nosso dinheiro já era!"

Marina sentia o medo se instalando dentro dela enquanto ouvia essa discussão. Sua família estava bem longe de ser rica. Seu marido trabalhava na cerâmica do tio dele em Limassol, uma cidade litorânea que, por abrigar muitos russos, às vezes era chamada de Limassolgrado. O casal sabia economizar, uma habilidade desenvolvida em Moscou, onde a situação costumava piorar do dia para a noite. Juntos, eles conseguiram poupar cerca de 120 mil euros até ali.

E agora, com um peso na alma, Marina lembrara que todo esse dinheiro estava na conta deles no Laika.

Ela pegou no braço de Natalya e puxou a amiga.

"O que está acontecendo?", sussurrou Marina.

"Os bancos perderam tudo. E a UE não vai salvar nenhum deles. Eles fizeram um acordo. Vão dar parte do dinheiro, mas o restante fica por conta dos bancos. Eles vão tirar esse valor das nossas contas. Das contas de todos nós."

"Tirar? Sem mais nem menos?", disse Marina. "Eles não podem fazer isso. Podem? Pegar o dinheiro desse jeito?"

"Pelo visto, podem. Não tudo, mas ninguém sabe quanto eles vão tirar. Estão falando em 6% de quem tem até 100 mil euros e 10% de quem tem mais. Segundo meu marido, isso é mentira. Ele ouviu por aí que, no Laika, os clientes vão perder 50%."

Ela apontou para a multidão aglomerada em frente aos caixas.

"Estão vazios. Os bancos vão ficar fechados para que ninguém saque o dinheiro. Dizem que é um imposto de parcela única."

"Mas é um roubo!"

"Em Bruxelas, dizem que é um 'ônus compartilhado'. Estão colocando a culpa nos bancos."

Marina empalideceu. Então, metade do dinheiro dela havia desaparecido? Fora roubado da sua conta bancária pelo governo? Eles podiam fazer isso? O Chipre não era a Grécia, não tinha quebrado. O país não era pobre, era... diferente. Todos sabiam que os bancos de Chipre estavam fora de controle; o total depositado neles era oito vezes maior do que o PIB da ilha. Marina também sabia que grande parte desse valor era de origem russa. Atraindo grana de todos os lugares com sua política de tributação zero, o Chipre havia se transformado em um paraíso fiscal, um santuário para oligarcas e mafiosos russos em busca de um lugar seguro para guardar seus tesouros ilícitos. Circulavam rumores de que havia mais de US$ 30 bilhões em dinheiro russo nos bancos de Chipre. De fato, dois terços dos depósitos com valores acima de 100 mil euros eram russos.

Pelo visto, a União Europeia resolvera fazer um pequeno "corte" nesse dinheiro russo, mas, além dos oligarcas e mafiosos, a medida também atingiria correntistas inocentes como Marina e aquelas pessoas na rua.

"Como isso é possível?", disse Marina, ofegante.

Evitando pegar a carteira, ela ainda segurava o saco de croissants e o café. Mas, mesmo sem olhar, Marina sabia que não tinha mais do que 50 euros. Em casa, talvez seu marido tivesse mais 200, no máximo. Como a família compraria comida?

O que você faz quando descobre que todo dinheiro que tinha guardado no banco desapareceu? Quando você recebe a informação de que só tem o que está no seu bolso? Como vai sobreviver daí em diante?

"Tenho que ir pra casa", disse Marina, deixando para trás sua amiga e a multidão, que dobrara de tamanho naquele intervalo. Durante a caminhada, o café derramou novamente, mas ela mal percebeu. Marina precisava acordar o marido e dizer que, pela primeira vez, ele tinha razão.

O céu estava realmente desabando.

13
BAYFRONT PARK, CENTRO DE MIAMI

Uma hora depois, cinco fusos horários a oeste.

Flashes de fogo formavam um arco multicolorido, ornando a noite como grafites de neon, iluminando a baía e as dezenas de iates estacionados ao longo da marina. Da "arena" ao lado — um espaço imenso com quase 100 mil pessoas diante de um palco enorme —, vinha uma batida elétrica que pulsava e reverberava no ar, em um volume tão alto que, mesmo atrás da estrutura principal, cada nota ameaçava cortar a atmosfera.

É assim que se faz uma entrada, pensou Tyler, ao sair de um iate *Riva* cinza de 88 pés e pisar no cais. Uma brisa úmida soprava contra seu conjunto de calças e camisa brancas, mas ele desembarcou facilmente; já a moça altíssima (que, ainda por cima, usava saltos terrivelmente altos) teve um pouco de dificuldade e precisou segurar a mão dele para se equilibrar. Quando ela finalmente tocou o chão, soltou um gritinho, e Tyler riu, pensando que o som era até bem coerente com o contexto.

Tyler ajudou a moça a se equilibrar na marina e começou a avançar em direção à música. Combinando com suas calças e sua camisa, seus sapatos também eram brancos, afinal de contas, era uma noite de Miami, a uma temperatura de 30°C. Acompanhado pela moça, ele passara a tarde naquele super iate, um império flutuante todo decorado em couro, com bar e hidromassagem. Tiffany vestia um top de biquíni e shorts brancos e tinha um 1,80 metro de altura sem os saltos, cabelos com mechas roxas e douradas, e cílios longos como as patas de uma tarântula. Ela parecia uma modelo e, de fato, já participara de um bom número de desfiles, mas cursava enfermagem e circulava bem à vontade no círculo de Tyler.

Também vestido de branco, Cameron estava alguns metros à frente, já no píer, entre uma supermodelo holandesa com um nome bem difícil de pronunciar e seu marido, um famoso DJ, ambos com roupas pretas de couro, apesar do calor.

"Calma aí", disse Tyler, depois de quase tropeçar em uma das fendas do piso de madeira. "Não quero quebrar o tornozelo antes de entrar."

A trilha sinuosa rumo à entrada VIP da "arena" parecia mais uma passarela do que um píer. Sustentada por balsas de um azul brilhante que flutuavam na baía, a marina se estendia em frente à orla, pontuada pelas mansões luxuosas próximas ao Financial District de Miami. A passarela começava a vinte minutos de carro da ponte de South Beach, o point que concentrava a maior parte da galera — e terminava na entrada coberta, que dava para um local tão perto do palco que os ouvidos deles certamente sangrariam.

A cada passo, o volume ficava mais ensurdecedor e anunciava a incrível energia que Tyler antecipara. Dali, ele via a parte superior do palco, a concha acústica sob o véu de fogos de artifício que encobria o céu, uma monstruosa colmeia de metal, repleta de luzes e caixas de som. Tyler não era um grande fã de EDM e não reconhecia o DJ que estava tocando uma música tão alta que ameaçava derrubá-lo na baía, mas, com certeza, era um cara famoso. No barco, ele tinha conferido a programação: Calvin Harris, David Guetta, Deadmau5, Tiësto, Avicci, Swedish House Mafia — a lista era imensa e reunia os maiores nomes da música eletrônica, um mais célebre que o outro.

"Seja bem-vindo ao Ultra", disse a modelo holandesa ao lado de Cameron quando Tyler alcançou o grupo. "Aqui, a música é tão forte que, se você quebrar o tornozelo, ainda vai dançar até as cinco da manhã."

Era uma fala típica da esposa de um DJ, mas Tyler não achava que estaria dançando — ou mesmo acordado — às cinco da manhã. Aquele mês fora bem longo, mas Cameron e ele estavam determinados a ver como era o Ultra. Após um compromisso em Miami agendado para a segunda semana de março, durante uma rodada de visitas a sete cidades no sudeste do país para promover o Bitcoin, parecia uma excelente ideia encerrar aqueles dois dias de reuniões formais com uma parada em um dos principais festivais de música do mundo.

BAYFRONT PARK, CENTRO DE MIAMI

Apesar do cansaço, o saldo das reuniões fora excelente. Naqueles meses desde o enorme investimento dos irmãos na moeda virtual, o valor do bitcoin aumentara de forma consistente e agora estava em cerca de US$ 40. Portanto, o montante investido agora valia cerca de US$ 40 milhões, e o valor de mercado total do bitcoin havia aumentado de US$ 100 milhões para quase meio bilhão.

Não era difícil estimular o interesse das pessoas pelo Bitcoin, e Tyler e seu irmão não tinham dificuldades em marcar reuniões; havia gente disposta a conversar com eles só por curiosidade. Mas os empresários não estavam necessariamente dispostos a investir em bitcoins. A moeda virtual ainda parecia especulativa demais para quem lidava com bancos e fundos convencionais. Até os gestores de fundos hedge, que não tinham problemas em desembolsar dezenas de milhões de dólares em obras de arte moderna, commodities bizarras, ouro e projetos de mineração duvidosos em países subdesenvolvidos, ficavam com o pé atrás diante daquela moeda virtual criada por um misterioso programador.

Mesmo assim, para Tyler, as reuniões tinham sido um sucesso. Seu objetivo imediato não era convencer ninguém a comprar bitcoins, mas informar as pessoas sobre a nova moeda virtual, atuando como embaixador de um fenômeno que ele cada vez mais percebia como *o futuro do dinheiro*. Naquele momento, o sucesso estava em iniciar uma conversa e semear a ideia de uma moeda virtual descentralizada na mente de alguns dos líderes mais influentes do mundo dos negócios.

Mas a agenda fora muito cansativa, e o Ultra era um contraponto perfeito. O festival estava em sua 15ª edição em Miami, e seu público de fãs obcecados por música eletrônica crescera de poucos milhares, em 1999, para mais de 300 mil pessoas. Na prática, os palcos do Ultra se somavam às festas que rolavam dia e noite em todas as piscinas de hotéis e clubes entre o centro da cidade e South Beach para gerar uma imensa rave ao ar livre. O Delano, onde Tyler e Cameron haviam reservado uma suíte presidencial na cobertura, ficava na Collins Avenue, em um prédio estilo art déco, célebre pelos hóspedes famosos que recebia. Tudo no hotel era branco, dos móveis minimalistas às paredes e luminárias. Uma avalanche branca saía do saguão, passava pelo tabuleiro de xadrez do gramado suspenso e chegava às velas dos candelabros sobre a mesa de metal que ficava na parte rasa da piscina. DJs animavam o buffet do café da manhã, a piscina e a praia. Gostando ou não, Tyler sabia que, pelos próximos dias, ouviria sons elétricos, hipnóticos e oscilantes, durante o sono.

O grupo chegou à entrada VIP pouco depois de uma galera que saíra de um dos iates estacionados ao longo do canal. Tyler reconheceu alguns rostos: Snoop Dogg, Michael Bay, Rob Gronkowski. De repente, seus pulsos receberam fitas de plástico brilhantes, e eles foram conduzidos até a entrada — atravessando a multidão por meio de um túnel cercado de braços, pernas e corpos contidos por barricadas e seguranças — que dava para uma área fechada com mesas para celebridades e pessoas dispostas a gastar como celebridades. Embora os membros do seu grupo fossem convidados, Tyler sentiu um desconforto ao pensar que cada mesa daquelas custava mais de US$ 20 mil e que a maioria dos grupos ali gastaria cinco vezes mais do que isso em bebidas, servidas por mulheres em trajes minúsculos que iam e vinham de um bar instalado perto do palco.

Quando o grupo entrou na área das mesas, Tyler sentiu o chão tremendo. A batida estava tão alta que até pensar era difícil, mas ele percebeu uma pequena vibração no bolso da camisa. Era o smartphone tocando. Ao pegar o aparelho, Tyler viu que Cameron também havia parado um pouco antes da área VIP para conferir seu smartphone. Para os dois estarem recebendo mensagens ao mesmo tempo, às seis da tarde de um sábado, algo muito importante estava acontecendo.

Cameron foi o primeiro a pegar o telefone. Com um par de fones brancos nos ouvidos, ele tentou escutar uma mensagem de áudio em meio ao maremoto sonoro, mas logo desistiu e olhou para a tela. Tyler foi direto para a tela e leu todas as mensagens de texto. A maioria era de conhecidos do mundo do Bitcoin, incluindo Charlie e vários banqueiros que tinham visto as apresentações dos irmãos nos últimos dias; havia mensagens até do pai deles. Todas as mensagens abordavam o mesmo tópico, e muitas terminavam com vários pontos de exclamação.

À medida que Tyler lia, pesquisava no Google e lia mais, a arena imensa, a música ensurdecedora e a galera bonita se apagavam do cenário. Era como se ele estivesse sozinho na praia. Só aquela leitura ocupava seus pensamentos. Tyler e Cameron trocaram um olhar demorado.

Chipre.

Naquele momento, os dois sabiam que essa pequena ilha do outro lado do mundo, totalmente desconhecida para muitas das 300 mil pessoas dançando ali, estava prestes a mudar *tudo.*

BAYFRONT PARK, CENTRO DE MIAMI

Segundo algumas fontes, o nome Chipre vinha das ricas jazidas de cobre da ilha. Mas o cobre — usado como dinheiro pelos romanos e, mais recentemente, nas moedas de um centavo dos EUA — agora não seria de muita ajuda para o país. Os bancos do Chipre estavam nadando sem roupa, protegidos pelas toneladas de créditos tóxicos que acumulavam, mas a maré acabara de virar. Os ministros das finanças da UE — a autoridade central do sistema — concordaram em ajudar, mas estabeleceram uma condição. A UE concederia os empréstimos, mas o Chipre teria que colaborar com uma parte do dinheiro do seu povo — a salvação tinha um preço. Após essa canetada, os bancos cipriotas confiscaram todos os depósitos bancários superiores a 100 mil euros e entregaram o montante ao Bank of Cyprus. Em outras palavras, se o cliente tivesse 500 mil euros em um banco do Chipre, perderia 400 mil e ficaria só com 100 mil. Assim, o governo do país concordou em transmitir o ônus para os cidadãos — que, no geral, nada tinham a ver com as decisões que haviam lançado a ilha naquele abismo financeiro.

Não foi o tamanho do roubo cometido pelo governo cipriota contra seu povo que causou pânico no mundo todo; foi o fato de que isso podia acontecer. O episódio correspondia exatamente às previsões de pessoas como Voorhees e Ver: era uma demonstração da voluntariosa e imprevisível intervenção governamental.

A garota com os cílios de tarântula se aproximou de Tyler, e as luzes do palco e da tela do telefone lançaram flashes no glitter do seu rosto.

"O que foi?", perguntou ela, com os lábios colados no ouvido dele.

Tyler fez um sinal para Cameron se aproximar.

"Um país inteiro acabou de sofrer um assalto do próprio governo", gritou Tyler.

"Isso pode acontecer?", perguntou a moça.

"Acabou de ocorrer na União Europeia", disse Tyler. "E pode acontecer aqui também."

Ele e o irmão estavam com o mesmo pensamento. Em tese, o que acontecera no Chipre também poderia ocorrer lá. O governo norte-americano sempre fazia intervenções nas crises econômicas. Cinco anos antes, durante a crise de 2008, os EUA mobilizaram bilhões de dólares dos contribuintes para socorrer alguns bancos de Wall Street. Na Grande Depressão, o governo vedou a propriedade de ouro: em 1933, o presidente Roosevelt assinou a Ordem Executiva 6102, obrigando os cidadãos a trocarem seu ouro por dinheiro. Só em 1975, quando o presidente Ford revogou a ordem, os norte-americanos recuperaram o direito de possuir ouro em outras formas que não fossem joias e moedas. Além disso, os seguros dos depósitos bancários só cobriam até US$ 250 mil.

"Mais de 20 mil correntistas do Laika, o segundo maior banco do Chipre, vão perder metade dos seus depósitos", disse Tyler. "O Bank of Cyprus, o maior do país, vai tomar quase 50% de todos os depósitos acima de 100 mil euros."

"Dizem que isso é um imposto ou contribuição", disse Cameron. "Estão fechando todos os bancos para impedir uma onda de saques."

"Dá uma olhada nessa foto", disse Tyler. "Uma multidão na frente de um dos bancos. Pegaram um trator. Parece que vão tentar entrar."

"Depois disso, ninguém vai confiar em nenhum banco da UE para colocar dinheiro. Em nenhum banco do mundo, na verdade."

Tyler olhou para o irmão. A arena inteira parecia tremer sob seus pés enquanto, no palco, o DJ mexia nas teclas do computador e lançava uma artilharia de batidas sintéticas.

Se esse tipo de coisa acontecia em um país europeu, por que não ocorreria em outro lugar? O precedente fora estabelecido.

Tyler era jovem demais para lembrar da crise das poupanças e empréstimos de 1987, mas os irmãos haviam acompanhado a bolha da internet de 1999 e a crise financeira de 2008, quatro anos antes. Para ele, o Chipre estava passando por um trauma financeiro que poderia despertar as pessoas para a questão da segurança do dinheiro delas — ou da falta de segurança.

Aquele susto generalizado no Chipre deixaria o mundo mais alerta. Era isso que o Bitcoin precisava — esse episódio seria o catalisador que implantaria a moeda virtual na consciência global.

"Se o banco tá desse jeito, onde a gente vai colocar o dinheiro?", perguntou Tiffany.

Tyler sentiu seu ritmo cardíaco se acelerando até atingir o andamento da música, e então um trovão retumbasse nos seus ouvidos.

Por que guardar dinheiro se havia algo bem melhor? Promover essa opção ficaria bem mais fácil agora.

E ela ficaria muito, muito mais lucrativa.

14
VOLTANDO PARA A ESTRADA

Charlie teve que segurar no painel quando o Porsche 911 azul celeste fez uma curva a quase 100 quilômetros por hora. Os pneus do carro rasparam o asfalto, e o chassi pendeu para o lado, jogando as duas jovens coreanas sentadas no colo de Charlie — com pernas bem à mostra, minissaias e tops — contra a porta do passageiro. Ele sentia a pele, o couro e as unhas delas, que riam e tentavam se recompor. Do outro lado, Roger Ver, o "Jesus do Bitcoin" que dirigia o Porsche, também estava rindo.

"Peguem leve aí, pessoal", gritou Ver, em meio ao K-Pop intenso que saía dos alto-falantes do Porsche. "Vamos respeitar as leis até chegar ao restaurante. Já conheço um presídio da Califórnia, não quero conhecer outro. Charlie tem que experimentar o 'meat jun' do Omogari. Vai pirar ainda mais essa cabeça pirada."

Charlie ajudou as moças a se sentarem novamente uma em cima da outra. Felizmente, as duas eram bem pequenas — menores que Charlie. Quando Ver disse que eles pegariam umas amigas no caminho até o Omogari, ele achou que era brincadeira. Não dava para colocar quatro pessoas na frente do Porsche 911, e não havia banco de trás. Mas, quando eles chegaram ao apartamento delas, perto da Koreatown, em Santa Clara — uma área cheia de restaurantes, supermercados, lavanderias e outras empresas coreanas em um trecho do antigo El Camino Real; a região era conhecida como "Soon Dubu Row", uma referência ao famoso ensopado de tofu da culinária coreana —, Charlie ficou mais tranquilo, pois viu que as duas tinham, no máximo, 1,5 metro de altura. Além disso, vestiam saias de seda e tops bem curtos. Sorridentes, as jovens concordaram em sentar no colo de Charlie durante o curto trajeto de carro até o restaurante situado na Japantown de San Jose — uma região histórica formada por oito quarteirões no centro da cidade vizinha, uma das três Japantowns que ainda existiam no país. Charlie teve que ficar bem no meio do banco, com os joelhos encostados no painel e a coxa esquerda espremida contra o câmbio.

"Desculpe", disse uma das moças, com um pesado sotaque coreano; seus lábios vermelhos brilhavam no rosto anguloso. "Tomara que eu não tenha esmagado nada aí."

"Cuidado", disse Ver, tossindo. "Charlie é um bom menino judeu. Eu nunca deveria ter misturado ele com garotas da laia de vocês."

As meninas riram de novo, e Charlie sentiu seu rosto corando. Talvez fosse o movimento do carro, o perfume forte delas ou aquelas pernas tão perto dele, mas Charlie não estava conseguindo falar, o que não era comum. No geral, a conversa entre Ver e ele fluía bem rápido; por telefone, eles disputavam para ver quem dizia mais palavras antes do fim da chamada. Mas, naquela noite, Charlie não estava em sua melhor forma. Ele sempre tivera dificuldades para lidar com garotas, mas ali o problema era outro. Além do carro, do perfume e daquela grande quantidade de pele, Charlie sabia que havia outros fatores em jogo.

A situação não estava boa no Brooklyn, o que motivara, em parte, aquela viagem para San Jose, na Costa Oeste, onde Charlie participaria de uma série de reuniões com investidores, marcadas pelos gêmeos Winklevoss, e de uma conferência sobre o Bitcoin a que todos assistiriam. Ver, o Jesus do Bitcoin em pessoa, até viera do Japão, sua base, para participar do evento.

Charlie não conhecia Ver pessoalmente na época do primeiro investimento dele na BitInstant, mas, nos últimos meses, os dois haviam se aproximado bem mais — e até tiveram alguns encontros. Essa nova ligação se revelou fascinante. Charlie passou considerar Ver não só como um sócio e investidor, mas como um amigo de verdade, um consultor não apenas para o mundo do Bitcoin, mas para questões da vida. E a vida de Charlie estava ficando cada dia mais complicada.

VOLTANDO PARA A ESTRADA

"A palavra-chave é 'judeu'", disse Charlie, com alguma dificuldade. "Ou seja, não católico. Nossa culpa não vem do sexo. Vem das nossas mães."

A piada de Charlie continua uma boa dose de verdade. A relação dele com a mãe estava indo ladeira abaixo há meses, coincidindo com os primeiros sucessos da empresa. Charlie ainda morava no porão, mas já não ia mais ao templo com sua família todos os sábados e, quando saía, geralmente para jantar com Voorhees, Ira ou outro funcionário, Charlie nem pensava em comida kosher.

Talvez fossem as conversas com Voorhees e (pelo Skype) com Ver ou o fato de estar saindo do porão com mais frequência, mas, sem dúvida, Charlie começara a questionar sua existência anterior como um todo. As pessoas não viam os judeus ortodoxos como olhavam para outros grupos fundamentalistas, mas Charlie estava achando as visões da sua mãe e daquela comunidade do Brooklyn cada vez mais sufocantes, cada vez mais parecidas com as crenças de uma seita.

Na época da faculdade, ele começara a encarar as viagens como uma fuga daquela vida. Com suas conexões sociais online, Charlie visitara diversas regiões do mundo; nessas ocasiões, sempre que estava em outra cidade ou país, ele se reinventava e se apresentava como alguém que não estava sujeito às restrições da sua religião. Quando voltava para Nova York, retomava os laços com a tradição. Porém, nos últimos tempos, o Charlie imaginário parecia mais *real* que o Charlie de verdade.

"Chegamos", disse Ver, enquanto colocava o Porsche na entrada e pisava no freio bruscamente, jogando as meninas outra vez para fora do colo de Charlie. "Será que o manobrista aceita bitcoin?"

Ver fazia essa perguntou antes de todas as transações, em qualquer lugar do mundo: *Você trabalha com o bitcoin?* Restaurantes, supermercados, lojas de conveniência. Até agora, a resposta era quase sempre... não.

"É brincadeira", acrescentou Ver, ao abrir a porta e sair do carro. "Não tem nenhum manobrista aqui. O lugar é bem casual. É frequentado por todo tipo de gente. Gosto de coisas simples, sem pretensão. Deixo pros gêmeos esse negócio de levar você no Ritz."

Charlie não viu o rosto de Ver, que já estava andando até o outro lado a fim de abrir a porta do carro para as moças. Mas, sempre que ele mencionava Cameron e Tyler, seus olhos faiscavam.

129

Esse era o segundo fator de desconforto para Charlie naquela noite. Mais cedo, quando se despediu dos gêmeos após a última reunião do dia, ficou claro que eles não estavam pulando de alegria diante daquele seu jantar com Ver. Os irmãos disseram para Charlie ter cuidado com Ver e não levar a conversa dele muito a sério. Eles foram diplomáticos. Sabiam que os dois eram amigos e que Charlie tinha uma certa admiração por Ver, mas deixaram claro que estavam preocupados com a possível influência de Ver, não apenas sobre a BitInstant, mas também sobre Charlie.

Ver passou a conversar em coreano com as jovens, que conduziu até a entrada do restaurante. Depois de sair do carro, Charlie alcançou o grupo e tirou a poeira do corpo debaixo do toldo vermelho. Ele não estava surpreso com a fluência de Ver no idioma. Ver era obcecado por tudo que fosse da Ásia; por isso, estava atravessando aqueles bairros de imigrantes asiáticos estilo *Velozes e Furiosos: Desafio em Tóquio* poucas horas depois de ter chegado daquela cidade.

Ver era um dos caras mais inteligentes que Charlie já conhecera, talvez o mais inteligente, mesmo que algumas opiniões dele fossem um pouco extremas. Nos últimos tempos, Charlie pensava nele como seu novo "rabino", para a tristeza dos gêmeos.

Para Charlie, no entanto, os gêmeos não tinham com o que se preocupar. Em todo caso, as reuniões daquele dia tinham sido tranquilizadoras. O desempenho de Charlie fora excelente. Além disso, no momento, todos estavam em uma situação excelente. Depois do episódio no Chipre, o preço do bitcoin aumentara para mais de US$ 100, e os gêmeos ficaram bem mais ricos do que já eram. Como eles haviam iniciado a compra massiva com um preço abaixo de US$ 10, o montante investido já estava dez vezes maior, uma performance fantástica. Todas aquelas conversas na Padaria foram validadas, e as previsões estavam se concretizando. O ceticismo e o desdém de Wall Street e da maior parte do Vale do Silício com relação ao Bitcoin só deixava aquela vitória mais doce. Quando eles soubessem da aposta sensacional dos gêmeos na nova moeda, ficariam atordoados. Os irmãos estavam construindo um novo império sem que ninguém percebesse. Sem dúvida, os gêmeos tinham todos os motivos para estar satisfeitos com a situação e, especialmente, com o papel de Charlie. Mas será que estavam mesmo?

Charlie entrou no restaurante meio vazio acompanhando Ver e as moças, que logo pegaram uma mesa de madeira perto de uma janela que dava para a rua cheia de mercadinhos japoneses, bancas de revistas e lojas de roupas. Só então ele percebeu que, além dos problemas em casa, havia outra questão.

No fundo, Charlie queria impressionar Cameron e Tyler. E sabia que, ao sair com Ver, estava se queimando com os irmãos.

"Vai tomar o quê? Cerveja? Saquê? Uísque?", perguntou Ver, colocando Charlie em uma cadeira entre as duas moças.

Ver não bebia, não usava drogas nem fumava. Ele praticava esportes, tinha cabelos bem curtos e um porte de lutador; de fato, Ver era mestre em jiu-jitsu e treinava em um dojo perto do seu apartamento em Tóquio. À primeira vista, os gêmeos e ele tinham muito em comum. Charlie achava que os irmãos gostariam de Ver logo de cara, mas, 24 horas atrás, essa hipótese caíra por terra.

Aproveitando que todos estariam em San Jose no mesmo dia, Charlie pensou que seria uma ótima ideia marcar uma reunião para que Cameron e Tyler vissem que Ver não era tão radical quanto as versões que circulavam na internet sobre ele.

Mas a ideia já nascera morta: logo na primeira tentativa de Charlie, os gêmeos recusaram o convite, dizendo que precisavam terminar o trabalho e descansar para a agenda do dia seguinte. Em seguida, deixaram claro que não gostavam dessa proximidade com Ver, mesmo que não estivessem envolvidos. Tyler resumiu a situação: "Roger já disse e fez várias coisas — tome cuidado com ele."

Charlie queria a aprovação dos gêmeos e ficara muito angustiado com a rejeição. Ele sabia que isso era besteira, mas lembrava do colégio: Charlie, o garoto vesgo, perna de pau e nerd, isolado em um canto do ginásio junto com os outros perdedores.

Ele afastou esses pensamentos idiotas quando Ver pediu um uísque. Os irmãos não queriam tirar onda; só estavam sendo prudentes. Aquela desaprovação direcionada a Ver não era uma demonstração de superioridade; para Charlie, era uma prova de que os gêmeos gostavam dele. Os irmãos acreditavam que Ver tinha uma aura tóxica, não só por suas crenças radicais, mas também pelo seu passado.

Segundo a narrativa dele — aparentemente comprovada pelos fatos —, Ver caíra em uma armação do governo dos EUA. Em todo caso, ele havia *mesmo* passado dez meses em uma prisão federal por ter vendido pesticidas explosivos pela internet. Era difícil ignorar esse fato, especialmente para aqueles dois ex-alunos de Harvard, criados em Greenwich, no estado de Connecticut.

"Que tal explicar para as garotas por que você ainda acredita nessas histórias de gente do céu?", disse Ver; depois que as bebidas chegaram, ele usou seu ótimo coreano para fazer os pedidos. "Ou já consegui trazer você para a realidade?"

Charlie sorriu. Ver estava ironizando suas crenças religiosas desde o primeiro encontro pessoal entre eles, alguns meses atrás. A reunião ocorrera na Áustria. Os dois haviam sido convidados para uma conferência sobre o Bitcoin organizada pelo russo que fundara a carteira eletrônica Mycelium e a NEFT Vodka, a marca dos barris em miniatura que ficavam sobre a mesa de Charlie na sede da BitInstant, em Nova York. Alexander Kuzmin era outra grande figura do mundo do Bitcoin: ele já fora prefeito de uma pequena cidade na Sibéria, onde proibiu o uso de "desculpas" pelos funcionários públicos. Agora, Kuzmin pretendia apostar tudo nas criptomoedas e organizara a cúpula na Áustria para ficar por dentro.

Charlie aceitou o convite sem pensar duas vezes, pois envolvia duas coisas que adorava: Bitcoin e viagens. Em Viena, ele ficou em um apartamento com Ver e Voorhees, ao lado do mercado da cidade. Eles já eram amigos online, mas, naquele período de convivência, Ver abriu a mente de Charlie para vários aspectos fascinantes. Para Charlie, que tinha apenas 22 anos, Ver era um cara muito viajado e um grande conhecedor do mundo. Além disso, ele era muito aberto, e Charlie gostava dessa característica. Ver não se preocupava em agradar ninguém; ele era fiel às suas opiniões e sempre dizia exatamente o que pensava.

Na primeira noite em Viena, eles foram a uma boate cheia de mulheres que não eram exatamente garotas de programa, mas algo bem parecido com isso. Ver quase não prestou atenção nelas.

"Nunca transei com uma garota branca. Só com mulheres asiáticas. É um vício."

Charlie achou que era piada, mas, depois desse comentário, eles passaram a conversar sobre como aquele cara branco e alto da Califórnia fora parar no Japão e sobre o seu período na prisão, onde tudo começara. Ver explicou que fora prejudicado devido à sua ideologia. Na época, ele vendia fogos de artifício pela internet; os itens eram fabricados pela Pest Control Report 2000, uma empresa que já comercializava online o produto há três anos sem nenhum problema. Ver não era o único que fazia essas vendas, mas só ele foi preso. Além disso, aos 21 anos, ele concorrera à Assembleia Legislativa da Califórnia pelo Partido Libertário. Ver já era um defensor apaixonado da liberdade individual e acreditava que o governo ameaçava as pessoas com violência para influenciar seu comportamento. Durante a campanha, ele participou de um debate que contou com a presença do chefe da seção local do DEA. No evento, Ver disse que o pessoal dessa agência não passava de um grupo de nazistas e "bandidos truculentos".

Duas semanas depois, ele sofreu uma prisão brutal. Acusado pelo DEA de vender pesticidas classificados como explosivos ilegais pelo governo, Ver foi cercado e capturado por agentes armados. Ele vendera cerca de 200 itens; o intermediário vendera 800 mil, sem permissão, mas ninguém de lá foi preso. Da mesma forma, embora o fornecedor tenha comercializado milhões de itens, não houve nenhuma prisão. Já Ver foi para a cadeia, e não para um presídio federal tranquilo. A penitenciária era de segurança média, ou seja, um local de clima tenso.

Esse período de dez meses na prisão despertou Ver; sua batalha contra um governo dominador, antes essencialmente teórica e filosófica, se tornara real. O objetivo de Ver era mudar o mundo para melhor com a concretização dos ideais libertários. Por isso, ele fora preso.

De início, ele passava o tempo na prisão estudando, e leu todos os livros sobre o libertarianismo que encontrou. Antes e durante esse período, Ver mergulhou nas obras de Murray Rothbard, um dos principais pensadores do século XX, fundador da ideologia do anarcocapitalismo e defensor da eliminação do estado centralizado em prol da liberdade individual. Para Rothbard, tudo que um governo fazia, o setor privado poderia fazer melhor; radical, ele definia o governo como um "roubo sistematizado, executado à luz do dia". Ele era especialmente contrário aos bancos e considerava o Federal Reserve como um "tipo de fraude".

Com a prisão, Ver também aprendeu outras lições importantes: suas opiniões poderiam lhe trazer graves consequências e as liberdades que a maioria das pessoas considerava naturais não eram tão sólidas quanto se pensava.

Assim que saiu, Ver se mudou para o Japão, levando seus negócios. Na época, ele já era milionário devido aos seus ganhos com a Memory Dealers, Inc., a loja online de chips de memória que criara antes de ser preso. Além disso, Ver estava cansado de morar nos Estados Unidos.

Apesar de manter opiniões tão radicais quanto antes, por quase uma década ele se fechou, fixou residência no exterior e iniciou o processo de renúncia à sua cidadania norte-americana. De fato, Ver não queria ser cidadão de nenhum país: como Voorhees, ele não acreditava em fronteiras e estados. Ver queria ser apenas um discreto cidadão do mundo.

Então, ele descobriu o Bitcoin.

Em 2010, Ver ouviu sobre o Bitcoin pela primeira vez no programa de rádio "Freetalk Live", associado ao movimento New Hampshire Free State. A princípio, ele não deu muita atenção, mas decidiu pesquisar o tema quando o Bitcoin foi mencionado novamente no programa, alguns meses depois.

À medida que lia sobre o Bitcoin, Ver percebia que o design e a tecnologia da moeda virtual tinham uma relação perfeita com suas ideias. Além disso, para um fã apaixonado por ficção científica desde a infância como ele, o Bitcoin logo lembrava o "cybercash" e os "créditos" típicos das obras do gênero. Em sua trajetória como empreendedor no setor de informática, Ver também estudara teoria econômica por vários anos e compreendia bem a natureza do Bitcoin e suas possibilidades.

Em pouco tempo, ele passou a acumular a moeda digital em ritmo acelerado. Ninguém sabia ao certo quantos bitcoins Ver havia adquirido, mas muitos diziam que ele tinha um estoque maior que o dos gêmeos. Por outro lado, além dessa fortuna em constante crescimento, Ver também se tornou uma voz importante no mundo do Bitcoin, um lugar propício para a sua ideologia.

Desde o primeiro encontro entre eles, Ver tentava evangelizar Charlie. Ele mandou dezenas de livros sobre libertarianismo para Charlie e, muitas vezes, iniciava as conversas com questionamentos sobre temas como religião, governo e outras organizações de grande porte que empregavam força e medo para atingir seus objetivos. Quando Charlie fazia perguntas como "mas quem vai construir as estradas?", Ver dizia que tudo na vida tinha que ser voluntário, ninguém deveria ser forçado a nada, nem mesmo a construir as estradas. Sempre haveria incentivos econômicos e morais para esse tipo de coisa.

Mas, de fato, Charlie sabia por que Ver e os gêmeos não se davam bem. Apesar de terem sido prejudicados pelo sistema jurídico, os irmãos não queriam destruir tudo. Eles foram criados com valores muito intensos do velho mundo: eram cavalheiros de Harvard. Claro, haviam perdido uma briga — mas, para os gêmeos, isso só indicava a necessidade de brigar com mais inteligência. Quando o remador perdia uma regata, não tentava afundar todos os outros barcos. Ele desenvolvia sua remada, sua força.

Mas Ver acreditava que as estruturas do velho mundo eram falhas — para ele, a regata já estava comprada desde o início. O establishment se baseava em mentiras e mitologia — fantasias, como as histórias de "gente do céu" de Charlie, interpretadas por rabinos em editos que quase não tinham conexão com a realidade. Porém, às vezes, as visões libertárias de Ver também soavam muito distantes do mundo real.

"Realidade ou gente do céu?" disse Charlie, enquanto uma bandeja fumegante de carne salteada aterrissava na mesa. "Qual realidade? Aquela em que todos vivemos em uma comuna e construímos estradas com trabalho voluntário?"

Com grande habilidade, Ver pegou a carne com um par de pauzinhos e serviu um pedaço para uma das jovens coreanas.

"Não moro em uma comuna, mas em um belo apartamento. Meu Porsche está parado lá fora. O voluntariado não é coisa de hippies, muito pelo contrário. Somos contra esse Grande Irmão que coloca uma arma na nossa cabeça e nos obriga a fazer tudo que devíamos fazer por livre e espontânea vontade."

Charlie compreendia aquela ideologia. Para Ver, os impostos eram assaltos à mão armada. O serviço militar era equivalente a ser forçado a matar. Tudo que o indivíduo não escolhia por livre e espontânea vontade era resultado de coação.

"Às vezes, é preciso encontrar um meio-termo."

"O meio-termo é o cemitério das ideias."

Ver não acreditava em concessões. Por isso, sua voz era tão forte no mundo do Bitcoin. Assim que entrou nesse universo, ele se tornou um dos maiores evangelistas da moeda virtual. Mas, diferente dos gêmeos, Ver não tinha nenhum problema com o lado sombrio do Bitcoin: na verdade, ele adorava o Silk Road. Apesar de não beber nem usar drogas, Ver defendia plenamente os direitos dos indivíduos de comprar e vender tudo que quisessem. Além disso, ele via o Bitcoin como a melhor forma de anular as organizações governamentais... como o DEA... e a Receita Federal.

"Veja bem", disse Charlie, sabendo que estava se desligando do momento, esquecendo das duas beldades ao seu lado, imaginando que estava na sede da BitInstant. "Pra colocar o Bitcoin no mainstream, precisamos construir pontes, não queimá-las."

"Parece algo que Cameron diria. Ou Tyler? Vocês são todos estatistas."

Para zoar Charlie, Ver e Voorhees costumavam dizer que ele era um estatista — ou seja, alguém que acreditava na necessidade de um governo, um estado. Mas agora havia mais do que uma mera provocação no comentário de Ver. Para ele, sem dúvida, os gêmeos faziam parte do establishment, tudo que Ver mais odiava.

Charlie não gostava da ideia de criticar os gêmeos pelo privilégio. Ele sempre fora um fã inveterado de beisebol e um torcedor apaixonado dos Mets. Os gêmeos tinham começado a vida na terceira base, mas e daí? Ainda era muito difícil chegar à última base.

"Eles têm convicções bem fortes, como as suas", disse ele. Ver pegou outro pedaço de carne grelhada.

"Eles acreditam em quê? No dinheiro que vão ganhar?"

Como se isso fosse ruim. Charlie gostava de falar sobre o significado do Bitcoin como todos os entusiastas, mas se via como um empreendedor. De alguma forma, eles não estavam fazendo tudo aquilo pelo dinheiro?

No Vale do Silício, as propostas de investimento traziam sempre um problema e uma solução. Todas as empresas falavam em mudar o mundo, melhorar a vida de todos. O Facebook, a Apple e o Uber queriam melhorar a situação global.

Mas alguma dessas empresas realmente se preocupava com isso? Charlie tinha suas dúvidas.

Charlie percebia que Ver estava falando sério; para ele, o Bitcoin era uma arma capaz de reorganizar o mundo. Em várias entrevistas, Ver dissera que "o Bitcoin era a invenção mais importante desde a internet". Até os gêmeos tinham que reconhecer a seriedade com que Roger Ver se expressava.

A noite se adiantou, e o jantar terminou. Ver deixou Charlie no hotel e saiu com as duas garotas para outra festa. Algumas perguntas ecoavam na cabeça de Charlie: Como seria esse mundo que Roger Ver queria criar? Seria pesado demais? Seria um mundo em que o Charlie gostaria de viver?

15
NO AR

A 30 mil pés de altitude, o Bitcoin ainda parecia uma ótima ideia.

Tyler estava em frente ao quadro branco pendurado na parede, decorada com painéis brilhantes de mogno, que demarcava o refeitório; com um marcador preto, ele mostrava o gráfico que acabara de desenhar: uma linha parecida com o perfil do Himalaia que expressava a variação do preço do bitcoin desde a implementação até aquele dia — com subidas íngremes e quedas assustadoras, mas uma tendência constante de ascensão. O início fora lento, naqueles dois anos em que só fanáticos, nerds e geeks conversavam sobre a criptomoeda em fóruns alternativos. O preço começou a ascender seis meses atrás, quando um grupo maior, incluindo os gêmeos, passou a se interessar pela moeda virtual. Houve uma pequena queda, mas, há quatro semanas, veio uma explosão — graças ao Chipre —, e o preço do bitcoin atingiu a marca incrível de US$ 266. Porém, nas últimas 24 horas, após uma queda acentuada, superior a 60%, o valor foi definido em pouco mais de US$ 120.

"Sim, há uma grande volatilidade", concluiu Tyler, colocando a tampa no marcador. "Mas isso é previsível, pois ainda estamos nas fases iniciais. Há muita incerteza regulatória e poucas pessoas no mercado, que ainda está muito sensível ao noticiário. Mas é aí que estão as oportunidades. Grandes riscos, grandes recompensas. O Bitcoin vai despertar muito interesse. O Chipre foi apenas o início. Logo as pessoas vão perceber que podem manter seu patrimônio em opções melhores do que as moedas oficiais. E, devido à oferta fixa do Bitcoin, quanto maior for o número de compradores, maior será o preço. Um caso clássico de oferta e procura."

Tyler analisou o pequeno grupo no sofá em semicírculo à sua frente, onde, claro, também estava seu irmão, com a cabeça próxima a uma das janelas do avião. A cortina cobria metade da janela, mas, atrás de Cameron, Tyler via pedaços de nuvens passando do outro lado do vidro duplo. Perto de Tyler, ao lado da imensa TV de tela plana pendurada na parede oposta ao quadro branco, havia um jovem de terno azul que se apresentara como analista; além dele, havia mais dois membros na equipe de apoio; os outros dois estavam sentados no sofá. Ao lado do jovem, estava Ron Burkle, o proprietário do avião particular. Burkle era um dos empresários mais bem-sucedidos do país, um bilionário que fizera fortuna com a criação e venda de uma rede de supermercados e, depois, como diretor da The Yucaipa Companies, LLC, uma empresa de investimentos de *private equity* com bilhões de dólares em ativos e participação em empreendimentos como a Barneys New York, o time de hóquei Pittsburgh Penguins, o Morgans Hotel Group e a rede de clubes Soho House.

"Não estou convencido do potencial disso como moeda", disse Burkle, enquanto fazia anotações no bloco que estava sobre a mesa, cercado de bandejas elegantes cheias de sushis, caviar, defumados, queijos, frios e frutas, servidos por um tripulante uniformizado. "É um artigo de especulação, uma commodity. Como as obras de arte. O valor está totalmente na oferta."

Tyler percebeu que seu irmão queria intervir, mas eles já tinham feito várias apresentações como essa nas últimas semanas e sabiam o roteiro de cor e salteado.

"Concordo", disse Tyler. "É uma reserva de valor que também serve como meio de troca. É como o ouro, só que melhor. Acreditamos que o bitcoin substituirá o ouro no longo prazo."

Ele sabia que Burkle estava intrigado, mas hesitante. Isso não era surpreendente: havia muito ali para digerir de uma só vez, e até as mentes mais sagazes do mundo financeiro demoravam um pouco para entender o esquema. Tyler percebia que Burkle e sua equipe queriam obter mais informações e respeitava a postura diligente do grupo, que fazia várias perguntas e demonstrava um ceticismo saudável. Era assim que um investidor racional e disciplinado abordava uma novidade, especialmente uma inovação tão original quanto o Bitcoin — e era por isso que pessoas como Burkle acumulavam tantos sucessos e riqueza.

Se não fosse por um ruído suave e por aquela leve oscilação na elegante sala de estar instalada no avião, Tyler diria que eles estavam em terra firme. Ele já tinha viajado em jatos particulares, mas até os mais luxuosos, como os Gulfstreams e os

Bombardiers, eram muito pequenos para um cara de dois metros de altura. Além disso, esses aviões não tinham salas de jantar, salas de estar, nem quartos com banheiro privativo. O jato de Burkle parecia um Boeing 757 personalizado e era tão célebre nos tabloides quanto os amigos do guru do *private equity*, que incluíam nomes como Puff Daddy, Bill Clinton e Leonardo DiCaprio.

Tyler não imaginava que faria uma apresentação sobre o Bitcoin a 30 mil pés de altitude. Mas, quando entrou em contato com o escritório do investidor durante a programação da "turnê do Bitcoin", Burkle lhe fez o convite para aquela viagem.

"E essa questão do Silk Road? Quem são os proprietários dos bitcoins e quem são os usuários? São só bandidos e agentes de lavagem de dinheiro?", perguntou Burkle.

A pergunta era inevitável e surgia em todas as reuniões. Sem dúvida, seria bem difícil apagar o Silk Road do quadro. Porém, Tyler estava cada vez mais convicto de que aquele santuário das drogas na dark web não passava de um grande exagero.

"Todos os nossos estudos apontam que, na verdade, o Silk Road representa uma fração muito pequena da economia do Bitcoin. No momento, o site responde por menos de 5% das transações com bitcoins, e essa proporção vem diminuindo com o crescimento do mercado."

Como Tyler já tinha explicado, recentemente (em 28 de março de 2013), esse mercado ultrapassara a marca de US$ 1 bilhão. De fato, Cameron havia encaminhado uma ordem de compra ao Mt. Gox que aumentara o preço da moeda virtual em alguns centavos até US$ 92, elevando o valor de mercado total do Bitcoin para os dez dígitos — a entrada no *Trois* Commas Club (clube do bilhão). Claro, esse procedimento revelava um dos maiores problemas dessa fase inicial do Bitcoin: como não havia muita liquidez, até um pedido pequeno podia impactar o mercado, ou seja, havia uma alta suscetibilidade a oscilações extremas de preços.

Aquela queda sísmica das últimas 24 horas ilustrava perfeitamente outro problema do mercado. Mas, diferente da crise no Chipre, o incidente não tinha nenhuma relação com o noticiário. A queda ocorreu devido a um problema específico do Mt. Gox: o excesso de tráfego e trocas sobrecarregou os servidores, e o site saiu do ar para manutenção, estremecendo o mercado inteiro. Para Tyler, esse era o maior obstáculo ao crescimento e à popularização do Bitcoin. Para que a moeda virtual chegasse ao mainstream, as trocas de bitcoins não deveriam se concentrar em um ex-centro comercial de cartas de Magic sediado no Japão e administrado por um francês obcecado por gatos. O mundo do *private equity* e dos fundos hedge não levaria o Bitcoin a sério até que a economia da moeda virtual crescesse e se afastasse dessas origens bizarras.

Os analistas estavam fazendo anotações, mas Tyler percebeu, pela expressão de Burkle, que seria impossível persuadi-lo a adotar a criptomoeda naquelas poucas horas da reunião. O problema não era apenas o Silk Road; na verdade, caras como Burkle não se impressionavam com os detalhes obscuros e sórdidos do panorama do Bitcoin. Bill Clinton chamava aquele jato de Ron Air, mas os colunistas de fofocas tinham outro nome para o palácio aéreo que já fora utilizado pelo ex-presidente em várias turnês mundiais: Air Fuck One. Tyler não sabia se eram verdadeiras as histórias que lera sobre as supermodelos e celebridades que teriam viajado naquele avião em itinerários extensos de farras pelo planeta, mas não estava nem aí. Até aquele momento, Burkle se portara como um excelente anfitrião e só contara histórias incríveis sobre sua atuação no setor de *private equity*. Ele era um gênio dos negócios e construíra seu império com a habilidade de perceber valor onde ninguém mais via. Então, mesmo que Burkle não estivesse disposto a comprar a moeda virtual no momento, o bitcoin entrara definitivamente no radar dele.

Além da turnê do Bitcoin, o outro foco daquela agenda extenuante fora um pouco mais desafiador: orientar Charlie Shrem e a BitInstant na direção certa, apesar do fator complexo imposto pela juventude de Charlie. Com isso em mente, Tyler e seu irmão haviam programado uma avalanche de reuniões para o jovem CEO. Charlie conversou com representantes do setor de capital de risco em Nova York e possíveis parceiros do setor bancário; juntos, os três obtiveram avanços expressivos. Uma dessas reuniões viabilizara uma parceria importante: a Obopay, uma instituição de transações financeiras estabelecida, se dispôs a alugar suas licenças para transmissão de valores à BitInstant, que passaria a operar em conformidade com a legislação aplicável pela primeira vez desde a criação da empresa; Charlie e sua equipe haviam ignorado essa questão até aquele momento. Em outro avanço importante, os irmãos marcaram uma reunião entre Charlie e um grande banco dos EUA que concordara em abrir uma conta para a empresa; no geral, os bancos ficavam apreensivos diante do status incerto da BitInstant com relação aos órgãos reguladores dos sistemas financeiro e fiscal.

De fato, Charlie foi o protagonista da apresentação no banco: em pé, diante de um quadro branco pendurado na parede de uma sala construída em vidro e cromo, suando em um blazer que parecia ter sido envolto em naftalina logo depois da sua formatura no colégio, Charlie destacou para os banqueiros a seriedade com que a BitInstant abordava a conformidade legal e a eficácia dos modernos controles internos da empresa. Na mesma linha, ele explicou como a BitInstant executava o processo de "KYC" — "Know Your Customer" (Conheça seu Cliente, em tradução livre) —, um elemento do seu programa de compliance que determinava as identidades dos clientes para eliminar a ocorrência de atividades criminosas e lavagem de dinheiro. Em dado momento, Charlie até gritou: "O jogo se resume a três palavras: conformidade, conformidade e conformidade!"

No geral, ele se revelou o jovem genial que todos esperavam e se expressou muito bem. Charlie indicou que sabia para onde a BitInstant deveria ir e, como fizera com a Obopay, acabou conquistando os banqueiros. Ele ainda era jovem e precisava aparar algumas arestas, mas a matéria-prima estava lá.

Tyler estava mais confiante e acreditava que o investimento na BitInstant fora mesmo a opção perfeita para entrar na economia do Bitcoin. Apesar da apreensão que aquela proximidade com Roger Ver, um fator preocupante, despertava nos irmãos, se Charlie continuasse se desenvolvendo, amadurecendo e evitando os pontos mais obscuros do mapa do Bitcoin, em breve, algo muito especial sairia dali.

"Ron", disse Tyler, enquanto sentava ao lado de Cameron e pegava o celular no bolso. Ele viu que o 757 tinha Wi-Fi — *claro, o avião tinha até uma sala de jantar.* "Agradeço pela oportunidade. Sei que é muita coisa pra digerir de uma só vez. Mas, falando nisso, qual é o seu e-mail?"

Burkle piscou e disse o endereço.

"Vou mandar cinco bitcoins pra você. Fique com eles como um sinal da nossa gratidão pelo tempo concedido. Um dia, essas moedas valerão mais do que o custo do combustível desse voo."

Burkle sorriu.

"Você tem ideia de quanto essa máquina queima?"

Pela expressão de Burkle, Tyler percebeu que o simples ato de mandar cinco bitcoins por e-mail para pagar um voo incrivelmente caro como aquele e a confiança demonstrada nesse gesto haviam sido mais impactantes do que todos os argumentos apresentados ao longo da tarde.

Quando o avião se estabilizou no ar, um tripulante convidou o grupo para um almoço gourmet na sala de jantar, e Tyler iniciou a transferência na tela do telefone.

Naquele momento, o maior desejo de Tyler era que, um dia, os cinco bitcoins pagassem com folga o combustível consumido naquele voo.

Primeira página. Bem na frente. Até acertaram o 'Winklevoss'. Acho que vou cancelar a assinatura do *Journal* e me concentrar só no *Times* a partir de agora."

Tyler sentiu uma vertigem quando olhou sobre o ombro do seu pai e viu o jornal espalhado sobre a mesa de madeira, na cozinha da residência familiar em Greenwich. Ele quase não acreditou. No meio da primeira página do jornal, a célebre fonte da manchete inundou as retinas de Tyler, disparando seus bastonetes e cones:

ESQUEÇA O FACEBOOK: OS GÊMEOS WINKLEVOSS SÃO OS REIS DO DINHEIRO DIGITAL

Apenas doze horas depois de eles terem desembarcado do avião de Burkle no Aeroporto Internacional de Newark — o jato era grande demais para pousar no Teterboro, a parada típica dos aviões particulares com destino à Nova York —, os irmãos foram recebidos em casa pelo pai, que mostrou o artigo do *New York Times* que anunciava o papel dos dois na história do Bitcoin.

Ele nem teve que abrir o *Times*. O artigo estava na primeira página.

"Página A1. Vocês sabem o que isso significa. Todo mundo vai ler a matéria."

Carol, a mãe deles, apareceu, trazendo da geladeira Sub-Zero uma bandeja com croissants e scones que permaneceria intocada por algum tempo. Tyler estava empolgado e percebeu pelas expressões que seus pais também estavam. Cameron não parava de sorrir de tanta incredulidade; do outro lado da mesa, seu corpo escapava da cadeira enquanto ele olhava para o jornal e apontava o segundo parágrafo do artigo.

"Seu comentário foi ótimo", disse Cameron, antes de ler o trecho em voz alta. "'Decidimos investir nosso dinheiro e nossa fé em uma plataforma matemática à prova de uso político e erro humano.'"

"Falou como um verdadeiro Cavalheiro de Harvard", brincou o pai deles. "Você também deu uma ótima declaração, Cameron. 'Dizem que é um esquema de pirâmide, uma bolha. Não querem levar a sério. Mas, em algum momento, a narrativa mudará e todos dirão: as moedas virtuais chegaram para ficar. Isso é só o início.'"

"É isso aí", concordou Tyler. "Os críticos podem enxugar as lágrimas agora." Chamar o Bitcoin de esquema de pirâmide e equipará-lo à mania das tulipas, que ocorrera na Holanda no século XVII, eram as críticas mais comuns à moeda virtual. Sem sombra de dúvida, ainda havia muitos problemas pela frente: o mercado do Bitcoin era volátil e ainda estava se recuperando do crash provocado pelas doze horas em que o Mt. Gox ficara offline após um volume excessivo de transações e o consequente colapso do site. Mas, para Cameron, o Bitcoin não era mais uma febre, como as tulipas, os Beanie Babies e o Tamagotchi. Na verdade, era o inverso de um esquema de pirâmide. No Bitcoin, ou todos enriqueciam ou fracassariam juntos.

Ironicamente, desde o caso do Chipre, o Bitcoin havia se popularizado até demais. E era constrangedor observar que 80% das transações ainda ocorriam naquele site que antes era voltado para trocas de cartas de Magic. Esse dado era tão problemático quanto o fato de que a maioria das pessoas achava que o principal uso do bitcoin era a compra de drogas ou coisa pior no Silk Road.

Os gêmeos já haviam sido mencionados em várias reportagens anteriormente, na época do lançamento do filme e antes disso, no auge das histórias sobre a ação contra o Facebook. Eles também já tinham saído em diversos tabloides, apesar de sempre terem evitado esse tipo de exposição. Todavia, antros de fofocas como a seção Page Six do *New York Post* nutriam um certo fascínio pelos irmãos.

Mas eles nunca haviam aparecido na *primeira página* do *New York Times* — o jornal mais celebrado e influente do mundo livre. E nunca haviam sido tratados de maneira tão *afável*.

Ao longo dos anos, o *Times*, o *WSJ*, o *Post*, a blogosfera, todos atiraram suas pedrinhas nos irmãos Winklevoss, promovendo e regurgitando a falsa narrativa monomaníaca de que eles não passavam de remadores aristocratas que espernearam até ganharem uma grana de Mark Zuckerberg em um processo. A mídia passara anos estereotipando e caricaturando os gêmeos para fabricar boas iscas de cliques. E agora, de um dia para o outro, a narrativa fora totalmente reformulada.

"Não sei se vocês notaram". disse Tyler, percorrendo o artigo novamente. "Só há uma menção ao remo. No topo, na apresentação: Cameron e Tyler, remadores olímpicos."

Tyler sentiu o braço da mãe nos seus ombros. Ela sempre apoiara os interesses dele e de Cameron, como o pai. Para pedir conselhos sobre negócios, os irmãos sempre recorriam ao pai, mas a determinação agressiva e a obstinação incansável deles vinham da mãe. Como uma boa filha de policial, ela sabia ser durona.

Essa determinação colocara os dois na primeira página. O artigo não era acidental. Tyler e o irmão se esforçaram ao máximo para convencer Nathaniel Popper, um dos jornalistas mais brilhantes na cobertura do mundo dos negócios do *New York Times*, a escrever sua primeira reportagem sobre o Bitcoin. Eles disseram ao repórter que eram os primeiros investidores legítimos a adquirirem uma grande quantidade de bitcoins, quando nenhum fundo de capital de risco do Vale do Silício chegaria perto da moeda virtual nem com um cabo Ethernet de três metros.

Popper cobria moedas para o *Times*, e um dos seus focos era o ouro; logo, era o jornalista perfeito para escrever sobre o ouro 2.0. Seu artigo explodiu no minuto em que chegou à web. O interesse pelo texto foi tão grande que os editores colocaram a matéria na primeira página da edição impressa da manhã seguinte — e não na primeira página da seção de negócios, onde saía a maioria dos artigos de Popper. A matéria não tratava apenas do Bitcoin: também apontava os gêmeos como os maiores proprietários conhecidos da moeda virtual no mundo, com mais de 1% dos bitcoins existentes no mercado como um todo. Claro, Tyler reconhecia que talvez houvesse gente com quantidades maiores; comentava-se que Satoshi — seja lá quem fosse — teria quase um milhão de bitcoins, mas ninguém sabia ao certo. Talvez os bitcoins de Satoshi nem existissem. Por outro lado, o montante dos gêmeos não era um paradoxo filosófico — estava nas mãos deles, observada a existência peculiar das moedas virtuais. E agora, com o artigo, os irmãos estavam no outdoor do Bitcoin.

"'Os gêmeos Winklevoss são os reis do dinheiro digital', disse Tyler. "Soa muito bem..."

Ele foi interrompido pelo toque do celular no bolso. Como não reconheceu o número, Tyler esperou a chamada seguir para o correio de voz. Em seguida, ouviu o áudio enquanto Cameron e seus pais observavam.

"É o Zuckerberg?", brincou Cameron, e quase foi atingido pela mãe com um scone.

"É um convite para fazer uma apresentação em uma conferência que vai ser realizada em maio."

"Que tipo de conferência?", perguntou Cameron.

"Parece que é a 'Bitcoin 2013', organizada pela Bitcoin Foundation", respondeu Tyler.

Cameron assobiou. Era a primeira vez que os irmãos recebiam um convite para falar de algo que não tinha relação com o Facebook e a luta perdida contra o príncipe regente da internet.

Tyler sabia que a Bitcoin Foundation era uma entidade sem fins lucrativos, criada em 2012 com o objetivo de promover e proteger a economia do Bitcoin. Naquele momento, era a principal organização do setor. O conselho da fundação reunia as principais referências da moeda virtual. O "cientista-chefe" era Gavin Andresen, agraciado por Satoshi com o cargo de principal desenvolvedor do Bitcoin Core, o software cliente da Bitcoin Network. No mundo todo, Andresen fora a pessoa mais próxima do misterioso Satoshi até seu desaparecimento total da internet.

A Bitcoin 2013 seria a segunda conferência organizada pela fundação e contaria com as mentes mais brilhantes e inovadoras da área, as pessoas que estavam promovendo essa recente revolução do Bitcoin, em constante expansão.

"É a principal conferência do setor", continuou Tyler. "E a fundação quer que a gente faça a palestra de abertura."

Só os dois no palco, diante do mundo inteiro.

"Bem melhor do que remar na direção do pôr do sol", disse ele, sorrindo.

16
O REI DO BITCOIN

"Foi assim mesmo! O fotógrafo estava a mil, flashes piscando sem parar, e eu na cadeira, fazendo chover!"

Do nada, Charlie, sentado na banqueta de couro circular, começou a encenar a história que estava contando, e as beldades ao lado dele tiveram que escapar das garrafas de licor que caíram sobre a mesa cinzenta de metal. Ele ergueu as mãos e jogou dois maços enormes de cédulas de US$ 20 para cima. Naquela área do clube pós-industrial de dois andares, todos aplaudiram a chuva de notas, uma tempestade tropical de papel verde em meio às luzes pulsantes da boate.

Charlie observou as notas flutuando ao seu redor, uma imagem ampliada 100 vezes pelos espelhos imensos instalados nas quatro paredes que chegavam até a sacada. Havia muitas luzes, e a sacada estava cheia de lâmpadas vintage. O ambiente parecia estar envolto em vidro, evocando um clima *steampunk*. Mas os lasers, o DJ, o bar imenso e brilhante que se estendia pelo andar de baixo, o outro bar no andar de cima, o palco estilo passarela que atravessava a boate, o letreiro dourado lá fora, os menus que brilhavam como pergaminhos mágicos nas mesas, tudo lembrava uma versão contemporânea dos anos 1980, a época de ouro dos clubes. Era o retrato dos anos 1980 que aparecia nos filmes *Nova York — Uma Cidade em Delírio* e *Wall Street — Poder e Cobiça*, com carreiras de cocaína, quadros pendurados em uma parede interna, esboços em linhas pretas gravados em telas imensas que Patrick Bateman certamente usaria para decorar o apartamento em que recebia suas vítimas.

Charlie estava lá, naqueles 460 m² de puro hedonismo na Thirty-Ninth Street, em plena Midtown, fazendo seu show, que já apresentara quase todas as noites desde que o local abrira. Porém, ele não estava em pé em um sofá de um clube qualquer; na verdade, Charlie estava pisando em um sofá do clube *dele*. Era o que todos diziam. Ninguém ligava para o fato de ele ser um sócio minoritário do EVR (ou "EVER"), o "gastro-lounge" mais badalado da cidade, aberto por um grupo de amigos dele da época da faculdade e o único estabelecimento do tipo na região que aceitava bitcoins dos clientes. Sempre que estava lá — e ele era um frequentador assíduo —, Charlie *fazia chover.*

"A única coisa boa do dinheiro é que você não precisa recolher as notas depois de atirar a grana no ar. Ninguém nunca foi preso por sujar a rua com notas de vinte."

Charlie sorriu e desceu do sofá; as garotas voltaram e abriram espaço para o resto do grupo. À direita, Alex, outro sócio do EVR, estava ao lado de uma mulher, mas Charlie já não conseguia lembrar o nome dela depois daquelas quatro doses de Jameson. À esquerda, Mike, outro amigo da faculdade, estava com os braços em torno de uma tal de Angela, que escrevia para uma revista; isso deveria ter aumentado o controle de Charlie sobre suas palavras, mas teve o efeito oposto. Pela primeira vez na vida, ele se sentia ouvido pelas pessoas e descobriu que essa sensação era comparável à que extraía dos itens que consumia e da fumaça que inalava na Padaria.

Ser rei era muito divertido. E, naquele momento, era assim que Charlie se via: como um dos reis do Bitcoin, um rock star das criptomoedas. E não era só ele que pensava assim. A sessão de fotos descrita por Charlie, a da chuva de dinheiro, saíra em um perfil de uma página na *Bloomberg Business Week*, em que ele foi apontado como um dos novos milionários do Bitcoin — um dos visionários que pularam no trem antes de todo mundo. Essa matéria estava entre as dezenas de artigos que apresentavam a BitInstant como uma das startups mais bem-sucedidas no universo das moedas virtuais.

Os avanços obtidos pela BitInstant em tão pouco tempo eram incríveis. A empresa, que antes processava US$ 1 milhão por mês, passou a movimentar esse valor diariamente. Charlie estimava que, naquele momento, a BitInstant processava 35% de todas as compras de bitcoins. A demanda pelo serviço havia se intensificado bastante e, nas poucas vezes em que ele precisou tirar o site do ar para atualizações e manutenção de servidores, houve muitas reclamações de clientes. Tyler e Cameron mandaram e-mails expressando preocupação, mas Charlie deu de ombros. A BitInstant fizera dele uma celebridade no mundo do Bitcoin e uma microcelebridade no mundo exterior. Aquele era o momento de Charlie, e ele sabia disso.

Naqueles poucos meses desde o investimento dos gêmeos, Charlie viajara o mundo todo e conversara com grupos de entusiastas do Bitcoin em Londres, Paris, Tóquio, Berlim e Tel Aviv. O Bitcoin lhe revelara uma existência totalmente nova, e ele jamais teria imaginado que, algum dia, viveria assim. O Bitcoin fizera dele um milionário e tirara Charlie daquele porão no Brooklyn que fedia a ensopado — *literalmente*. Mas, nesse ponto, o Bitcoin contou com uma ajuda muito improvável.

Detrás do sofá de couro, surgiu uma mão macia que tocou o ombro de Charlie. Ele se virou e observou uma loira fenomenal, de cinema, se inclinando e beijando seu rosto barbado. Ela estava vestida como uma garçonete do EVR (claro, era o trabalho dela) e trazia uma bandeja com copos de tequila, pois a atividade favorita de Charlie era tomar tequila à noite — mas aquele não fora um beijinho protocolar, rotineiro, em um cliente que havia pedido uma rodada, em um sócio da boate ou em alguém que atirava notas de vinte para o ar como se fossem confete de Ano Novo.

Na verdade, os dois já estavam juntos há dois meses. Charlie se apaixonou à primeira vista, poucos dias depois da abertura do EVR. Ele pediu a Alex para que ela fosse sua garçonete sempre que ele estivesse lá, mas, apesar dessa vantagem, não teve coragem de chamá-la para sair. Apesar do seu sucesso crescente no mundo do Bitcoin, Charlie não sabia conversar com garotas como Courtney. Na noite em que saíra com Cameron e Tyler, após aquela primeira reunião na Padaria, e conhecera a modelo búlgara, ele acabou dormindo em um sofá no apartamento de Cameron, sozinho e com os tênis sujos de vômito.

Mas Charlie não queria vacilar desse jeito com Courtney. Ele estava tão apaixonado que passava mais tempo pensando nela do que nos servidores sobrecarregados da BitInstant. Felizmente, seus amigos se solidarizaram e convidaram os dois para um *happy hour*. No dia marcado, ninguém apareceu, e Charlie e Courtney puderam se conhecer melhor.

Em estado de total pânico social, Charlie pediu uma dose de Bacardi, e só parou de pedir doses sucessivas quando vomitou em cima de Courtney. Enquanto saía para se limpar no banheiro, ele pensou que Courtney aproveitaria a chance para dar o fora dali, mas, por algum motivo, ela ficou. Naquele momento, Charlie soube que encontrara sua alma gêmea.

Só no segundo encontro ele falou sobre "o Edito" e explicou que vinha de uma família judia fundamentalista que nunca aceitaria aquele relacionamento. Além disso, ao ficar com Courtney, Charlie poderia até ser expulso da comunidade, por mais que isso parecesse loucura. Um mês depois, uma das suas irmãs ouviu uma conversa entre ele e Courtney pelo telefone e contou tudo para a mãe. A bomba explodiu. Sua mãe chorou e gritou, e seu pai chegou a rasgar a própria camisa. Depois, veio o ultimato: era a família ou Courtney. Charlie não teve nenhum problema para tomar a decisão. Ele estava apaixonado e, mais importante, estava pronto para sair de casa. Foi nessa intensa crise existencial, iniciada pelas provocações de Roger Ver sobre a "gente do céu", que Courtney entrou com sua bandeja de tequila.

Ele encaixotou suas coisas, saiu do porão e foi morar com seus amigos da faculdade em um apartamento no andar de acima do EVR. Assim, Charlie abriu uma nova conta no bar da vida.

"Já passou de uma hora da manhã", sussurrou Courtney no ouvido dele, enquanto colocava a bandeja sobre a mesa. "Você não tem uma reunião amanhã de manhã?"

"Eu sempre tenho uma reunião amanhã de manhã", disse Charlie.

Ele pegou um copo. Claro, Courtney provavelmente tinha razão: depois de já ter bebido, tomar tequila nesse horário nunca era uma boa ideia. Mas Charlie não estava ligando para a reunião; ele nem sabia ao certo sobre o que seria, nem onde ou com quem.

Charlie fazia muitas reuniões. Afinal, ele era o CEO. E o chefe do setor de atendimento aos clientes. E o diretor de conformidade. Ele fazia quase tudo, exceto as funções dos departamentos tocados por Voorhees e Ira e a programação mais profunda, realizada por Gareth na sua batcaverna no País de Gales, ou em outro país, tanto fazia.

Mas, com Voorhees e Ira, Charlie não tinha do que reclamar; os dois eram brilhantes e excelentes profissionais e tiveram um papel fundamental na construção da BitInstant. De fato, Voorhees e Ira haviam desenvolvido parte do software proprietário usado pela empresa. Ira iniciara o projeto antes de entrar na BitInstant e, junto com Voorhees, estava permitindo que Charlie usasse o programa de graça — um pequeno fato que Charlie ainda não havia mencionado aos gêmeos Winklevoss, pois não achava a questão muito relevante. Em todo caso, Voorhees e Ira eram a base da BitInstant.

Além de serem membros da equipe, eles eram seus amigos, ou seja, a família de Charlie naquele momento. Como ele, os dois também estavam crescendo.

No mundo do Bitcoin, Voorhees estava construindo um nome tão grande quanto o de Charlie. Além de chefiar o marketing da BitInstant, ele também trabalhava no projeto paralelo SatoshiDice, um site de apostas com bitcoins que já chamava muita atenção na comunidade. A ideia era simples: os jogadores mandavam bitcoins para um endereço que poderia ser o vencedor ou o perdedor. Em caso de "sorte", eles recebiam um múltiplo dos bitcoins apostados. Em caso de "azar", eles só recebiam uma fração. O sucesso do jogo foi quase instantâneo.

Porém, como se tratava de um site de apostas, ninguém sabia ao certo se era lícito para clientes norte-americanos. Para Voorhees, esse ponto era uma frustração empresarial e filosófica. Claro, ele achava que o governo não deveria regular os jogos de azar, especialmente os que envolviam bitcoins. Então, ao incorporar o SatoshiDice no blockchain do Bitcoin, seu objetivo era tirar a plataforma do alcance do governo dos EUA.

Já Charlie ficava confuso só de pensar naquele labirinto bizantino das leis que regulavam os jogos de azar nos EUA. Recentemente, ele havia iniciado um estudo intensivo da legislação aplicável às remessas financeiras — as leis que regiam as atividades da BitInstant. Mas isso só ocorreu depois que Charlie foi persuadido pelos advogados da empresa e pelos irmãos de que precisava compreender e cumprir as leis e regulamentos dos EUA, não apenas para o bem da BitInstant, mas também para o dele.

Sendo o diretor de compliance e o CEO da BitInstant, Charlie sabia que precisava conhecer bem as leis e regulamentos aplicáveis, mas memorizar detalhes nunca fora seu ponto forte. Porém, ele estava se esforçando e, de fato, já lera o suficiente para saber que, ao ocupar aqueles três cargos — CEO, diretor de compliance e chefe do atendimento aos clientes —, estava incorrendo em um conflito de interesses. E recentemente, essa situação ficara mais complexa.

O cliente com o identificador BTCKing estava comprando toneladas de bitcoins pelo site usando uma fonte de dinheiro aparentemente infinita. Devido às suas regras de segurança, às suspeitas despertadas pelas grandes transações com bitcoins e à ausência de recursos para a realização de verificações de identidade mais profundas, a BitInstant fixava o limite diário de compra em US$ 1 mil para os clientes típicos — mas o BTCKing driblava esses controles; em um só dia, o usuário tentou comprar US$ 4 mil em bitcoins usando a técnica da "estruturação".

O episódio em si não confirmava as más intenções do BTCKing, mas aquela tentativa de burlar os controles era alarmante. Logo que tomou conhecimento da situação, Charlie baniu o BTCKing da BitInstant e enviou um e-mail direto para o usuário: "Temos registros de todos os seus depósitos e fotos suas tiradas pelo circuito interno dos bancos. Caso haja nova tentativa de transferência, você terá que responder criminalmente."

Mas, depois de pensar bastante, Charlie voltou atrás. Afinal, o cara só estava querendo comprar bitcoins. Por que punir isso? Não era bom para todo mundo?

Algum tempo depois, Charlie enviou outra mensagem, explicando novamente que a conta atual do usuário e seu respectivo e-mail haviam sido banidos, mas que ele poderia abrir uma nova conta com um novo e-mail, se quisesse.

Charlie não sabia quem era o BTCKing. Provavelmente era alguém que comprava bitcoins a preços baixos e revendia a moeda virtual a preços mais altos. De fato, Charlie não ligava e nem achava que isso era da conta dele. Por que se preocupar com um cara aleatório que ele não conhecia e provavelmente nunca conheceria? BTCKing? Até o nome parecia piada — todos sabiam quem era o verdadeiro Rei do Bitcoin.

Em poucos meses, Charlie faria uma palestra na Bitcoin 2013, a conferência que os gêmeos Winklevoss abririam. Os irmãos haviam saído na página A1 do *New York Times*, mas Charlie fizera chover dinheiro para um fotógrafo da Bloomberg e, ao lado da sua linda namorada no EVR, estava no comando da situação.

Charlie era um rock star das criptomoedas em franca ascensão; como o preço do Bitcoin, ele nunca cairia.

17
A MANHÃ SEGUINTE

"Qual é o seu problema?! É sério. Essa foi a coisa mais constrangedora que eu já presenciei."

Cameron estava se esforçando ao máximo para falar baixo enquanto conduzia Charlie por um saguão decorado em mármore, rumo às portas giratórias de vidro que davam para a Lexington Avenue. Do outro lado, Tyler ajudava Charlie a se equilibrar enquanto eles saíam. Mas, apesar do auxílio daqueles dois armários idênticos de dois metros de altura, Charlie vacilava a cada momento, olhando para os pés como se fossem de outra pessoa; cada passo em direção à saída do lobby era terrivelmente difícil.

Na porta giratória, uma cena de pastelão: Tyler entrou primeiro, arrastando Charlie para evitar que ele colidisse com o painel. Cameron entrou logo depois, em outra cabine, tão frustrado que sua respiração embaçou o vidro.

Lá fora, Tyler conduziu Charlie por alguns metros até a Fifty-Ninth Street, depois soltou o garoto, que se apoiou em frente a uma loja imensa da Gap, com janelas de vidro cheias de manequins vestindo moletons largos.

"Charlie", disse Cameron, depois de esperar um grupo de engravatados passar para que ninguém ouvisse. "Você dormiu na noite passada?"

Pela primeira vez, Charlie tirou o olhar dos sapatos. Seus olhos estavam arregalados, tão vermelhos quanto estavam quando ele chegara à reunião no 17º andar, há menos de trinta minutos. Três botões da sua camisa estavam abertos — três! —, revelando um tufo de pelos e a pele amarrotada de quem obviamente havia farreado na noite anterior. Ou nas duas noites anteriores. *Ou teriam sido três?* Havia manchas em seu blazer, ele fedia a álcool e, se Charlie dormira em algum momento, provavelmente fora no chão.

"Pelo jeito, você saiu de uma farra de cinco dias", disse Tyler.

"Não, cara, sério... Só tomei alguns drinques, uns shots de tequila... Pode ficar tranquilo...", disse Charlie, antes de sua voz se perder em um murmúrio.

Cameron tentou controlar suas emoções novamente. No geral, ele era o mais empático dos irmãos, mas, naquele momento, estava bem difícil segurar a raiva que sentia do jovem CEO. Descrever a reunião de que eles saíram há pouco como "catástrofe" seria um eufemismo extremo.

"Você tem ideia da dificuldade que foi marcar essa reunião?", perguntou Tyler. "John está entre as figuras mais poderosas do setor de fintechs."

O setor das fintechs (um termo que combina "finanças" e "tecnologia") era o que mais crescia entre os investidores de risco de Nova York. Essas inovações promoviam avanços expressivos na eficiência do mundo financeiro e incluíam os bancos online, consultoria financeira automatizada, consultoria estatística, investimento quantitativo e, claro, a tecnologia do blockchain. Além disso, Tyler tinha razão: John Abercrom, o dono da sala de onde eles tinham acabado de fugir como uma trupe circense depois de matar um membro da plateia, era um dos nomes mais influentes entre os investidores de risco. O portfólio da empresa de John e seus sócios reunia investimentos em mais de 100 empresas importantes, inclusive algumas das mais destacadas no setor das fintechs.

Mobilizando seus contatos e suando bastante a camisa, Cameron e seu irmão conseguiram marcar uma reunião, que, no final das contas, só serviu para apresentar Charlie Shrem — com seus olhos vermelhos e odor etílico — a esses titãs da indústria.

A MANHÃ SEGUINTE

Pelos e-mails trocados antes da reunião, parecia que John e seus sócios conheciam bem o Bitcoin e estavam bastante interessados na apresentação de Charlie. Mas, apesar do público receptivo, o caos se instalou assim que ele entrou na sala. Charlie iniciou a apresentação com a euforia de um diabo da Tasmânia. Andando de um lado para o outro, em frente ao quadro branco, ele era a completa imagem da confusão. Sua fala era incompreensível, sem sentido e muito rápida e espantou a todos na sala. Como se não bastasse, Charlie ainda contou uma série de piadas sem nenhuma graça. Algo que talvez caísse bem em uma madrugada no EVR, mas, naquela sala de reuniões na Lexington, soava como uma besteira total.

Quando a conversa entrou nas especificidades do modelo da BitInstant, Charlie adotou uma postura inesperadamente defensiva. Questionado sobre aspectos técnicos de operações, conformidade e finanças, suas respostas foram evasivas. Parecia que Charlie não tinha nenhum interesse em falar sobre a dinâmica da sua empresa. Ele estava tão ocupado com o papel de CEO do Bitcoin que não se dedicava ao cargo de CEO da BitInstant. Quando Cameron e Tyler deram por si, a reunião tinha acabado.

"Isso não pode se repetir", disse Tyler.

"Foi tão ruim assim?", disse Charlie, gaguejando.

"Foi bem pior. Além de despreparado, parecia que você estava chapado de cocaína. Totalmente esquizoide."

"Esquizoide? Boa. Gostei."

"Charlie... Sei que você tem muitas responsabilidades", disse Cameron.

Como a boate, a garçonete e o turismo global.

Cameron já conversara sobre isso com Tyler mais de dez vezes. Nos últimos tempos, Charlie estava tão imerso na máquina do hype que era difícil acompanhar os passos dele. Nessa rotina frenética, ele só não parava para dormir e trabalhar na sede da BitInstant. O site passara por duas quedas de energia nos últimos quinze dias, para o terror de Cameron. Se o site continuasse entrando em colapso, o que seria do investimento deles? O que mais viria pela frente? Por que a situação havia se deteriorado tão rápido?

"Você tem que pensar nisso", interrompeu Tyler, com a voz mais baixa: "Às vezes, os fundadores das empresas não são seus melhores administradores."

Subitamente, Charlie ficou sóbrio ou, pelo menos, sóbrio o suficiente para entender o que Tyler estava dizendo.

"Você tá falando sobre entregar o cargo de CEO pra *outra pessoa*?"

Aquela era a primeira vez que um dos gêmeos expressava essa opção. Charlie tinha ótimas ideias, muita energia, mas será que tinha a consistência necessária para administrar uma empresa? Uma empresa como a BitInstant estava prestes a se tornar? De certa forma, Voorhees e Ira não estavam contribuindo para isso. Como os dois eram excelentes profissionais, Charlie ficava à vontade para desenvolver suas piores características.

Charlie encarou Tyler e, depois, Cameron, esticando o pescoço para olhar nos olhos deles.

"Talvez Roger tenha razão sobre vocês."

"Que história é essa?", disse Cameron.

Um casal de turistas alemães passou por eles. O jovem loiro com os cabelos cheios de mousse reconheceu e apontou para os gêmeos, e a moça, que usava um vestido jeans, sacou o celular, tirou uma foto de Cameron e continuou andando. Isso acontecia quase todos os dias.

"Cara", continuou Charlie. "É que, às vezes, vocês soam como dois caras de terno."

Cameron respirou fundo. Às vezes, era preciso usar um terno. Na verdade, essa era a melhor forma de se apresentar em uma reunião com um dos maiores nomes do setor das fintechs.

"Como já conversamos", disse Tyler, ainda razoavelmente sob controle. "Roger não é a melhor influência."

Os gêmeos conseguiram evitar aquele encontro com Ver em San Jose, mas haviam recebido cópias de vários e-mails endereçados a ele. Além disso, nas últimas semanas, eles participaram de várias chamadas de uma hora com Ver para conversar sobre o futuro da BitInstant. O crescente sucesso da empresa só causava mais atritos entre os irmãos e o libertário de Tóquio. Recentemente, muitas conversas tratavam da ausência cada vez maior de Charlie na sede. Em todos os episódios, tópicos, fatos e circunstâncias, Ver sempre defendia Charlie, mesmo quando o erro era evidente. Talvez ele até encontrasse uma forma de defender Charlie daquele desastre na reunião de agora há pouco. Cameron já até imaginava o raciocínio de Ver, que definiria essas explosões como saudáveis para os empreendedores.

"Ele me apoia desde o começo", disse Charlie.

"O começo já ficou pra trás", respondeu Cameron. "O momento é agora. Os riscos são reais. Você não tem que pedir conselhos pra um ex-presidiário."

Charlie apertou a janela atrás dele, deixando uma mancha de suor das suas mãos no vidro.

"Ele foi preso por vender pesticidas", disse Charlie.

"Explosivos", corrigiu Cameron. "Caras como ele gostam de explosões."

"Você não conhece o Ver. Ele quer mudar o mundo de verdade. Mudar o governo."

"Ele quer mudar o governo porque odeia o governo. Não é uma causa nobre e filosófica. É só ressentimento pessoal."

Por que Charlie estava defendendo Roger daquela condenação? Era o mesmo Charlie que falara sobre a importância da conformidade, poucas semanas atrás, na sede de um grande banco?

"Você não conhece ele", resmungou Charlie

"Certo", disse Cameron. "Mas você também não conhece ele. Charlie, tente entender. Com essas reuniões, nosso objetivo é colocar o Bitcoin no mainstream. Não queremos que o setor seja conhecido como uma plataforma bizarra centrada em ideologias radicais. Pra ser o ouro 2.0, o Bitcoin tem que atrair o interesse de todo mundo. Os bancos de investimento não vão montar pregões pra um ativo movimentado por traficantes com a meta de erradicar todos os governos."

Charlie esfregou os olhos.

"Não somos traficantes."

"No momento, sua aparência é essa. Você tem que tomar jeito." Cameron sentiu que já respirava de forma mais estável. Colocar tudo para fora havia sido uma boa ideia, aliviara a pressão. Ele sabia que Tyler queria ir mais longe na conversa sobre a troca do CEO, mas, por enquanto, os ponteiros estavam acertados. Com sorte, a ficha iria cair.

"Esse é o papel de vocês", disse Charlie, depois de uma pausa "Vocês são a cara do negócio."

Cameron tinha que concordar. Tyler e ele deveriam ser os embaixadores, o outdoor do Bitcoin — Charlie comandaria a ação nos bastidores.

De fato, ele parecia apreciar bastante esse esquema.

"Vamos encarar esse episódio como um aprendizado", disse Cameron, antes que seu irmão falasse algo mais áspero. "Na conferência, temos que estar em nossa melhor forma."

Ainda faltavam meses para a conferência, mas, se Charlie repetisse a performance daquela última reunião na Bitcoin 2013, o estrago seria inimaginável. Porém, como ele dissera: os gêmeos eram a cara do Bitcoin, não ele.

Charlie apertou as mãos dos dois.

"Vocês têm razão, claro. O que eu fiz hoje... Foi indesculpável. Não vai acontecer de novo. É sério. Pisei na bola."

As mãos de Charlie estavam molhadas, e ele tremia como no primeiro encontro entre eles.

Porém, ao observar Charlie descendo a Lexington Avenue, Cameron viu aquele pequeno corpo executando algo que só poderia ser descrito como um andar bem confiante.

158

18
LUZES DA CIDADE

Duas semanas depois, quando o desastre da reunião com Abercrom já se apagava na memória, Tyler estava no Starbucks, observando pela janela a multidão de turistas e nativos de Manhattan zanzando pela Eighth Street. Ele não costumava escolher mesas tão expostas quanto aquela, mas eram onze da manhã de uma terça-feira e o local estava lotado; a loja ficava em Astor Place, um dos points mais agitados da cidade, bem no meio do East Village e perto da NYU. Tyler escolhera a mesa, mas não a Starbucks. Ele estava analisando a multidão à procura de alguém.

"Ali", disse Cameron, apontando para um homem bem vestido que se aproximava deles em meio ao fluxo de viciados em café.

Alto, cabelos pontuados por fios grisalhos, traços fortes e uma mandíbula terrivelmente quadrada: com seu terno estilo Savile Row e sua gravata ascot no pescoço, aquele cara parecia ter saído diretamente de um romance de F. Scott Fitzgerald. Sem dúvida, ele vinha de outra época. Só quando o homem se aproximou, Tyler percebeu as linhas em torno dos olhos dele, o registro celular da distância psíquica percorrida em seus pouco mais de 50 anos.

"Rapazes", disse ele, sentando na cadeira apontada por Cameron e sorrindo para os doces e bebidas sobre a mesa. "Admirável cardápio. Por favor, me desculpem se os fiz esperar demais."

"Acabamos de chegar", mentiu Tyler.

Todos esperavam de bom grado por caras como Matthew Mellon II. Sua linhagem reunia duas das famílias mais importantes do setor financeiro norte-americano: por parte de pai, havia o juiz Thomas Mellon, que fundara o Mellon Bank em 1869; o banco chegou a ser um dos maiores do mundo e, em 2006, se fundiu com o Bank of New York, a empresa mais antiga dos EUA, para formar o Bank of New York Mellon. Pelo lado materno, ele descendia diretamente de Anthony Joseph Drexel, que, em 1935, fundara o Drexel Burnham Lambert, um banco de investimentos de Wall Street que faliu em 1990, após o indiciamento do chefão Michael Milken, também conhecido como o Rei dos Títulos Tóxicos.

Portanto, Mellon nascera no seio da aristocracia do setor bancário — com todos os altos e baixos que isso implicava. Enquanto ele estudava na Wharton School da Universidade da Pensilvânia, seu pai cometeu suicídio. Já no final da faculdade, aos 21 anos, o jovem Mellon herdou US$ 25 milhões — e logo comprou um apartamento de seis quartos no campus, uma Ferrari vermelha e um Porsche preto.

Depois da formatura, ele resolveu trilhar seu próprio caminho e foi para Los Angeles. Matthew tentou emplacar como ator, modelo e estilista antes de se tornar um empreendedor. Como o pai, ele sofria de transtorno bipolar e teve dificuldades conhecidas com vários vícios. Apesar disso, Mellon sempre foi uma das referências empresariais mais charmosas e criativas do país e, mais importante, uma das mais receptivas a novas ideias. Com sua ex-esposa Tamara Mellon, que conhecera em uma reunião dos Narcóticos Anônimos, ele fundou a Jimmy Choo, uma empresa de calçados de elite. Em 2017, a Jimmy Choo foi comprada por mais de US$ 1 bilhão pela Michael Kors Holdings. Poucos no mundo conheciam tão bem a interseção entre finanças, moda, entretenimento e política quanto Matthew Mellon II.

Aquela conversa com Mellon era uma parada perfeita na turnê do Bitcoin que Tyler e Cameron estavam promovendo. Embora seu foco estivesse nos fundos de cobertura, mesas proprietárias, entidades familiares e outras empresas financeiras, os irmãos decidiram expandir seu raio de atuação antes da Bitcoin 2013 e passaram a se encontrar com as pessoas mais interessantes que topavam ouvi-los.

Essa estratégia já rendera encontros incríveis. Poucos dias antes, os gêmeos haviam jantado com Richard Branson, o bilionário da Virgin, no Soho Beach House, em Miami. Na ocasião, eles usaram alguns bitcoins para comprar passagens antecipadas no valor de US$ 250 mil da Virgin Galactic, a empresa de Branson que vendia cruzeiros suborbitais. Com alguns toques nos iPhones, Tyler e Cameron se tornaram futuros astronautas, pegando os números 700 e 701.

Branson já havia entrado no mundo do Bitcoin ao investir na Bitpay, cujo serviço permitia que varejistas e comerciantes em geral aceitassem pagamentos em bitcoins. Depois de ler sobre a aposta dos gêmeos na criptomoeda naquele artigo que saíra na primeira página do *New York Times*, o chefe do setor de "captação de astronautas" da empresa de Branson mobilizou um amigo em comum para entrar em contato com os dois. Sabendo do alto potencial de marketing contido nessa oportunidade, ele perguntou se os irmãos estariam interessados em comprar passagens para uma viagem espacial com bitcoins usando o BitPay, e o jantar foi marcado. No encontro, Branson explicou que, antes da decolagem, eles teriam que participar de um curso de astronáutica de uma semana no deserto do Mojave — com sorte, aquele treinamento não seria tão pesado quanto a preparação para as Olimpíadas.

Mas Tyler sabia que a conversa com Mellon seria diferente das reuniões anteriores. Mellon não estava lá para se informar, mas para confirmar. Ao ver sua animação e sua convicção, Tyler lembrou dos dias que antecederam a aposta que ele e o irmão haviam feito na nova economia.

"Vamos lá", disse Mellon, depois de uma rápida troca de gentilezas e histórias sobre conhecidos em comum. "Fiz muitas leituras desde a nossa conversa por e-mail e fiquei muito intrigado. Acho que vocês estão no caminho certo. Foi um grande achado." Ele fez uma pausa. "Mas eu ainda não tenho meios para avançar nisso." Para entrar, Mellon não precisava do conhecimento deles nem de um curso intensivo sobre o Bitcoin; na verdade, ele queria o acesso que os irmãos tinham — mais especificamente, um meio seguro de comprar uma passagem naquele foguete, como eles haviam comprado na nave de Branson.

Cameron e Tyler logo concordaram em ajudar Matthew a encontrar uma solução para aquele problema. Mais do que isso, eles entenderam o significado do pedido. Se alguém como Mellon — um herdeiro da aristocracia do setor bancário norte-americano, um descendente direto dos criadores do *sistema* — tinha dificuldades para acessar o Bitcoin, então a criptomoeda ainda tinha grandes nós que deveriam ser desatados.

Depois do café, para facilitar o pedido de Mellon, os irmãos prometeram marcar uma reunião com Charlie — após o desastre na RRE, isso era um risco, mas não havia outra opção ali. Ao contrário de muitos magnatas com quem eles haviam conversado na turnê, Mellon estava disposto a comprar em grande volume. Ele estava prestes a se dar muito bem — como todos que seguiram a trilha aberta pelos gêmeos.

"Minha família e meus amigos vão achar que eu fiquei louco", disse Mellon, sorrindo. "Isso é bem sério."

"A loucura é relativa", disse Tyler.

"Você pode começar devagar, comprando poucas moedas", disse Cameron. "Acompanhando o mercado e desenvolvendo sua percepção com o tempo."

"Não é assim que eu faço as coisas. Comigo é no tudo ou nada."

Essa postura era compreensível, especialmente no contexto do Bitcoin. Nesse mundo, você estava dentro ou fora. E quem entrava ficava lá dentro para sempre. Mesmo que chamassem a moeda virtual de esquema de pirâmide ou mania das tulipas, nada disso mudaria sua opinião.

"Então, compre o quanto quiser", disse Tyler.

"Quero deixar claro: sou pró-Wall Street, pró-mercado, pró-sistema bancário, pró-EUA", disse Mellon. "E acho que essa deve ser a linha do Bitcoin."

Mellon era um defensor apaixonado, mas alinhado com a visão dos irmãos, não com as opiniões de Ver e Voorhees. Para ele, o Bitcoin deveria encontrar seu lugar na estrutura financeira existente. O Facebook não erradicara a internet, só direcionou a web na direção mais conveniente para o Facebook.

Para os gêmeos, promover o Bitcoin era só a primeira etapa daquela jornada. Depois, seria necessário *atrair* as pessoas para o Bitcoin; por isso, os dois passavam tanto tempo conversando sobre a moeda virtual em Nova York, o marco zero do sistema financeiro mundial — o início de tudo. Em 1792, à sombra de um plátano em frente ao número 68 da Wall Street, 24 corretores assinaram o Acordo de Buttonwood, criando a Bolsa de Valores de Nova York.

Apesar de todas aquelas bravatas dos ideólogos sobre acabar com bancos e governos, os gêmeos sabiam que o sucesso do Bitcoin dependia do envolvimento de Wall Street.

Depois que Mellon foi embora, desaparecendo no fluxo de pedestres que passava pela Astor Place, Tyler se virou para o irmão.

"Vamos ligar pro Charlie", disse Tyler.

Embora fosse arriscado confiar em Charlie como intermediário naquela transação, a alternativa seria mandar Mellon para o Mt. Gox, um cenário que apresentava riscos bem piores do que os associados ao jovem CEO. Em todo caso, Charlie poderia muito bem ajudar Mellon a comprar uma boa quantidade de bitcoins, como fizera com eles.

Cameron discou o número, esperou um pouco e fez uma careta.

"O que foi?", perguntou Tyler.

"Ele não está lá."

"Nenhuma novidade aí", disse Tyler, em tom sarcástico.

"Não é isso. Estou ouvindo um toque internacional."

"O quê?"

"Ele deve estar fora do país."

"Isso só pode ser piada."

O garoto havia viajado sem dizer nada para eles? O CEO deles?

"Ele acha mesmo que pode fazer isso? Ele é responsável pela empresa. Onde ele foi se enfiar agora?"

"Não é difícil adivinhar."

19
O PARAÍSO É AQUI

Charlie se apoiou na varanda de acrílico, observando as luzes daquela cidade moderna e tropical, repleta de arranha-céus sofisticados em meio a prédios mais baixos, estilo *hacienda*, com janelas em arco e telhados convencionais. Em todos os cantos, havia guindastes, máquinas típicas de uma economia em plena ascensão.

Passava das três da manhã, mas a cidade já estava despertando. Em parte, Charlie queria estar lá embaixo, caminhando entre os carros, a poluição e as pessoas, sentindo a energia das discotecas, cafés e restaurantes agitados que se espalhavam por aquele autêntico Distrito da Luz Vermelha. Por outro lado, ele estava contente em observar o movimento da sacada da sua cobertura duplex. Afinal, por que descer para farrear, se as festas vinham até Charlie?

A sacada ocupava um canto inteiro do edifício, abrindo um panorama de quase 360° para a Cidade do Panamá: do Oceano Pacífico, passando pelo célebre canal, até a vegetação que tremulava além da cidade antiga. Mas a vista era mil vezes melhor *na sacada*. Na roda de amigos, havia, pelo menos, nove mulheres — panamenhas, colombianas, costa-riquenhas e mexicanas, todas fenomenais. A combinação incrível de tantos perfumes diferentes chegava a ser estonteante.

Ao lado de Charlie, estava sentada uma garota chamada Kitty, que parecia ser a líder do grupo que saíra da boate com eles uma hora antes. O clube não tinha nome e ficava no final de um beco a dois quarteirões do apartamento. Antes disso, eles tinham passado a maior parte da noite no Veneto Casino. Com seu exterior em estuque rosa e um imenso letreiro de neon na fachada, o cassino poderia estar facilmente na Fremont Street, em Las Vegas.

Charlie não sabia ao certo quem tivera a ideia de levar aquela trupe para a cobertura. Sem dúvida, ele não tinha convidado as garotas — Courtney não estava no Panamá, mas era (e sempre seria) tudo para Charlie. Na cozinha do primeiro andar do duplex, o mordomo estava preparando empanadas. (O aluguel incluía os serviços do mordomo.) O cheiro de carne frita e ovos cozidos atravessava a porta dupla que dava para a sacada onde estavam Charlie e o resto da galera.

Como ele não falava espanhol, não conseguia compreender tudo que a garota estava dizendo sobre a área onde ficava a cobertura. Mas Charlie havia lido um guia durante o voo e sabia que aquele sofisticado distrito — El Cangrejo — fora fundado por imigrantes judeus meio século antes. Na cidade, ainda havia muitos vestígios desses pioneiros. Mais cedo, a poucos quarteirões dali, Charlie vira uma estátua imensa representando a cabeça de Albert Einstein no jardim de um prédio residencial.

Porém, na década de 1950, os judeus começaram a se mudar, e agora o bairro era diverso, cosmopolita e bem cheio de vida.

Aquele país da América Central lembrava o Velho Oeste: parecia não haver nenhuma lei no Panamá ou, pelo menos, nenhuma obrigação de obedecer as leis. Tudo era negociável. A prostituição era uma atividade lícita, e legislação bancária do país estava entre as mais flexíveis — ou, digamos, "inovadoras" — do mundo. A cidade concentrava muitas empresas que precisariam passar por um controle bem maior se estivessem sediadas em outros locais. Havia empresas de pôquer online, apostas esportivas, empréstimos e, naquele momento, um número crescente de organizações, grandes e pequenas, que trabalhavam com o bitcoin.

Charlie olhou para Ver, Erik Voorhees e Ira. Os três estavam sentados em frente a um laptop, totalmente alheios às garotas. O interesse de Ver e Voorhees pelo Panamá era quase natural. As leis e costumes do país se alinhavam perfeitamente com as visões deles. Assim que eles saíram do avião que trouxera o grupo de Nova York, Voorhees começou a planejar sua permanência definitiva no país. Trabalhar com um chefe de marketing a 1.600 quilômetros de distância, em outro continente, talvez não fosse o cenário ideal — mas, na era do Bitcoin, Charlie não via nenhum motivo real para que todos precisassem trabalhar no mesmo local físico.

Charlie havia viajado do nada, só pra curtir com os amigos. Mas estava evitando checar o e-mail desde a chegada: ele sabia exatamente o que encontraria na caixa. Com dificuldade, Charlie saiu da sacada e pegou seu laptop, que estava debaixo de uma espreguiçadeira, entre dois tornozelos bronzeados. Depois, encontrou um local tranquilo perto dos caras com quem dividia o apartamento.

Eram eles: Cameron Winklevoss e Tyler Winklevoss. Cameron Winklevoss e Tyler Winklevoss. Vários e-mails de ambos, todos marcados como urgentes.

A irritação estava estampada até nos nomes. Quando começou a ler as mensagens, Charlie imaginou os irmãos digitando, talvez na nova sede da Winklevoss Capital, toda decorada em vidro; talvez na casa em Greenwich; talvez na casa dos pais, nos Hamptons. Sentados um de frente para o outro, com os rostos igualmente lívidos.

De fato, ele deveria ter avisado sobre a viagem. Mas Charlie sabia que isso era apenas uma parte do problema. Para eles, a questão não seria só o Panamá, mas a presença de Voorhees e, principalmente, de Ver.

Em todo caso, o convite chegara na hora certa. Primeiro, houve aquela reunião terrível depois de uma noitada. Mas Charlie sabia que os gêmeos tinham razão quando criticaram seu comportamento nesse caso. Então, não era só isso. Na verdade, o problema estava na série constante de telefonemas, e-mails e sugestões que não eram exatamente sugestões. Claro, Tyler e Cameron eram os principais investidores da BitInstant, mas esse investimento também comprava o direito de microgerenciar Charlie como se ele fosse um delinquente de 12 anos?

Ele não tinha nenhuma dúvida. Se a decisão fosse dos gêmeos, eles já teriam colocado um cara de terno no cargo de CEO ou, no mínimo, alguém com um blazer bem ajustado.

"Vem cá, Charlie", disse Ver, sentado na cadeira de praia, como se tivesse captado a preocupação de Charlie. "Tô vendo dois caras remando no canal. Daqui a pouco, eles vão escalar o prédio e te arrastar de volta pra Nova York.".

"Tem muito espaço pra eles aqui", disse Voorhees. "Acho que vi um sofá-cama na sala do segundo andar."

Charlie ainda estava conferindo os e-mails. "Acho que passei da conta dessa vez. Eles estão loucos de raiva."

"Talvez isso seja bom", disse Ver. "Talvez seja a passagem de volta deles pra Greenwich."

Naquele momento, a situação estava bem tensa entre os gêmeos, de um lado, e Charlie e seus colegas do outro. Tyler e Cameron viam Voorhees e Ira como funcionários pagos para trabalhar em período integral, mas que cumpriam só meio período, pois, paralelamente, desenvolviam projetos pessoais, inclusive um site de apostas com bitcoins. Para os irmãos, a BitInstant precisava de funcionários com dedicação exclusiva, não de profissionais que faziam coisas por fora. Essa era a postura deles para tudo, e Charlie entendia isso: ninguém se preparava para as Olimpíadas com treinos de meio período.

Por outro lado, Ver achava que os gêmeos não tinham nada a ver com os projetos de Erik e Ira — essas coisas só aumentariam o ecossistema e impulsionariam a BitInstant. Porém, era óbvio que esse desentendimento ia muito além dos negócios. À medida que o Bitcoin crescia, Ver passava a expressar suas opiniões com mais ênfase — e quem não concordava com ele era um inimigo.

Charlie começou a escrever uma resposta para um dos e-mails furiosos, mas acabou parando porque não conseguiu pensar em nada que pudesse remediar a situação e acalmar Cameron e Tyler. Ele sabia que a questão deveria ser resolvida pessoalmente. De fato, esse fora um dos motivos daquela fuga para o Panamá. Charlie sentia que, em breve, teria que encarar uma reunião bem difícil com os gêmeos.

"Você ainda não percebeu para onde isso vai?", disse Ver. "Eles só querem te jogar nas mãos dos banqueiros e reguladores."

"Eles querem o sucesso do Bitcoin", disse Charlie. "Mas têm uma visão diferente sobre como chegar lá."

"Essa é a sua opinião", disse Ver. "Às vezes, é difícil saber quem são os bárbaros e quem são os guardiões dos portões."

Além dessas batalhas filosóficas, o crescente sucesso da BitInstant também aumentava o desconforto dos gêmeos com o desempenho de Charlie à frente da empresa. Os irmãos diziam que ele deveria parar com as viagens e festas para ficar cuidando dos negócios em Nova York. Mas eles não entendiam que a BitInstant era uma chave que abria o mundo e todas as suas farras para Charlie. Ele não queria ficar acorrentado a uma mesa em Nova York. Claro, a empresa tinha seus problemas, mas estava operando a todo vapor. Os irmãos só deveriam permitir que Charlie continuasse cuidando das coisas. Afinal, em time que está ganhando, não se mexe.

Charlie sabia que deveria marcar uma reunião com os gêmeos e apresentar uma nova estratégia para o futuro. Um ponto importante a ser discutido era a relação da BitInstant com o software de pagamento que Voorhees e Ira estavam desenvolvendo. O programa era utilizado pela empresa no processamento das transações. Os irmãos ainda não sabiam, e Charlie ainda tinha que encontrar uma forma de dizer a eles, mas, bem, o software, na verdade, não era propriedade intelectual da BitInstant. O programa pertencia exclusivamente a Voorhees e Ira, que haviam desenvolvido o código em projetos paralelos. Então, para continuar usando o software, mesmo que contrariasse a visão dos gêmeos, Charlie planejava pagar Voorhees e Ira com uma parte das suas ações na BitInstant — problema resolvido. Os gêmeos só teriam que aprovar a transação. Voorhees até escreveu um plano de negócios explicando tudo isso, batizado por ele de "Frente Única".

Quando todos estivessem na sala de reuniões, chegariam a um entendimento e compatibilizariam suas diferentes visões. Juntos, eles transformariam a BitInstant no gigante que idealizavam desde o início.

Mas Ver tinha outra ideia. Ele achava que a BitInstant deveria se mudar para o Panamá. "No Panamá, ninguém é preso por ser adulto e tomar decisões de adultos", dizia Ver. Voorhees estava cada vez mais alinhado com essa visão, que também era defendida por Trace Mayer, um amigo que se juntara ao grupo na Cidade do Panamá, um novo magnata do Bitcoin tão anarcocapitalista quanto os dois. Mayer estava no mundo das criptomoedas desde o começo de tudo e, como Ver, acreditava que o governo não devia atuar no setor financeiro. Para ele, os incentivos financeiros eram suficientes para conduzir a natureza humana em direções mais positivas.

Os três tinham bons argumentos, e talvez essas investidas filosóficas constantes estivessem mudando a visão de Charlie. Por exemplo, havia o problema do BTCKing, que ainda era um dos maiores clientes da empresa: depois de banir e repreender o revendedor de bitcoins, Charlie havia liberado sua volta em uma comunicação direta. Desde então, o BTCKing vinha operando com força total. No ano anterior, ele havia realizado um volume imenso de transações; no registro dele, Charlie identificou uma série constante de aquisições que somavam US$ 900 mil em bitcoins. Mas, para ocultar o volume, essas compras foram distribuídas estrategicamente. No País de Gales, Gareth, que geralmente não falava nada sobre esses temas, estava preocupado, pois achava que essas aquisições do revendedor só indicavam uma coisa: o BTCKing comprava bitcoins e vendia a moeda virtual para clientes de sites como o Silk Road.

"Ele não violou nenhuma lei, e o Silk Road não é ilegal", apontou Charlie em um e-mail enviado a Gareth. "Além disso, não temos nenhuma regra proibindo revendedores. Ele gera um bom lucro para nós."

Obviamente, o e-mail não tranquilizou Gareth. Enquanto estava na sacada, Charlie viu outra mensagem do seu sócio na caixa de entrada, reiterando sua preocupação com a possibilidade de o BTCKing estar ultrapassando os limites legais.

"Muitas transações dele têm uma aura pesada de fraude ou lavagem de dinheiro", comentava Gareth no e-mail.

Sentado na sacada, sentindo o cheiro das empanadas no ar, enquanto Ver e Voorhees conversavam sobre como o mundo deveria ser e os gêmeos mandavam e-mails explicando como o mundo funcionava *de verdade*, pensando em bárbaros nos portões e nas garotas dançando de minissaia, Charlie estendeu os braços e disparou uma resposta curta para Gareth.

"Legal."

Depois, ele fechou o laptop e tentou esquecer seus problemas naquela noite. A fuga para o Panamá lhe despertara uma sensação boa e libertadora, mas Charlie sabia que esses sentimentos não durariam muito. Em breve, ele teria que voltar para Nova York, encarar os gêmeos e apresentar a Frente Única de Voorhees para eles. Charlie precisava encontrar um arranjo que deixasse todos felizes.

Caso contrário, ele teria que voltar para procurar um lugar permanente no Panamá.

Mas uma coisa era certa. Só havia um lugar para onde Charlie Shrem nunca voltaria: o porão da casa da sua mãe.

20
A FRENTE ÚNICA

Não era uma jaula de vidro cercada por advogados. Ninguém estava algemado a um filtro de água e, agora, os dois irmãos estavam na arena, não apenas Cameron. Mas, ao acompanhar Charlie Shrem, Erik Voorhees, o advogado da empresa e seu irmão até a sala de conferências da BitInstant, onde havia várias cópias da proposta intitulada Frente Única sobre uma mesa retangular, com as páginas ainda quentes da impressão, Tyler teve a estranha sensação de estar entrando em uma cilada, onde alguém tentaria "massacrá-lo".

Quando a porta foi fechada, Charlie se dirigiu para a frente da sala e iniciou a partida. Ele não se desculpou por ter viajado para o Panamá nem pelos problemas recentes do site, que só mencionou casualmente, como se não visse nada demais nessas questões. Charlie também não abordou as crescentes dificuldades com a Obopay, que estava ameaçando encerrar o contrato com a BitInstant, assinado há poucos meses, colocando em risco a conformidade legal da empresa como entidade financeira. Mas ele reconheceu que chegara o momento de atualizar a estratégia e elevar a BitInstant para um novo nível. Para isso, disse Charlie apontando para a proposta da Frente Única, ele planejava incorporar formalmente o software de pagamento de Voorhees e Ira à BitInstant e, assim, criar oficialmente uma família grande e feliz.

171

A partir daí, a reunião ficou tensa. Para a surpresa de Tyler, seu irmão (que, no geral, era mais descontraído) pegou o documento na mesa, conferiu rapidamente o teor — eles já tinham lido tudo dias antes, em um e-mail enviado por Charlie — e atirou a proposta bem no meio do peito de Charlie.

"Isso é alguma brincadeira?", disse Cameron. "Você não tem nenhuma família aqui. Aqui, na empresa, Erik e Ira não são seus amigos, são seus funcionários. Ninguém quer saber do seu estilo de vida aqui, a empresa é um *negócio*. É evidente que o software pertence à BitInstant, isso é óbvio — nossos dólares pagaram o desenvolvimento do programa. Mais importante, essa reunião não tem nada a ver com o software. O assunto aqui é você e a sua forma de conduzir a empresa."

Tyler queria apoiar seu irmão, mas percebeu que a situação pioraria rapidamente se fizesse isso. Talvez Charlie ainda não tivesse compreendido, mas, para os gêmeos, o objetivo da reunião não era tratar do software criado por Voorhees e Ira. (Na perspectiva deles, o código era propriedade da BitInstant e ponto final.) O problema também não estava naquela folga imprevista no Panamá, por mais que isso tivesse sido pouco profissional. Para eles, a reunião era *corretiva*. Os dois estavam suando a camisa, conversando com as maiores referências do mundo financeiro, enquanto Charlie vivia em farras, aparecia nas reuniões em um estado lamentável e só repetia as loucuras que Ver e Voorhees colocavam na cabeça dele.

Agora, era o dinheiro deles que pagava pelo funcionamento da operação, não a grana de Roger Ver. Por isso, eles tinham o direito — o dever — de estabelecer limites para Charlie e moderar a conduta dele. Charlie precisava compreender: a BitInstant não era um cofrinho pessoal nem o talão de cheques que cobriria sua jornada de autodescoberta.

Tyler fez um gesto pedindo calma ao irmão e disse que queria ter uma conversa particular com Charlie. Com a cabeça fervendo, Cameron se sentou perto de uma janela que dava para a Twenty-Third Street. Havia muitos motivos para se irritar ali. Em pouco tempo, a BitInstant já consumira muitos recursos dos irmãos, e Charlie continuava aprontando sem ligar para nada disso, imerso em fantasias. Agora ele queria alterar composição societária para comprar um software desenvolvido na sede da BitInstant por funcionários remunerados pela empresa (e pelos gêmeos). Para os irmãos, era um ponto pacífico: o programa integrava o projeto que eles haviam financiado.

Tyler levou Charlie para uma extremidade da sala. Ele sabia que Voorhees e os outros ainda podiam ouvir tudo, mas não estava nem aí.

"Como CEO da BitInstant, você tem que pensar no que é melhor para a empresa, não nos seus amigos. Tem que separar as duas coisas."

Tyler estava falando em um tom calmo, com precisão.

"Bem", disse Charlie. "Eles são funcionários, mas também fazem parte da família."

"Não. Erik e Ira trabalham para você. Roger Ver é dono de uma parte da empresa. Nós somos donos de uma parte maior da empresa. E ninguém está formando uma família aqui. Se o trabalho criar laços de amizade entre nós, ótimo, mas esse não é o objetivo, é um subproduto. Não estamos em uma equipe de boliche, estamos em uma empresa."

"É a mesma coisa."

"Não é. Você tem que estabelecer limites profissionais."

Charlie lançou um olhar para Voorhees, que fingia conversar com o advogado, e para Cameron, que fingia apreciar a vista da janela. Tyler colocou a mão no braço dele.

"Chegou o momento de você e a BitInstant crescerem."

"Tudo isso é por causa do Roger, não é?"

"Nada disso. Não se trata de Roger, Erik ou outra pessoa — estou falando de *você*. Pense em como você está conduzindo a empresa. Você é o diretor de conformidade, mas não está protegendo as licenças, não tem nenhum relacionamento com os bancos. Você vai pro seu clube toda noite, curte com as garçonetes, viaja pro Panamá. Quando vai cair na real? Quando for tarde demais?"

Charlie estava com os ombros curvados, mas sua postura era desafiadora.

"Estou fazendo contatos. Tenho que ser visível na comunidade, é importante."

"Charlie, nas conferências, você fuma e bebe até perder a noção de tudo. É disso que o Bitcoin precisa agora? Estamos tentando convencer as pessoas de que essa indústria é legítima."

Charlie ia dizer algo, mas se conteve. Tyler sabia o que estava rolando na cabeça do jovem CEO: o que Roger Ver diria nessa situação?

"Se continuar assim", disse Tyler, sem conseguir abrandar o tom da voz. "Você vai acabar como Roger."

"Eu acharia muito bom acabar como Roger", respondeu Charlie, em um volume quase inaudível. "Acharia ótimo acabar..."

"Na cadeia."

Tyler voltou para o grupo, mas Charlie ficou no fundo da sala, imerso em seu mundo.

Pouco depois, Voorhees se manifestou. "Acho que é o momento certo de pedir demissão. Para não causar mais problemas, Ira e eu vamos sair."

Os irmãos já tinham conversado sobre um possível desligamento caso Voorhees e Ira se recusassem a atuar na BitInstant em período integral, mas Tyler não esperava que essa bomba fosse estourar ali, durante a reunião.

Mas era compreensível. Voorhees nunca havia embarcado totalmente e já acumulara bons motivos para pular fora de vez. Ele era inteligente, talvez inteligente demais para cuidar do marketing na empresa de Charlie Shrem. Mais importante, o SatoshiDice, seu projeto paralelo, já chamava muita atenção na comunidade e respondia por uma fatia expressiva do total de transações com bitcoins. Voorhees não tinha nenhuma razão para continuar sendo só um funcionário de alguém quando já era o fundador de uma startup cheia de potencial.

"Ninguém precisa pedir demissão", bradou Charlie, visivelmente incomodado com aquela mudança abrupta no clima. Depois, ele se dirigiu a Tyler e Cameron: "Talvez Roger queira comprar a parte de vocês."

Não dava para dizer se Charlie estava sendo parcial ou só deixando suas emoções falarem.

"Roger não vai comprar a parte de ninguém", disse Cameron, irritado.

Na verdade, Ver já fizera uma proposta de aquisição da parte deles com um ganho de 10% sobre o valor investido. Mas, na mesma ocasião, Ver também tinha oferecido *a parte dele* aos irmãos por US$ 2 milhões. Explorar todas as opções era uma característica da sua personalidade. Mas os gêmeos nunca fechariam um acordo com Ver.

"Pessoal", disse Charlie, mas Tyler já caminhava em direção à porta. Cameron acompanhou o irmão. Charlie correu atrás deles, falando que as coisas não tinham que ser assim, que ninguém precisava pedir demissão, que eles poderiam resolver a situação. Nessa tentativa de negociar, ele dava a impressão de ser menor do que era, chegava a soar triste. Talvez Charlie achasse mesmo que consertaria as coisas só com apertos de mão e sorrisos.

"No remo", disse Tyler. "Às vezes, tem um cara no barco que atrasa todo mundo. Ele é até gente boa. Se esforça tanto ou até mais do que os outros. Mas nada disso importa, porque ele atrasa todo mundo. A gente diz que esse cara é uma âncora."

Depois disso, os gêmeos saíram do prédio.

Na rua, os gêmeos iniciaram a caminhada de dois minutos até o escritório deles. Nenhum dos dois falou nada no primeiro minuto. Tyler não imaginara que a reunião terminaria com aquela cena, mas não estava insatisfeito. As palavras ásperas, a possível demissão de Erik e Ira, talvez Charlie precisasse dessas coisas para acordar e agir como um CEO de verdade.

Ao sentir a clássica vibração no bolso, Tyler logo pensou que era uma mensagem de Charlie, talvez uma última tentativa de salvar a "família". Mas, quando olhou para a tela, ele viu um e-mail de um endereço desconhecido. Intrigado, Tyler abriu a mensagem.

E, subitamente, parou no meio de uma faixa de pedestres.

Só depois de alguns passos, Cameron percebeu a ausência do irmão.

"O que foi? Você vai acabar morrendo se ficar aí."

Tyler fez sinal para ele se aproximar e lhe passou o telefone.

"O que é isso?"

"É um convite pra um evento em São Francisco."

Cameron encarou aquele misterioso e-mail no celular de Tyler.

O texto era curto e o autor, desconhecido. Provavelmente fora alguém a serviço de outra pessoa. Mas esse não era o único mistério. O evento citado no convite ocorreria em São Francisco, às 18h do dia 16 de maio, na véspera da palestra deles na Bitcoin 2013. Só havia data, hora e local, sem mais detalhes. A mensagem dizia apenas:

Procure o Bloco Gênesis na 631 Folsom... foto em anexo.

Tyler tirou o olhar da tela.

"O Bloco Gênesis", disse ele.

Era como a comunidade se referia ao primeiro bloco do blockchain do Bitcoin, extraído por Satoshi em 2009.

Charlie, a BitInstant, o caos da reunião de ainda há pouco, tudo ganhava um novo ângulo depois desse estranho e-mail. Erik e Ira poderiam efetivar a demissão ou não, mas, para Tyler, esse episódio servira como um alerta para Charlie. Se ele não tomasse jeito e vestisse a camisa de CEO, os gêmeos dariam um jeito na situação, sem Charlie.

Mas o e-mail obscurecia esses pensamentos. Tyler lembrou daquela primeira cena em Ibiza, quando sentiu que tinha descoberto algo muito especial, que a maioria das pessoas ignorava completamente.

A buzina de um táxi que dobrava a esquina interrompeu esse devaneio, e ele puxou seu irmão para a calçada.

"Precisamos antecipar o voo pra Califórnia."

21
ATRÁS DA PORTA

Dia 16 de maio de 2013.
Seis da tarde em ponto.
Rincon Hill, ao sul da Market Street, São Francisco.

A área era residencial, cheia de condomínios caríssimos. O local apontado era um arranha-céu, com um saguão trivial e, atrás de uma mesa, um porteiro com cara de tédio que não fazia a mínima ideia do que Cameron e Tyler estavam falando. Quando voltaram para a rua, eles estudaram a fachada do prédio e — lá fora, à vista de todos que passavam por ali — encontraram uma porta com uma pequena placa e a seguinte inscrição: O Bloco Gênesis.

"O Naval devia ter dado pelo menos uma pista sobre isso aí", disse Tyler, sussurrando para Cameron.

Talvez aqueles sussurros fossem um exagero, mas o mistério e a energia que pairava no ar justificavam esse tipo de coisa. Com a aproximação da Bitcoin 2013 — que começaria no dia seguinte —, os irmãos se viram sob muitos holofotes e deram várias entrevistas. Mais de mil pessoas participariam do evento no centro de convenções de San Jose, um aumento expressivo em comparação com os oitenta participantes do ano anterior. Até alguns dos principais veículos de imprensa cobririam a conferência. Desde a crise no Chipre, que elevara o preço do bitcoin às alturas, o interesse pela moeda virtual era grande. Mas aquilo — o Bloco Gênesis — era diferente.

"Um convite enigmático que leva a uma porta enigmática. Compreensível, considerando o tema." Não fora difícil encontrar o autor do e-mail. Jogando o nome do remente no Google, os gêmeos descobriram que se tratava de Naval Ravikant, um empreendedor e investidor anjo inveterado. Ravikant era um teórico brilhante, com formação em economia e ciência da computação pela Dartmouth, e havia investido em vários empreendimentos tecnológicos de sucesso ao longo dos anos.

Os gêmeos tinham conhecido Ravikant alguns meses antes, em um jantar organizado em Nova York por Joe Lonsdale, outro gênio, para representantes do setor de tecnologia. Depois de estagiar no PayPal enquanto estudava em Stanford, Lonsdale trabalhou no Clarium Capital, um fundo de cobertura de Peter Thiel, e depois fundou a Palantir Technologies, com Thiel e Alex Karp. Lonsdale e Thiel eram mestres de xadrez, e suas célebres partidas duravam horas a fio. Uma lenda no Vale do Silício, Thiel era conhecido como o "chefão" da "Máfia do PayPal" — um grupo de empreendedores ligados ao PayPal que fundaram organizações revolucionárias. Entre eles, estavam Elon Musk (Tesla, SpaceX), Reid Hoffman (LinkedIn), David Sacks (Yammer), Ken Howery (Founders Fund) e Max Levchin (Yelp). Thiel também foi o primeiro a investir no Facebook: seu cheque de US$ 500 mil se tornou um investimento bilionário, gerando um retorno impressionante, 13 mil vezes maior do que o montante inicial.

No jantar, Naval contara aos gêmeos sobre a AngelList, uma empresa que havia fundado em 2010 e que, segundo ele, seria um ponto de encontro para investidores e empreendedores — para o Business Insider, o site era o "Match.com dos investidores". Mais tarde, os irmão ouviram Naval explicando o Bitcoin (e muito bem) a outro convidado do jantar: o russo Garry Kasparov, o grande mestre de xadrez e ativista.

Naquele jantar, os gêmeos ouviram pela primeira vez alguém do "establishment" do Vale do Silício falando sobre o Bitcoin em termos sérios e, no final da conversa, trocaram informações de contato com Naval. Mas, de fato, eles não sabiam por que Naval enviara aquela mensagem nem o que estavam fazendo em São Francisco na véspera da palestra. Os irmãos só tinham a sensação de que essa era a coisa certa a fazer.

Tyler mexeu na maçaneta e viu que a porta estava destrancada. Ela dava para um espaço muito amplo, que lembrava um apartamento em que ninguém morava; era mais como um espaço masculino de decoração estilizada. Tyler viu uma mesa de sinuca oficial, uma mesa redonda de pôquer, duas mesas de pebolim, várias TVs de tela plana, sofás de couro, um bar totalmente equipado e uma escada que levava a uma plataforma elevada, onde havia uma cozinha e uma despensa.

"Não fomos os primeiros a chegar", disse Cameron.

Se dependesse de Tyler, eles teriam chegado trinta minutos atrasados, mas Cameron apontara que, como eles só sabiam a hora e o local, tinham que seguir as instruções da mensagem ao pé da letra. Aparentemente, ele tinha razão, porque já havia vinte pessoas no local, acomodadas nos sofás e circulando pelo bar. Um grupo estava perto de uma TV que exibia um gráfico de preços do Bitcoin: um apagão recente no Mt. Gox jogara o preço para baixo, mas a criptomoeda havia se recuperado parcialmente e agora estava custando US$ 120.

Ao observar o local com mais atenção, Tyler reconheceu muitos convidados. Isso só confirmava sua intuição anterior: de fato, aquele era um evento importante.

Mas, antes que ele pudesse comentar sobre isso com o irmão, Naval, sentado em um dos sofás, viu os dois e se aproximou, trazendo o outro anfitrião: Bill Lee. Lee era um empreendedor e investidor norte-americano de origem taiwanesa que vendera sua primeira empresa por US$ 265 milhões no final dos anos 1990, durante a febre das pontocom. Depois disso, ele comprou um hotel na República Dominicana e passou dois anos surfando. Quando voltou, Lee investiu na Tesla e na SpaceX, as novas startups de Elon Musk, seu melhor amigo. Alguns anos depois, ele casou com a filha mais nova de Al Gore. Lee era uma das figuras mais influentes do Vale, mas continuava quase desconhecido no mundo exterior. No Vale, ele construiu uma imagem bem particular — seu estilo não se alinhava com as calças cáqui dos investidores de Sand Hill Road nem com os moletons do pessoal do Facebook. No momento, Lee usava uma jaqueta de couro envelhecido, uma camiseta branca e um colar em seu pescoço bronzeado.

"Sejam bem-vindos", disse Lee, estendendo a mão para os dois. "O bar fica ali, e a cozinha tem acesso liberado. Vamos começar em alguns minutos."

Enquanto Lee se afastava para receber mais recém-chegados, os gêmeos ouviram alguém dizer: "Ele não mora aqui. Mora lá em cima. A cobertura dele tem vários andares."

"Que bom que vocês vieram", disse Naval. "Como vocês acabaram de receber o título de 'primeiros magnatas do bitcoin', a presença dos dois era fundamental hoje."

"Qual é a programação?", perguntou Cameron.

"Uma reunião dos Bitcoiners Anônimos", brincou Naval. "Um grupo de apoio para engenheiros e empreendedores viciados em criptomoedas."

"Vocês são os catalisadores?", perguntou Tyler.

"Exato. No momento, somos os únicos adeptos das criptomoedas no Vale do Silício. Acho que vocês não têm passado muito tempo por aqui."

Era verdade.

"A maioria das pessoas que estão aqui não se encaixa no padrão do Vale do Silício. Esses caras desenvolvem os protocolos e ferramentas que estruturam a internet, o encanamento da web. São, digamos, os *roadies* da internet."

Naval tinha razão. Alguns rostos ali eram populares nos círculos de tecnologia mais estritos, e Tyler e Cameron até conheciam um ou outro, mas a maioria deles não seria facilmente associada às grandes marcas do Vale do Silício, aos unicórnios bilionários que dominavam a cena na Costa Oeste. Na verdade, eles eram técnicos de peso e atuavam principalmente nas tubulações da internet, focados nas camadas mais profundas de transporte e redes, não na superfície, onde viviam as empresas mais atraentes, como o Facebook e o Google. No mundo da engenharia, eles pertenciam ao setor mais estrutural, distante dos serviços de atendimento, e eram vistos como "esquisitões". Enfim, os clientes quase nunca tinham contato com esses caras.

Mas, se você quisesse falar com alguém de uma inteligência absurda, aquela sala estava cheia de pessoas assim. Esses caras tinham um grande interesse por criptografia, protocolos, redes peer-to-peer e programação de nível mais baixo, como C e C++. Eles lidavam com a estrutura mais básica, as sequências de 1 e 0, os bits e bytes, não com as camadas mais abstratas e acessíveis.

Claro, Tyler também reconheceu alguns bilionários geniais, como Max Levchin, que fundara o PayPal com Thiel. Levchin era famoso por ter erradicado as fraudes na rede logo no início e estava entre os principais membros da Máfia do PayPal. Tyler também reconheceu um membro da alta realeza dos protocolos: Bram Cohen, o criador do BitTorrent e inventor do compartilhamento de arquivos descentralizado, peer-to-peer. Depois de Satoshi, Cohen era o maior desenvolvedor de protocolos dos últimos tempos. Será, pensou Tyler, que ele e Satoshi eram a mesma pessoa?

No local, também havia antigos adeptos do Bitcoin, como Paul Bohm, especialista em segurança da informação e autor de um dos primeiros blogs com explicações sobre a mineração de bitcoins; Mike Belshe, um dos primeiros engenheiros a trabalhar com o protocolo SPDY, adotado pelo Google no navegador Chrome; Matt Pauker e Balaji Srinivasan, fundadores da 21e6, uma empresa de mineração de bitcoins (o nome fazia referência à notação científica do número 21 milhões, o total de bitcoins que poderiam ser criados); Srinivasan também estava prestes a ser tornar diretor técnico (CTO) da Coinbase, uma bolsa de criptomoedas que crescia rapidamente no setor. Ryan Singer, chefe da bolsa de bitcoins Tradehill, também estava lá. Mas a presença mais notável era a de Jed McCaleb, o fundador do Mt. Gox em pessoa. McCaleb criara o site como um portal para trocas de cartas de Magic, mas depois reformulou a página como uma bolsa de bitcoins. Em 2011, ao vender a empresa para Mark Karpeles, ele manteve uma participação minoritária no site e iniciou outros empreendimentos baseados em criptomoedas.

Em frente aos gêmeos, estava Dan Kaminsky, um especialista em segurança conhecido por ter descoberto uma falha no protocolo DNS que, até ser solucionada por ele e outros técnicos, deixava todos os usuários da internet vulneráveis a ataques de hackers. Cameron e Tyler haviam lido um perfil de Kaminsky que saíra na *The New Yorker*, junto com um relato da sua tentativa frustrada de hackear o Bitcoin. Sem dúvida, Kaminsky era o maior especialista em segurança da história da internet, e os gêmeos ficaram fascinados quando souberam que ele passara várias semanas trancado no porão da casa dos pais tentando penetrar no protocolo do Bitcoin, sem sucesso.

Depois da conversa com Naval, Kaminsky foi a primeira pessoa com quem Tyler falou. Ele percebeu que Kaminsky usava três pulseiras inteligentes de marcas diferentes: uma Fitbit, uma Nike FuelBand e uma Jawbone UP. Tyler abordou o especialista em segurança perto da mesa de sinuca, onde McCaleb e Levchin estavam trocando ideias sobre alguma nerdice.

"Por que três?", perguntou Tyler. "Uma pulseira não dá conta do recado?"

Kaminsky suspirou.

"A segunda me diz se a primeira está quebrada. A terceira revela se as outras duas estão mentindo."

Essa era exatamente a postura que Tyler esperava de um engenheiro de segurança: um raciocínio centrado em sistemas, tolerância a falhas e integridade. Nos dez minutos seguintes, ele conversou com Kaminsky sobre a tentativa de hacking. De início, o especialista em segurança achou que penetraria facilmente naquele código complexo — a alta complexidade e o imenso volume do código indicavam a presença de muitos pontos fracos que poderiam ser explorados. Mas, no porão da casa dos pais dele, cheio de computadores, os dias passaram, e Kaminsky não conseguiu fazer nada. Sempre que ele achava um possível bug ou vulnerabilidade, surgia uma mensagem no código dizendo: "Ataque removido." Era como se Satoshi já tivesse pensado em todos os vetores de ataque e pontos vulneráveis, o que parecia impossível para Kaminsky. Como Satoshi estava sempre alguns passos (ou linhas de código) à frente, Kaminsky não conseguia acreditar que ele era só uma pessoa. Para Kaminsky, um código tão perfeito e seguro quanto aquele só poderia ter sido criado por uma equipe. Se fosse uma criação individual, então Satoshi era um gênio em um nível totalmente *absurdo*.

Tyler observou o local.

"Satoshi pode estar aqui?"

Kaminsky não contestou.

Seria Levchin, bem ali, perto da mesa de sinuca? Desde o início, o objetivo da Máfia do PayPal era criar uma moeda universal para a internet, mas isso nunca se concretizou, e a empresa acabou sendo adquirida pelo eBay. Em todo caso, o PayPal era visto como uma grande vitória financeira da equipe de Levchin e como um avanço importante na acessibilidade dos serviços de pagamentos pela internet, mas a rede ainda estava ligada à estrutura bancária existente. O serviço não transformava dinheiro em um protocolo — como o VoIP fazia com a voz. O PayPal ainda seguia a trilha do antigo sistema bancário. A empresa mudara a forma como as pessoas faziam pagamentos. Mas não havia mudado o mundo.

Em essência, o Bitcoin avançava a partir do ponto em que a Máfia do PayPal havia parado. Se o PayPal era mais do mesmo, o Bitcoin era uma revolução. Era o Santo Graal das moedas virtuais. Alguns empreendedores ligados ao PayPal, inclusive Thiel, ficaram muito frustrados com sua busca inicial pelo Santo Graal e não conseguiam cultivar a mesma animação de Levchin com o Bitcoin. No final das contas, todos concordariam com ele.

Bill Lee foi até eles, pegou o taco de Levchin e passou giz na ponta; a conversa se voltou para o primeiro país a adotar o Bitcoin como moeda nacional. Era uma questão fascinante — a ideia de que um governo poderia adotar a moeda virtual em vez de tratar essa tecnologia como um inimigo. A Islândia surgia como uma forte candidata, uma vez que os islandeses passaram a desconfiar bastante dos banqueiros depois do recente colapso financeiro do país; muitos até estavam presos lá. Além disso, a Islândia era um país frio e, portanto, um bom local para a mineração de bitcoins. Um dos maiores desafios dos mineradores era controlar o nível de aquecimento dos computadores enquanto faziam os cálculos em busca do bilhete dourado.

Brincando, Lee disse que levaria suas operações para Reykjavik, para sair na frente. De fato, como primeiro investidor da Tesla e da SpaceX, Lee estava tão na vanguarda de tudo que era quase invisível. Além disso, esses interesses espaciais só reforçavam sua convicção de que o Bitcoin era o futuro do dinheiro.

"O espaço está cheio de asteroides", disse Lee, preparando uma tacada na mesa de sinuca. "E os asteroides estão cheios de metais, metais preciosos — diamantes, titânio, especialmente ouro. Já existe até um banco de dados com estimativas sobre os bilhões de dólares em ouro contidos nos asteroides mais próximos. A tecnologia está cada dia melhor, pergunte para o Elon. Muito em breve, vamos construir minas nos asteroides. O ouro não é raro no universo. Na verdade, ele é abundante, como areia na praia. E todos sabem o que isso significa."

"Os metais preciosos vão perder o seu valor", disse Cameron. "Mas o valor do Bitcoin só vai aumentar."

Todos ali não tinham nenhuma dúvida de que isso ocorreria. Talvez demorasse vinte anos, mas era inevitável. Além disso, todos, entre especialistas e engenheiros, sabiam que Cameron e Tyler estavam na vanguarda daquele movimento, como eles. Ali, os irmãos estavam tendo uma ótima recepção: um tratamento totalmente diferente do que haviam recebido antes no Vale do Silício, onde eles nem conseguiam pagar uma bebida no Oasis para um empreendedor, porque todos sabiam quem eles eram, porque todos conheciam a terrível ligação deles com Mark Zuckerberg.

Mas ninguém ali fazia parte do establishment do Vale. Eles eram rebeldes, cypherpunks de verdade. A maioria deles não era do tipo "corporativo" e nunca passaria na seleção de empresas como o Facebook. Ninguém ali sabia jogar esse jogo. Mas as regras do jogo estavam prestes a mudar.

Tyler circulou pelo local e conversou com muita gente. As pessoas estavam bem otimistas — todos acreditavam que a disseminação da criptomoeda era só uma questão de tempo. Em breve, o Bitcoin se tornaria uma moeda mundial e a tecnologia do blockchain seria onipresente.

Esses engenheiros, tecnólogos e pensadores de vanguarda acreditavam que aquele era um momento crítico para as criptomoedas. Agora que o mundo todo estava acompanhando, o Bitcoin teria que atingir a "velocidade de escape" o quanto antes. Se o ouro era o dinheiro 1.0, o Bitcoin era o ouro 2.0. Mas o ouro saíra 10 mil anos na frente. O Bitcoin tinha qualidades superiores, mas, se o ritmo da adoção não se acelerasse, os poderes estabelecidos tentariam estrangular essa inovação. Claro, alguns promoviam a moeda virtual e torciam pelo seu sucesso, como aquela trupe reunida ali, na véspera da maior conferência da história do Bitcoin até então. Mas muitos viam a criptomoeda como uma ameaça. Wall Street, Visa, American Express, Western Union, governos e até o PayPal. A lista não tinha fim. Essas organizações, cujo status seria muito prejudicado pelo sucesso do Bitcoin, tinham muito a ganhar com o fracasso da moeda virtual.

Para Tyler, se quisesse ter alguma chance contra esses futuros inimigos, o Bitcoin deveria crescer muito rápido. Dessa forma, quando os bancos e governos acordassem, seria tarde demais para estrangular a moeda virtual — eles teriam que lidar com a situação. Ou seja, o gênio descentralizado tinha que sair da lâmpada o quanto antes. Quando isso se concretizasse, os governos fariam de tudo para adotar a criptomoeda.

Quando a noite terminou, Naval acompanhou os irmãos até a porta e lhes disse que o envolvimento deles na fase inicial do Bitcoin era uma força imensa. Para crescer rapidamente, a moeda virtual tinha que chegar ao mainstream. Por isso, as pessoas certas tinham que dizer as coisas certas. O mundo inteiro estava ouvindo.

Era exatamente isso que ele e Cameron vinham tentando explicar para Charlie nos últimos meses. O mundo inteiro estava ouvindo, mas as pessoas não deveriam escutar as vozes dos anarcolibertários do Panamá. Com Voorhees fora de cena — coerente, ele efetivara sua demissão pouco depois da reunião e se mudara para o Panamá — e com a ajuda deles, Tyler queria que a voz de Charlie Shrem estivesse entre as que seriam ouvidas. Mas, de fato, era difícil imaginar Charlie em meio àqueles engenheiros e futuristas, andando de um lado para o outro como um palhaço.

"Apreciei muito esse convite", disse Tyler quando eles chegaram à porta.

Não era conversa fiada. O convite de Naval não tinha sido só uma inserção de nomes em uma planilha.

De fato, o convite até criara atrito com um figurão do Vale do Silício que eles conheciam: Chamath Palihapitiya. Palihapitiya havia atuado como vice-presidente do departamento de crescimento de usuários do Facebook até 2011 e ainda era um aliado de Mark Zuckerberg. Para os gêmeos, ele só era mais um cara de terno do Vale, um sujeito franco, muitas vezes arrogante e mal vestido, muito propenso a repetir jargões, chavões e clichês, como "disrupção", "orientado a dados", "ponto de virada" e — seu favorito— "soluções significativas para problemas significativos". No Facebook, Palihapitiya era conhecido como o responsável pelo aumento da base de usuários — mas, como isso havia ocorrido durante o boom da rede social, sua fama não era lá muito consistente. Os irmãos souberam que, quando tomou conhecimento da situação, Palihapitiya, que também fora convidado, tentou convencer Naval a cancelar o convite deles. Diante da recusa de Naval, ele decidiu não participar do evento.

Tyler achou que Palihapitiya havia tomado uma decisão ruim nesse caso, mas, no fundo, estava contente com a saída dele. De fato, era muito agradável constatar que o Bloco Gênesis não incluía ninguém do Facebook, o maior unicórnio da década passada e uma das empresas mais inovadoras do Vale do Silício.

"É muito importante pra nós", acrescentou Tyler. "Fazer parte de algo tão grande."

"Eu sempre torço pelos azarões", disse Naval, sorrindo.

22
BITCOIN 2013

Uma moldura de cortinas roxas adornava o palco principal do San Jose McEnery Convention Center. No local, havia representantes dos mais diversos setores do Bitcoin. Desenvolvedores, com suas bermudas, moletons, tênis e crachás de identificação, espalhados pelo imenso centro de convenções como alvéolos de uma grande colmeia, depois de terem passado o dia montando seus estandes. Mineradores de bitcoins, sempre monitorando em seus celulares os porões, garagens e cavernas onde o hardware fazia um esforço constante para desbloquear as recompensas contidas nos blocos, uma corrida perpétua iniciada alguns anos antes por Satoshi. Os libertários e suas camisetas estampadas com slogans antigoverno. O pessoal da criptografia, todos barbudos e cabeludos. E os jornalistas que cobriam o mercado financeiro, com seus gravadores, flashes e câmeras apontadas para o palco para capturar aquele *momento*, um ponto fundamental na história do Bitcoin, algo que todos naquele local acreditavam que era inevitável e que viria *muito em breve*.

"Primeiro, eles te ignoram", bradou Cameron, no centro do palco; seu coração disparava sob os holofotes, diante de todos aqueles olhares.

"Depois, eles fazem piada com você."

"Depois, eles partem pra cima de você", acrescentou Tyler, ao lado dele no palco; sua voz jorrava dos gigantescos alto-falantes espalhados pelo centro de convenções.

"E é aí que você vence", disse Cameron.

Uma onda de aplausos transpassou o público de quase mil pessoas, e só então Cameron ficou mais calmo. A plateia não era hostil. Todos ali pertenciam ao mesmo movimento e, embora muitos não soubessem exatamente por que os gêmeos haviam sido escolhidos para a palestra principal, logo que subiu ao palco, Cameron sentiu que o público estava disposto a ouvi-los.

Os irmãos começaram a palestra com uma citação de Gandhi; era uma jogada audaciosa, mas as palavras dele tinham um forte apelo no Vale do Silício. Apesar de ser um mantra aplicável a quase todas as empresas do Vale, para ilustrar seu raciocínio, Cameron e Tyler queriam evocar um tempo bem mais distante do que a era do Twitter e do Facebook.

"Pensem nos carros", continuou Cameron. "Eles já foram vistos com desconfiança, especialmente em comparação com os cavalos. Uma moda passageira, sem condições de popularização, de utilidade limitada."

Para enfatizar esse ponto, os irmãos recorreram a algumas citações, como uma frase de 1903 atribuída ao presidente do Michigan Savings Bank: "O cavalo nunca sairá de cena, o automóvel é só uma curiosidade — uma moda." A ideia de que o automóvel teria sido alvo de piadas na época da sua invenção parecia ridícula, mas, como Cameron apontou, isso ocorrera com a maioria das inovações que causaram um grande impacto mundial.

Muitos achavam que a Amazon nunca se daria bem. Os consumidores nunca fariam compras online com seus cartões de crédito ou sentiriam falta de "contato pessoal". De fato, segundo Cameron, até a internet e seu possível impacto global foram encarados com ceticismo no início. Em 1998, o célebre economista Paul Krugman, vencedor do Prêmio Nobel e colunista do *New York Times*, dissera que, "até 2005, veremos claramente que o impacto econômico da internet foi igual ao do aparelho de fax". Mas, agora que o Bitcoin chegara às manchetes e ao léxico global, não era mais possível ignorá-lo; por isso, as piadas estavam tão em alta e as hostilidades haviam começado. O Bitcoin era visto como papo furado ou tratado como algo "perigoso". Os céticos comparavam a moeda virtual com bolhas clássicas, como a mania das tulipas holandesas do século XVII, a febre das pontocom do final dos anos 1990 e a crise do mercado imobiliário de 2008. Mas Cameron e seu irmão não acreditavam nessas analogias. O Bitcoin não era uma flor perecível vendida como reserva de valor, uma empresa com ações totalmente desatreladas da sua rentabilidade ou uma segunda casa financiada em um quadro de superendividamento. O Bitcoin era uma rede, e eles conheciam muito bem o poder das redes. Quanto maior fosse o número de usuários, maior seria o valor da rede — um exemplo claro da lei de Metcalfe. Mas as redes não cresciam em um ritmo lento e constante; seu crescimento era viral.

"Não é uma bolha, é uma *corrida*."

Quando chegasse a batalha, com toda sua intensidade, o que o Bitcoin faria para vencer?

Para Cameron, aqueles que mais perderiam com a popularização do Bitcoin seriam os adversários mais hostis da criptomoeda. Nesse grupo, estavam os intermediários, rentistas e controladores de acesso do velho mundo financeiro — bancos, agentes financeiros, serviços de pagamento, empresas de cartão de crédito e governos.

Além disso, Cameron e Tyler sabiam que, cedo ou tarde, o governo regularia a atividade, mas, ao contrário de muitos ali, eles achavam que era importante aceitar e influenciar esse evento. No ano anterior, ao comprarem bitcoins, promoverem o Bitcoin e investirem em uma das maiores promessas desse universo, os irmãos haviam chegado a uma conclusão: o maior perigo que a comunidade Bitcoin enfrentava era ela mesma.

O Mt. Gox, com seus colapsos recorrentes, causava grande instabilidade no mercado. O Silk Road era uma mancha tóxica. Os filósofos radicais, importantes no início do Bitcoin, discordavam do plano de popularização da moeda virtual. A comunidade criava seus próprios obstáculos. Ainda não havia nenhuma ameaça vinda de fora, mas elas logo chegariam.

As regras viriam. *E isso deveria ocorrer.* Mas, Cameron alertou, a comunidade tinha que "pôr ordem na casa" antes da regulamentação.

"No momento, ironicamente, o maior obstáculo ao Bitcoin, uma moeda baseada em operações matemáticas, é a ação humana. Mas, juntos, podemos mudar isso."

O Bitcoin tinha que parar de dar tiros no próprio pé.

Os irmãos haviam deixado seus ternos em casa. Cameron se apresentou na palestra vestido de preto, inclusive os tênis, enquanto Tyler usou uma camisa estampada, com as mangas enroladas; eles sabiam melhor do que ninguém a hora certa de adotar o visual dos empreendedores do Vale e passar a impressão de caras criativos e relaxados, mestres do improviso. Mas também sabiam a hora certa de destacar a importância das regras e da estrutura.

Havia um momento certo para vestir um terno, e o mundo do Bitcoin ainda precisava entender isso. Talvez essa questão fosse decisiva para definir se o Bitcoin seguiria o caminho do automóvel ou o da tulipa.

Era ótimo sair daquele palco em meio a uma onda de aplausos, seguindo Tyler por uma abertura na moldura de cortinas roxas, atravessando uma passarela estreita até a área VIP dos palestrantes. Nesse trajeto, Cameron cumprimentou muita gente desconhecida — organizadores, assessores e até os técnicos de som e iluminação — e, quando viu, estava em frente à porta que dava para a área VIP, onde fora instalado um buffet com garrafas de água, doces e materiais promocionais do Bitcoin, como bonés, camisetas e canetas. Os CEOs das empresas mais importantes do setor estavam lá: os chefes da Mycelium, ZipZap, OpenCoin, Coinbase, Ripple Labs, CoinLab, Coinsetter — enfim, uma grande variedade de organizações com a palavra "coin" no nome.

Só quando chegou ao buffet e pegou uma garrafa, estampada com o símbolo do Bitcoin, Cameron viu a personificação do seu investimento na outra extremidade da sala, perto de uma TV que, sem dúvida, acabara de transmitir a palestra. Charlie Shrem estava em meio a uma conversa animada, gesticulando para cima e para baixo, com o corpo girando na base dos pés.

Na frente dele, estava Roger Ver.

Cameron cutucou seu irmão e apontou para os dois.

"A dupla dinâmica", disse Cameron.

"Adivinha qual é o assunto", disse Tyler.

"Explosivos", respondeu Cameron. "Drogas. Resistência armada."

Mas, de fato, desde aquela reunião tensa em Nova York, Charlie vinha mantendo uma boa conduta. Para os gêmeos, ele ainda viajava demais, morava em cima de uma boate e não passava tempo suficiente na sede, mas, aparentemente, o desligamento de Erik e Ira havia acordado Charlie. Agora, pelo menos, ele estava traçando o futuro da empresa de maneira correta, preservando a operação da BitInstant.

Mas, obviamente, Charlie não estava seguindo os conselhos dos irmãos sobre Ver, que parecia ter lançado um feitiço bem forte sobre o jovem CEO. Mesmo à distância, Cameron compreendia a situação.

Era inegável: Ver tinha carisma. Os gêmeos ainda evitavam manter contato pessoal com aquele "sócio", mas sabiam que ele acabaria sendo um bilionário excêntrico ou um kamikaze insano, sem meio-termo. Para seus seguidores mais fiéis, Ver era o Jesus do Bitcoin, o Messias. Esses adeptos não se interessavam tanto pelo pioneirismo de Ver nem pelo volume dos seus investimentos no setor. Na verdade, ele atraía pessoas que queriam acreditar em algo, que sonhavam com um mundo diferente, com um sistema diferente.

Mas as ideias de Ver tinham bases muito radicais. Ele ainda não se apresentara na conferência, mas, recentemente, dera uma entrevista ao Coindesk, um novo blog que cobria a crescente indústria do Bitcoin. Para Cameron, as respostas de Ver foram alarmantes. Ao ser questionado sobre a condenação que o levara para a prisão quando jovem e a influência desse episódio em sua decisão de entrar no mundo do Bitcoin, ele respondeu:

"Antes desses problemas com a lei, minhas visões políticas eram mais abstratas e filosóficas. Depois, elas ficaram bem mais concretas. Para mim, o aspecto mais fascinante do Bitcoin é a supressão do controle governamental."

Ver chegou a descrever o Bitcoin como "uma ferramenta de um poder incrível, que vai libertar os norte-americanos e todos os países do planeta... Venho divulgando isso em todos os lugares".

Essa libertação dos norte-americanos soava bizarra para os irmãos Winklevoss, e a ideia de que o Bitcoin suprimiria o poder do governo dos EUA parecia bastante perigosa. Cameron concordava que um dos aspectos mais incríveis do Bitcoin era a liberdade econômica que a moeda virtual oferecia para pessoas que viviam sob regimes autoritários, mas isso não se aplicava aos cidadãos de uma sociedade aberta como os Estados Unidos — essa visão tinha implicações terríveis.

E Ver não parou por aí.

"Sou a favor da regulamentação", disse Ver ao repórter do Coindesk. "Mas não sou a favor da regulamentação sob coação. Essa diferença é muito importante. Quando os legisladores de Washington fazem uma lei, não pedem pra ninguém fazer nada. Eles dão uma ordem. Essa diferença entre pedir e mandar é fundamental. É a diferença entre fazer amor e ser estuprado."

Fazer amor e ser estuprado. O comentário era mais do que uma provocação, era anárquico. A lógica de Ver se aplicava facilmente aos impostos e a todo tipo de legislação. Para Cameron, Ver pensava exatamente assim. Ele acreditava que as normas do governo eram um tipo de estupro e afirmava que o Bitcoin era uma forma de burlar as leis, todas as leis.

Os irmãos tinham acabado de fazer um discurso explicando que, para vencer, o Bitcoin teria que se antecipar e influenciar os legisladores antes de a batalha começar, mas Ver já havia dado o grito de guerra.

E agora ele estava lá, na outra extremidade da sala VIP, como sempre, colocando suas sementes na cabeça de Charlie e regando os brotos. Como uma esponja, Charlie absorvia tudo que ouvia.

"Vamos lá com eles?", perguntou Cameron. "Afinal, nosso dinheiro está bancando a insurgência."

Mas Tyler apontou para um grupo de players importantes no mundo do Bitcoin.

"Hoje não. Vamos aproveitar o momento."

Cameron lançou um último olhar para Charlie, que, com as mãos no ar, contava uma história cheia de exageros, enquanto Ver sorria como o gato de Cheshire.

"Abrimos a noite com Gandhi. Não vamos fechar com o Che Guevara."

Quando Cameron chegou ao estande da BitInstant — na verdade, o estande era apenas um cubículo, formado por cortinas pretas amarradas com peças de metal cromado, onde havia um pôster imenso com a logomarca da BitInstant sobre uma mesa —, depois de fazer um tour pelo centro de convenções, Charlie já estava a todo vapor, radiante como um anjinho que acabara de cair, e Cameron logo entendeu por quê.

Um microfone.

Uma câmera.

Uma bela repórter com um top bem decotado.

A poucos metros da equipe da empresa, usando uma camiseta preta da BitInstant, um blazer preto e um jeans escuro, Charlie estava sentado em uma cadeira estilo diretor, com as solas dos sapatos balançando no ar, procurando o chão. A entrevistadora era âncora do *Prime Interest*, um programa do canal internacional RT (o antigo canal Russia Today, uma rede financiada pelo governo russo). Naquele momento, Cameron só conhecia o conteúdo surpreendentemente bom do canal sobre o setor financeiro. A pouco mais de um metro da cena, Cameron notou que a repórter estava adorando Charlie, que estava adorando ser Charlie. Charmoso e expansivo, ele era um ótimo entrevistado — um cara pequeno com uma boca grande, perfeito para a câmera. Mas Cameron também percebeu que o *senso de realidade* de Charlie estava se fragmentando. Aquilo era só jogo de cena para a câmera e, por mais simpático que o garoto parecesse, a situação era constrangedora.

De fato, o Convention Center, no meio do sábado — com as palestras rolando e a multidão circulando pelo evento —, era um playground para Charlie. Naquela arena, ele *era* uma celebridade. Cameron até tinha visto camisetas estampadas com o rosto dele à venda. A BitInstant era uma das empresas mais populares ali, e a maioria dos participantes conhecia Charlie.

Nessa entrevista para o RT, Charlie deveria anunciar o investimento dos gêmeos Winklevoss na BitInstant, uma notícia que só chegara à imprensa pouco antes da conferência. Cameron ouviu Charlie tecendo uma narrativa totalmente bizarra para a repórter, afirmando que ele conhecera os gêmeos em Ibiza — "Ofereci meu sofá pra eles!" — e que Azar fizera as conexões: "Vocês têm que conhecer o Charlie, o garoto é um gênio, blá-blá-blá. Foi amor à primeira vista."

Cameron não conseguiu segurar a risada. Era uma mistura de "que porra é essa" com "esse cara é demais". Além de ignorar totalmente os fatos naquela história, Charlie acreditava piamente no que estava dizendo.

Ele contou à repórter que estava no porão quando os gêmeos chegaram e insistiram para que ele criasse a BitInstant, dizendo: "Charlie, você tem que fazer isso." Agora ele estava na crista da onda, e a BitInstant logo ganharia uma sede nova e elegante no SoHo.

Sede no SoHo? Cameron não conseguia acreditar. A sede da BitInstant ficava no Flatiron District e não era nada elegante.

Será que Charlie estava louco?

Depois de esboçar esse mito de origem, ele falou sobre os negócios: "Temos licenças para atuar como entidade financeira em mais de trinta estados. E licenças federais também."

Mas, quando a repórter pressionou, Charlie se perdeu novamente. Ali, na presença de Cameron, o jovem CEO resumiu em uma frase seu conflito interior.

"Queremos que o Bitcoin revolucione tudo — mas, ao mesmo tempo, precisamos seguir as regras."

Essa frase sintetizava todas as preocupações dos gêmeos. A influência de Ver colidia com as expectativas dos irmãos quanto ao papel de Charlie na empresa. Cameron queria que Tyler também estivesse no estande da BitInstant naquele momento, mas seu irmão estava conversando com um grupo de investidores no outro lado do centro de convenções.

Charlie tentava dizer as coisas certas, como: "É preciso conhecer todos os clientes... os que gastam um dólar e os que gastam mil dólares." Mas logo saía do roteiro. Cameron percebeu as principais dificuldades de Charlie:

"Nessas questões de lavagem de dinheiro, você é tratado como um criminoso logo de cara; isso não é justo. Temos que dizer pro cliente que, se ele confiar na gente, a gente pode confiar nele... Queremos mudar isso de tratar o cliente como um criminoso. Queremos algo na linha de 'uma mão lava a outra'."

O que ele queria dizer com isso? Depois, Charlie voltou a ter um pouco de coerência e falou sobre um tema que havia abordado em sua palestra, um bate-papo descontraído e espontâneo que fora recebido com aplausos e risos pelo público. "O Bitcoin é um dinheiro turbinado. Com ele, você transforma seu negócio local em uma operação global."

"Isso vai revolucionar a infraestrutura financeira", acrescentou Charlie. Um minuto depois, a entrevista terminou. A repórter agradeceu e começou a guardar o equipamento, e Cameron abordou Charlie.

"Isso foi interessante", disse Cameron. Charlie então pulou da cadeira e, do nada, deu um abraço de urso todo atrapalhado em Cameron.

"É incrível! Sua palestra foi ótima! Essa conferência é uma doideira, não está achando?"

As palavras jorravam de Charlie como água saindo de um cano quebrado, mas Cameron não conseguia dizer o que estava pensando. Charlie tinha muita energia, era jovem e distraído demais; além disso, para Tyler, ele definitivamente não era um CEO. Por outro lado, Charlie estava passando por grandes dificuldades internas, procurando seu lugar naquele novo mundo. Era evidente que ele se via em uma encruzilhada, dividido entre várias possibilidades. Mais empático, Cameron sentia pena do garoto e, em várias ocasiões, até defendera Charlie em conversas com Tyler. Mas, no final das contas, ele sabia que seu irmão tinha razão.

Cameron agora via claramente: se Charlie Shrem, *"garoto gênio, blá-blá-blá"*, não se resolvesse logo, a cabeça dele rolaria muito em breve.

Na encruzilhada, você tem que escolher um caminho. Se ficar parado, vai ser atropelado de todas as direções.

Às 13h, Cameron estava se divertindo demais para se preocupar com Charlie. Depois das palestras, os participantes se dirigiram para o cassino instalado em um dos pátios do centro de convenções, para rodadas de drinques no Hilton e no Marriott e para vários restaurantes nas proximidades, onde os adeptos do Bitcoin encontraram os torcedores barulhentos do San Jose Sharks, um time de hóquei que acabara de ganhar um jogo importante. Nesse contexto, era fácil esquecer as diferenças filosóficas. Por um breve momento, todos celebraram juntos algo que amavam.

"É assim que a gente reconhece uma parceria de sucesso", disse Charlie, cambaleando entre os irmãos. Sob a luz de lâmpadas fluorescentes, os três estavam cruzando um corredor cercado por paredes de cimento que levava ao interior do centro de convenções. "Nunca contrato ninguém com quem eu não tenha bebido ou fumado. Acho que essa regra deve se aplicar aos investidores também."

Cameron riu e, lembrando que Roger Ver não fumava nem bebia, deixou passar. Depois da entrevista ao RT, ele ficara observando Charlie pelo resto do dia. Aquele, obviamente, era o habitat dele. A BitInstant era uma empresa importante; durante o evento, Cameron ouvira de muitos membros da comunidade do Bitcoin que a BitInstant agora facilitava 70% das transações realizadas no Mt. Gox. Embora o canal CNBC estimasse que esse número giraria em torno de 30%, Cameron achava que a maioria dos participantes da conferência comprara seus primeiros bitcoins por meio da empresa de Charlie. Ele conseguira facilitar a compra da moeda virtual. Agora, qualquer um podia entrar em uma loja de conveniência, pagar no caixa e receber bitcoins em trinta minutos.

As camisetas estampadas com o rosto de Charlie eram só a ponta do iceberg. Claro, depois da palestra, Cameron e Tyler haviam atraído um grande público; muitos queriam tirar selfies com eles e cumprimentá-los. Mas Charlie não podia andar um metro no centro de convenções sem atrair uma multidão. E Cameron observara a sede insaciável por atenção daquele garoto. Em dado momento, quando dois desenvolvedores se aproximaram para conhecê-lo, Charlie pegou dois cartões nos bolsos traseiros e, com um movimento súbito, jogou as duas mãos para a frente, segurando os cartões nas pontas dos dedos, como se estivesse executando um truque de mágica. Obviamente, ele vinha praticando aquele movimento há algum tempo.

Charlie passara a tarde toda ziguezagueando entre grupos de admiradores, mas seu maior interesse eram as câmeras e microfones. Ele nunca recusava uma entrevista e não se preocupava em saber quem eram os entrevistadores. Inicialmente, Cameron tentou direcioná-lo para os veículos mais profissionais — CNBC, CNN —, mas logo percebeu que o esforço era inútil. Charlie falava com todo mundo. Depois de ser ignorado no colégio, ele agora tinha a atenção de todos. Todos queriam um pedaço de Charlie e da sua fantástica fábrica de bitcoins.

Depois das rodadas de drinques, eles pediram um jantar daqueles, repleto de bifes e peixes, e tomaram tantos *fireballs* que o odor de uísque agora dominava o corredor. Nesse instante, Cameron pensou que era melhor deixar o garoto curtir o momento. Afinal, ele criara algo bem legal e merecia os elogios. Os irmãos tinham que conduzi-lo na direção certa, mas isso podia ficar para amanhã.

"Esse é o caminho certo mesmo?", disse Charlie, enquanto procurava algo no bolso do jeans escuro. "Se esse túnel der no porão da casa da minha mãe, juro que vou me matar."

Cameron riu. Ele tinha certeza que seu irmão sabia para onde eles estavam indo. No dia anterior, Tyler havia estudado um mapa do centro de convenções. Ele sempre estava preparado. Atravessar o centro pela plataforma de cargas fora ideia dele. Pela fachada, seria uma caminhada de dez minutos ou mais saindo do restaurante, e nenhum deles achava que Charlie se aguentaria em pé por tanto tempo

Courtney, a namorada de Charlie, também estivera no restaurante e, mais tarde, voltaria a encontrá-los em outro local. Cameron não sabia quase nada sobre ela, mas percebera que Charlie estava muito apaixonado e que a moça era uns 30 centímetros mais alta do que ele. Ele ainda não definira se a presença de Courtney era boa ou ruim para Charlie. Em todo caso, com ela por perto, talvez ele parasse mais em Nova York, mas dificilmente Charlie deixaria de frequentar o clube.

Além dela, Voorhees e Roger Ver (por um breve momento) também estiveram no restaurante. Na convenção, Cameron passara um bom tempo com Voorhees. De início, a situação foi um pouco tensa, mas eles logo superaram esse momento e conversaram como ex-colegas. Voorhees tinha muitas ideias em comum com Ver, mas era um cara agradável e sempre se comunicava de forma suave, até em seus pontos de atrito mais fortes. Aparentemente, embora ele fosse o melhor amigo de Charlie, sua relação com o CEO não se baseava em manipulação, como a de Ver.

No jantar, todos apostaram drinques no site SatoshiDice — eles bebiam shots quando a grana apostada por meio dos celulares gerava o dobro de bitcoins. Sem dúvida, Voorhees ganharia um bom dinheiro com a venda da sua nova empresa, o que provavelmente ocorreria em breve, pois o status jurídico dos sites de apostas era muito obscuro. Voorhees podia até discordar enfaticamente do sistema, mas, no fundo, era um realista, não um mártir.

Talvez essa fosse a maior diferença entre Voorhees e Ver.

Cameron não tinha falado com Ver na conferência. Embora ele sempre fosse educado com os gêmeos (pela frente, pelo menos), Cameron achava que Ver estava evitando ter contato com eles. No meio do papo, Cameron disse a Voorhees que havia lido a entrevista de Ver para o Coindesk e comentou que achara bem radical. Voorhees sorriu e fez um gesto expressando que era só *Roger dando uma de Roger*. Se Tyler estivesse lá, provavelmente teria começado uma discussão, mas Cameron sabia que isso não era uma boa ideia. Voorhees defenderia Ver, que, claramente, era um fundamentalista. Para ele, impostos eram estupros e os militares, uma gangue de assassinos. Era impossível mudar esse tipo de visão.

"É aqui", disse Tyler, apontando para uma porta dupla no final do corredor.

Eles já ouviam o som da música eletrônica reverberando pelo corredor, pontuado por vozes e pelo ruído inconfundível de dezenas de dedos pressionando teclas. Cameron imaginou a cena que encontraria depois da porta: uma grande sala de conferências, repleta de pessoas agrupadas em duplas e trios, distribuídos ao longo das fileiras de computadores instaladas em mesas extensas. Grandes pilhas de caixas de pizza em um canto, caixas ou barris de cerveja perto de uma parede, música saindo de um iPhone conectado a uma caixa de som. "Mentores" circulando entre os grupos, engenheiros, consultores e membros fundadores, todos ajudando as equipes a desenvolverem suas ideias até altas horas da noite.

Cameron tinha orgulho disso porque ele e o irmão haviam contribuído bastante para viabilizar o evento. A Winklevoss Capital estava patrocinando a noite do Hackathon, bancando a hospedagem, as pizzas e a cerveja. O evento, que duraria dois dias, começara às 9h da manhã. As equipes de hackers que participariam da maratona — formadas por programadores, empreendedores e profissionais criativos do setor de tecnologia — se reuniram no local para uma breve apresentação. Em um painel, cinco investidores do mundo do Bitcoin falaram sobre possíveis projetos. Depois disso, as equipes deram início ao "hacking". Até domingo, os grupos teriam que desenvolver um aplicativo Bitcoin alinhado com os parâmetros estabelecidos. Os projetos seriam avaliados pelo painel, e alguns receberiam prêmios. Além disso, se as equipes conseguissem impressionar um investidor ou outra pessoa, poderiam até captar recursos.

Entre os hackers reunidos ali, havia programadores de elite, profissionais e entusiastas, mas, só de imaginar todos esses jovens cheios de motivação trabalhando na construção do Bitcoin e formando laços de camaradagem, Cameron chegava a acreditar que tudo era possível no universo. Para ele, a imagem remetia às garagens de duas décadas atrás no Vale do Silício, que, dessa vez, perdera o trem.

A três metros da porta dupla, Charlie parou no corredor e abriu a mão. Cameron viu um baseado bolado com a maior expertise possível, comprido e encorpado como se tivesse saído de um clipe de rapper.

"Tá de sacanagem?", disse Tyler, enquanto Charlie pegava um isqueiro no bolso do blazer.

"É medicinal", respondeu Charlie, rindo, já com o baseado na boca. "Ok, talvez não seja medicinal, mas, segundo o meu médico, é mais saudável que uísque."

Ele se encostou na parede e posicionou o isqueiro. O papel na ponta do baseado emitiu um brilho laranja, depois um azul bem fraco.

"A palestra de vocês foi incrível", disse ele. "A credibilidade do setor aumenta muito com vocês. É aquela parada de Harvard. Como diziam no filme? Cavalheiros de Harvard?"

"O que o seu médico disse sobre fumar um baseado depois de seis uísques?", perguntou Cameron.

"É sério, cara. Vocês colocam mais seriedade no negócio, pra todos nós. Sei que pareço meio doido às vezes, ou, na real, fico animado demais. Mas vocês têm razão, a gente tem que ser sério. Sei disso. Eu piso na bola às vezes, mas vou fazer de tudo pra gente se dar bem."

"Você só tem que manter o foco. E não fazer nenhuma idiotice."

Cameron encarou Charlie, que se equilibrava na parede.

"Claro", disse Charlie, com os olhos vidrados.

"Mantenha a cabeça no lugar. Um dia, não vão ser só mil pessoas em um centro de convenções; o mundo todo vai falar sobre o Bitcoin", disse Cameron.

Tyler e Cameron começaram a andar na direção do som das teclas, e Charlie desgrudou da parede para acompanhar os dois. Apesar das pálpebras meio caídas, seus olhos brilhavam, vivos, em chamas. Cameron sabia no que ele estava pensando.

Dava para imaginar a cena: o mundo inteiro falando sobre o Bitcoin. E Charlie, no alto dos seus 1,65 metro, estaria no meio do palco, pronto para um close das câmeras.

"Que o povo do céu lhe ouça", disse Charlie.

23
ENTRANDO NO MAINSTREAM

"Não é a primeira página, mas ficou em cima da dobra", gritou Tyler. Sua voz saiu da sala pela abertura da porta e logo chegou à sala idêntica de Cameron, cercada por paredes de vidro, no outro lado do corredor da Winklevoss Capital. "Primeira página da seção de negócios. Daqui a vinte minutos, todo mundo em Wall Street vai estar lendo a matéria."

Seis semanas depois do sucesso na Bitcoin 2013, os irmãos estavam novamente em Nova York. Era bem antes das 7 da manhã, e as ruas do Flatiron District ainda não haviam acordado. O som dos caminhões de lixo e dos veículos de limpeza se infiltrava pelas janelas e ecoava pelos 640 m² da sede da empresa, que acabara de ser pintada. Sobre a mesa de Tyler, havia uma cópia do *New York Times*. Ele sabia que a cópia do seu irmão também estava aberta na mesma página, a primeira da cobiçadíssima seção de negócios. Eles esperaram para ler o artigo ao mesmo tempo e absorver aquelas informações no mesmo intervalo. Seus pais deviam estar fazendo a mesma coisa nos Hamptons.

Agora, Popper não mencionava a palavra "Facebook" na manchete:

**GÊMEOS WINKLEVOSS REGISTRAM O
PRIMEIRO FUNDO DO BITCOIN**

Para Tyler, aquela reportagem era bem mais importante do que a matéria anterior, que anunciara ao mundo sua aquisição massiva de bitcoins. Segundo o artigo, os irmãos haviam protocolado o pedido de registro do "Winklevoss Bitcoin Trust" na SEC, a Comissão de Valores Mobiliários dos EUA, para criar um ETF Bitcoin, um fundo de índice em que as pessoas comprariam bitcoins com a mesma facilidade com que adquiriam ações.

"Até usaram a palavra 'audacioso'", disse Tyler.

"Adoro quando eles recorrem ao vocabulário dos manuais do SAT. Lembro dos cartões da mamãe: 'Os gêmeos Winklevoss são audaciosos. Por quê?'"

Se o ETF fosse aprovado pelo órgão, comprar bitcoins ficaria tão simples quanto comprar ações da Apple ou do Facebook. O fundo substituiria o obscuro processo atual, cujas transações passavam por locais esquisitos como o Mt. Gox, e, francamente, a BitInstant, que não ganhara mais credibilidade sob o comando de Charlie desde o evento em San Jose.

No geral, os investidores entravam no mundo das commodities e metais preciosos, como o ouro, comprando cotas de um ETF. O primeiro ETF voltado para o ouro foi lançado em 2004, com o símbolo GLD. A iniciativa fez um grande sucesso. Ao facilitar os investimentos, o fundo gerou um volume inédito de liquidez e ganhos, transformando o mercado do ouro. Você não precisava mais comprar uma barra de ouro, guardá-la em um cofre pessoal e se preocupar com a possibilidade de o encanador roubá-la na sua ausência. Com o GLD, bastava ligar para um corretor ou, melhor ainda, acessar as plataformas online da E-Trade, Charles Schwab ou Fidelity, inserir essas três letras e pressionar o botão de compra. Os gêmeos Winklevoss queriam estabelecer essa facilidade na compra de bitcoins. Mas o símbolo do ETF deles teria quatro letras: COIN.

Tyler sabia que, se o COIN passasse pelo crivo regulatório e fosse aprovado, o fundo mudaria as regras do jogo. Pelas mãos dos gêmeos, o Bitcoin chegaria às massas. Como apontava o *New York Times*, havia um plano em andamento para "remover o estigma que pairava sobre o Bitcoin" e passar a bola para os reguladores.

O registro do ETF não era apenas uma forma de avisar a comunidade do antigo sistema bancário sobre a entrada do Bitcoin no mainstream; era também uma linha de demarcação permanente no mundo do Bitcoin, entre pessoas como os gêmeos, que acreditavam que o futuro da moeda virtual passava necessariamente pela regulamentação, e os adeptos da ideia de que o Bitcoin não deveria ter nenhuma ligação com Wall Street, SEC, órgãos regulatórios e governos. O Winklevoss Bitcoin Trust era um ataque preventivo, lançado com o objetivo de encerrar a guerra antes de ela começar.

A mensagem chegaria às pessoas, dentro e fora do mundo do Bitcoin.

E haveria reações.

"Caralho", gritou Cameron, na sala dele. "Esquece o jornal e vê na internet. Loucura total."

Menos de uma hora depois da publicação, o COIN já estava viralizando.

"Segundo lugar nos trends do Yahoo. Sabe qual é o terceiro?"

Tyler abriu a página e deu uma gargalhada.

Embaixo do ETF, na terceira posição da lista de assuntos do momento do Yahoo, estava o filme *O Cavaleiro Solitário*, que seria lançado no fim de semana do dia da Independência e era estrelado por Johnny Depp e Armie Hammer, que interpretara os gêmeos Winklevoss no filme *A Rede Social*, baseado no conflito entre eles e Zuckerberg.

"Parece que gastaram 75 milhões no marketing do filme", disse Cameron.

"Foi por aí mesmo. O pôster está em todos os táxis, ônibus e trens de Manhattan. Até os copos da Subway têm imagens do Tonto e de um dos gêmeos Winklevii", disse Tyler.

"Loucura total. Não colocamos nenhum centavo nisso, e o ETF deu um baile no filme nessa lista de trends."

Por que um produto financeiro — uma sigla (ETF) de que muitos norte-americanos nunca tinham ouvido falar — estava balançando a internet?

Tyler não tinha ideia de como a SEC responderia à proposta do COIN. Provavelmente, o órgão seria bem criterioso e processaria o pedido na velocidade do governo, ou seja, na marcha mais lenta possível. Com aquele fundo, que deixaria a moeda virtual ao alcance de todos os interessados, o Bitcoin ficaria tão acessível quanto o ouro, um mercado de trilhões de dólares. Os bancos e corretoras de Wall

Street teriam que se adaptar, montar pregões de bitcoins, contratar analistas de moedas virtuais e uma equipe de compliance e até criar seus próprios fundos. Essas mudanças demorariam, não aconteceriam de um dia para o outro.

Mas os gêmeos tinham dado o primeiro passo. E no melhor momento para eles.

O sucesso na Bitcoin 2013 ficara para trás. A promessa que Charlie fizera de colocar a cabeça no lugar, manter o foco e ser o líder que a BitInstant precisava fora esquecida. Ele logo retomou seus velhos hábitos, fazendo mil viagens para se autopromover enquanto diversos problemas ocorriam na empresa, como atrasos no serviço e o iminente término da parceria com a Obopay. Depois de conversar com seus advogados, Tyler não tinha certeza de que a BitInstant ainda atuava em conformidade com a legislação financeira do país. De fato, estava cada vez mais claro que, se Charlie não colocasse ordem na casa, a empresa teria que fechar as portas muito em breve.

Pior ainda, a empresa nem era rentável. Na verdade, ela já havia queimado a maior parte do investimento dos gêmeos, incluindo um empréstimo-ponte urgente de US$ 500 mil que eles haviam feito a Charlie alguns meses atrás. Aquele meio milhão, depois do valor que já fora investido, só lembrava a expressão "a fundo perdido". Mas Charlie havia implorado, dizendo que precisava do dinheiro naquele momento para manter a conta da empresa no Mt. Gox e que o banco da BitInstant tinha vetado o empréstimo. Com grande dificuldade, os gêmeos fizeram a transferência. Foi a alternativa menos terrível — a outra opção seria a morte súbita da BitInstant.

Inicialmente, o empréstimo seria de curto prazo, no máximo por algumas semanas. Porém, quando os irmãos exigiram o pagamento, Charlie foi evasivo e disse que a empresa não tinha o valor em caixa no momento, mas que o dinheiro logo entraria. Em dado momento, ficou óbvio que ele voltara a evitar as ligações, mensagens e e-mails dos irmãos.

Cameron achava que Charlie superaria o desligamento de Erik e Ira e tomaria jeito, mas ele acabou seguindo por um caminho totalmente oposto. Mesmo quando estava em Nova York, Charlie não parava na BitInstant; no geral, ele atuava como CEO da sua mesa particular no EVR, onde farreava o tempo todo com o fã-clube do Bitcoin.

A pouca confiança que os irmãos ainda tinham em Charlie diminuía a cada dia. Por isso, aquele pedido de registro do ETF tinha um sabor de recomeço. Como Charlie não mudava, eles teriam que cortar relações com a BitInstant. Na verdade, mesmo que ele mudasse, talvez já fosse tarde demais.

■ ■ ■

De: "Charlie 'Charles' Shrem" <<#><#>@<#><#><#>.com >
Assunto: Nossa Conversa
Enviado: 9 de julho de 2013 16:43:11
Para: Cameron Winklevoss, Tyler Winklevoss

Pessoal,

Eu só queria deixar claro que ouvi tudo que vocês disseram na chamada e que levo tudo isso muito a sério. As coisas ESTÃO mudando drasticamente. Temos que resolver problemas em todos os aspectos pra voltar logo pra uma posição de crescimento.

Sei que cometi muitos erros. Vocês me apontaram alguns, outros eu estou identificando agora e tomando medidas pra corrigir todos eles.

Essas são as medidas mais urgentes:

- Vou cumprir horário na sede da BitInstant de segunda a sexta, das 9 às 18h, exceto por saídas urgentes relacionadas ao trabalho (como idas ao banco)
- Vou passar o mês que vem inteiro em Nova York — focado, trabalhando na sede
- Não vou mais conversar com ninguém da imprensa pessoalmente nem por telefone ou e-mail
- Minha meta é corrigir problemas urgentes (contratação de líderes de tecnologia e profissionais de elite pra resolver a situação)
- Vou informar o status das coisas regularmente (pontos positivos e negativos)
- Vamos gerar um relatório de auditoria interna pra identificar os pontos que precisam ser corrigidos e definir a forma da correção.

Vocês vão receber esses dados no final da semana — o documento vai ser minucioso, com descrições de problemas, soluções e um roteiro.

Muito obrigado,

Charlie

Charlie se inclinou sobre o teclado do computador instalado na nova sede da BitInstant, a poucos quarteirões da primeira. O prédio não ficava no SoHo, mas também não estava no Brooklyn; o local acomodava trinta funcionários, suas muitas janelas produziam uma boa iluminação natural e as tomadas funcionavam — até aquele momento. Duas semanas depois da inauguração, até Charlie, um otimista inveterado, começava a se perguntar por quanto tempo a empresa ainda conseguiria pagar a conta de luz.

"Você acha que tá bom?", perguntou Courtney, por cima do ombro dele.

O turno dela no EVR só começaria em uma hora, e Courtney quase sempre passava no escritório de Charlie antes. Ele ficara os últimos três dias grudado na BitInstant, indo para o apartamento no andar de cima do EVR só para tomar banho e descansar um pouco do inferno eletrônico que tomara conta do seu cotidiano no trabalho.

A casa viera abaixo no final de semana do 4 de julho, durante uma conturbada teleconferência com sua equipe jurídica. Todas as tarefas que haviam surgido desde a Bitcoin 2013 — sobrecarga nos servidores, problemas no site, bugs na base de código — foram ofuscadas pelo comunicado dos advogados: a Obopay desfizera formalmente a parceria, e a BitInstant não poderia mais operar até resolver a questão das licenças. Em tese, como a legislação financeira vigente não regulava a economia do Bitcoin, *talvez* as licenças não fossem obrigatórias, mas os advogados recomendaram prudência a Charlie. Para eles, era muito perigoso prosseguir na operação da BitInstant sem a cobertura das licenças da Obopay.

Mas Charlie não se via em um beco sem saída. Se tivesse tempo, ele poderia encontrar uma nova parceria. A BitInstant também poderia solicitar suas próprias licenças nos estados.

Mas, antes, ele tinha que lidar com seus problemas pessoais.

"Estou falando com toda sinceridade. Estou aqui e quero trabalhar."

Nada de farras, noitadas e viagens. *Foco*. Essa era a promessa dele para os gêmeos, e Charlie cumpriria sua palavra. Se eles lhe dessem tempo, ele colocaria a BitInstant em ordem.

Claro, Charlie acataria o conselho dos advogados e tiraria o site do ar até resolver a questão das licenças. Mas esse ponto não seria mencionado no e-mail; Charlie sabia que isso não cairia bem. Dizer que o site sairia do ar, mesmo que fosse temporariamente, só iria irritá-los. E ele não queria isso.

Charlie não era tão ingênuo a ponto de ver nesse e-mail algo mais do que um tapa-buraco. Mas agora ele precisava desesperadamente de tempo. Até um Band-Aid já quebraria um galho. Os gêmeos estavam pressionando muito, e Charlie tinha que dar *alguma* resposta.

Provavelmente, a boa vontade deles já estava no nível mínimo. Poucos dias antes, quando os irmãos protocolaram o pedido de registro do ETF, Charlie ficara animado com o feedback positivo que eles receberam. Porém, ao ler os artigos que saíram naquela manhã, ele percebeu um tom bem diferente. No lugar do otimismo e do entusiasmo de antes, havia uma cacofonia digital, repleta de piadas, pouco-caso e críticas abusivas. Os textos mais positivos, como o artigo do *New York Times*, estavam sendo neutralizados por uma avalanche de negatividade, produzida pelo establishment do Vale do Silício.

Charlie tinha visto os artigos por alto, lendo só as matérias que pareciam mais importantes. Michael Moritz, o célebre diretor da Sequoia Capital, uma das maiores empresas de capital de risco do Vale do Silício e uma das primeiras investidoras do Google, fizera um comentário sarcástico para o site CNET: "Todos sabem que, quando os irmãos Winklevoss entram, o negócio deve ser sério."

Felix Salmon, jornalista especializado no setor financeiro, escrevera para a Reuters:

> Vamos esclarecer as coisas: essa é uma ideia muito boba de dois irmãos movidos pela grande ambição de serem os maiores parasitas do universo do Bitcoin. O egoísmo dos Winklevii, nessa ofensiva para entrar no jogo da inovação financeira, é imenso. Eles vão se dar mal. Só espero que não causem muito prejuízo para outras pessoas quando isso ocorrer.

Bill Borden, vice-presidente sênior do UBS:

> Quando li as manchetes, minha primeira reação foi rir... De fato, acho a história do Bitcoin intrigante, mas não faria algo na linha do ETF dos irmãos Winklevoss se quisesse entrar nesse mercado.

Reginald Browne, diretor da Cantor Fitzgerald, conhecido como o grande precursor dos ETFs:

> A ideia de um ETF para o Bitcoin é tão absurda que uma possível aprovação da SEC demoraria anos, se ocorresse. Eu acho hilário.

E, para fechar com chave de ouro, Paul Krugman, economista e colunista do *New York Times*, escrevera um artigo intitulado "O Bitcoin É Terrível", depois de já ter publicado outro com o título "A Rede Antissocial".

Todos esses analistas se posicionavam contra os gêmeos Winklevoss, o Bitcoin ou ambos. Hoje, a negatividade não chega a surpreender. As grandes ideias são assustadoras, as pequenas não. O ETF era uma grande ideia, algo que desafiava o status quo. Como se via no caso de Moritz, até a elite do Vale do Silício não tinha imaginação suficiente para aceitar um modelo que fugia da estrutura conhecida.

Com o ETF, os gêmeos estavam desafiando o antigo mundo bancário no seu habitat. Porém, embora eles se vestissem muito bem, o maior problema ainda era o Bitcoin, uma moeda digital com apenas quatro anos de existência.

Charlie sabia o que o sistema bancário pensava sobre o Bitcoin. A BitInstant estava por um fio — apesar de ter uma demanda imensa, clientes leais e adeptos fanáticos— porque o antigo mundo bancário ainda não estava preparado para adotar a moeda digital.

Para Charlie, os gêmeos ainda precisavam entender esse fato. Os três estavam travando a mesma batalha. Ok, talvez ele não tivesse sido o melhor soldado. Charlie até tentara levar numa boa o desligamento de Voorhees e Ira, mas a perda dos seus principais conselheiros foi um balde de água fria. Desde então, seus amigos vinham se dando bem. Voorhees saíra na frente; recentemente, ele tinha vendido o SatoshiDice, seu projeto paralelo, por incríveis 126.315 bitcoins, um volume que, no momento da venda, valia 11,5 milhões de dólares.

De fato, sem Voorhees e Ira, a BitInstant não era mais um lar. Ver também estava focado em outros investimentos, e Charlie nem tinha o que dizer sobre isso. Afinal, fora ideia dele colocar os gêmeos na empresa. Além disso, se a BitInstant não resolvesse sua situação, a responsabilidade cairia apenas nos ombros de Charlie.

Ao ler seu e-mail pela última vez, Charlie percebeu que aquelas promessas, mesmo sendo sinceras, não seriam suficientes; ele tinha que produzir resultados. Charlie realmente achava que só precisava de mais tempo. Todos sabiam que o Bitcoin era volátil. Um dia, a moeda dava um mergulho assustador. No outro, dava um salto fantástico. Como o mundo dos negócios, as oscilações do preço não eram para os fracos. Em uma dessas quedas, você poderia perder até os sapatos. Mas, aqueles que aguentavam ficar no abismo por algum tempo, atravessavam essa zona sombria e chegavam à subida de novo.

Charlie deu seu sorriso mais confiante para Courtney e enviou a mensagem.

ATO TRÊS

Toda a sabedoria humana estará nestas palavras: "Esperar" e "Ter Esperança"!
—Alexandre dumas,
O Conde de Monte Cristo

24
HISTÓRIA DE UM PIRATA

São Francisco.
1º de outubro de 2013.
3h15 da tarde.

Diamond Street, uma rua tranquila e arborizada que cruzava um bairro residencial até um pequeno distrito comercial, passando pela filial Glen Park da Biblioteca Pública de São Francisco, um cubo de granito com janelas imensas. Lá dentro, um clima suave e uma iluminação em tons alaranjados. Piso e teto de madeira. Nos fundos do segundo andar, em meio à seção de ficção científica, havia uma pequena mesa e uma cadeira ao lado de uma janela.

Um rapaz de cabelos desgrenhados sentou na cadeira e se acomodou na mesa, colocando a mochila no chão. Aos 29 anos, tinha uma boa aparência, no clássico estilo californiano, embora ele tivesse nascido no Texas. Relaxado, mas com um pouco de cansaço nos olhos, o rapaz pegou o notebook na mochila, colocou o Samsung 700Z sobre a mesa e abriu a tela.

Segundos depois, ele iniciou uma conexão pelo Tor, um navegador anônimo desenvolvido pela Marinha dos EUA para proteger as comunicações entre os navios, mas que agora era utilizado gratuitamente por pessoas do mundo todo para preservar o sigilo das suas atividades na internet. Depois de estabelecer a conexão, pegando carona no Wi-Fi gratuito da biblioteca, o rapaz abriu um portal criptografado de um site que só podia ser encontrado por quem sabia onde procurar, pois estava enterrado em uma área conhecida como *dark web*, nas camadas mais profundas da "cebola" da internet. Só navegadores como o Tor eram capazes de atravessar essas camadas e encontrar sites como aquele.

Enquanto o rapaz digitava a senha, seus tênis batucavam no piso de madeira. Ele estava cansado. Virara muitas noites trabalhando no site, naturalmente, pois a página fazia um enorme sucesso e atraía centenas de milhares de visitantes por ano. De fato, apesar da aparência modesta, o rapaz era um magnata: o volume de trocas processadas pelo site dele já tinha ultrapassado a casa dos milhões e agora estava avaliado em mais de um *bilhão* de dólares. Seu patrimônio pessoal girava em torno dos 30 milhões. Mas, embora o site estivesse operando bem no mundo digital, administrar um monstro daqueles não era nada fácil. O troço exigia manutenção e supervisão constantes. Ele não tinha um escritório, mas aquele notebook era como uma sede administrativa itinerante. Em vez de um cubículo corporativo em uma torre no Financial District ou de uma cabine climatizada em um jato particular, o rapaz trabalhava em uma mesa em uma biblioteca pública, em um café ou no pequeno quarto do apartamento que dividia com uma galera a poucos quarteirões dali.

Ele havia saído do apartamento 28 minutos antes, às 14h47, com planos de passar a tarde no Bello, que talvez fosse seu café com Wi-Fi gratuito favorito entre os que pontilhavam Glen Park como um caso terrível de catapora. Mas o Bello estava lotado demais para os seus padrões. Então, como fazia às vezes, o rapaz andou mais dez metros até a biblioteca, trocando o agito do café pela solidão da seção de ficção científica.

Agora, o rapaz estava pronto para iniciar o trabalho. E, assim que ele digitou a senha no site, surgiu uma notificação de chat de um dos seus muitos funcionários, um cara que operava sob o codinome "Cirrus". O rapaz nunca tivera contato pessoal com Cirrus, mas trocava e-mails com ele várias vezes por mês (e, às vezes, por dia) e pagava US$ 1 mil por semana para que ele administrasse vários fóruns do site e respondesse às solicitações dos usuários.

Logo que o rapaz abriu a janela do chat, Cirrus estava lá, pronto para falar de trabalho.

"Oi, tá por aí?"

Ele esfregou os olhos, observou o segundo andar vazio da biblioteca e digitou:

"Oi."

"Como tá por aí?", perguntou Cirrus.

"Numa boa. E por aí?"

Como sempre, a conversa fiada terminou aí, afinal, era difícil existir alguma amizade entre duas pessoas que nunca haviam se encontrado pessoalmente e que, devido às circunstâncias, só manteriam contato por meio de cursores intermitentes, mediados por uma conexão anônima e uma criptografia complexa.

"Tranquilo, dá pra você dar uma olhada nas mensagens sinalizadas?", respondeu Cirrus.

Aquelas rotinas de administrador eram entediantes e quase diárias, mas geralmente a questão podia ser processada e resolvida em poucos minutos. Ele só tinha que acessar o back-end do site e, provavelmente, pressionar algumas teclas para corrigir o probleminha técnico da vez. Nada grave, mas, como a página movimentara mais de US$ 1 bilhão em produtos nos últimos anos, gerando um lucro de milhões, não era recomendável deixar esses pequenos problemas se agravarem.

"Claro", respondeu o rapaz. "Vou logar aqui."

Depois de acessar a página, digitar sua senha e iniciar a busca pela mensagem sinalizada, ele ficou tão absorto na tarefa que não percebeu quando duas pessoas subiram as escadas e se posicionaram atrás dele. O rapaz só notou a presença delas quando os reflexos apareceram na tela do notebook. Ele olhou para trás e viu um homem e uma mulher, bem vestidos, obviamente bem de vida, no estilo dos *yuppies* contemporâneos que circulavam por São Francisco e especialmente em bairros como Glen Park. O sujeito era alto e magro e devia trabalhar em uma das dezenas de milhares de startups da web que brotaram na cidade, a última fronteira do furacão provocado pelo Vale do Silício. Sem dúvida, os dois eram um casal, pois, logo que chegaram ao segundo andar, começaram a discutir como só ocorria com duas pessoas que já se viram nuas: com crueldade e aos gritos.

O casal se aproximou um pouco mais do rapaz, e a voz da mulher atingiu uma fúria redobrada. Era impossível ignorar aquela situação. Irritado, ele se levantou da cadeira para fazer alguma coisa — e, nesse momento, a casa veio abaixo.

O sujeito deu um salto, pegou o notebook e jogou o aparelho sobre a mesa para a mulher, que havia pulado para o outro lado. Ela então puxou o notebook da mesa — sem fechá-lo — e jogou o computador para um terceiro homem, que surgira de trás de uma prateleira.

Enquanto o rapaz observava, com o rosto paralisado de choque, o terceiro sujeito colocou um pen drive no notebook, pegou um BlackBerry no bolso do casaco e começou a tirar fotos da tela. A um metro da cena, o rapaz conseguia ver claramente a imagem — a janela do chat com Cirrus em um canto e a página do back-end do site no centro, onde ele estava procurando a mensagem sinalizada.

Mas, antes que pudesse dizer ou fazer qualquer coisa, o rapaz foi cercado pelo casal, e o sujeito lhe aplicou uma chave de braço. Um objeto frio e terrivelmente duro tocou seus pulsos, e ele ouviu um clique, metálico e implacável. Ele tinha sido algemado, imobilizado, e seus ombros queimavam com a pressão. Em seguida, ele foi conduzido pelo sujeito até as escadas da biblioteca enquanto a mulher lia seus direitos. Como nas séries de TV.

Foi aí que a ficha caiu: ele havia sido preso. No mesmo instante, o rapaz lembrou do notebook e sentiu uma pontada no estômago. O computador ainda estava aberto, e o brilho da tela iluminava o rosto do terceiro sujeito, que provavelmente não era da polícia local, nem de Glen Park, de São Francisco ou da Califórnia; era um agente do FBI, provavelmente um perito em computação forense. Aquele laptop continha informações suficientes (e, agora, sem nenhuma criptografia) para colocá-lo na cadeia.

Pelo resto da vida.

25
NO DIA SEGUINTE

"Lavagem de dinheiro." Cameron estava em frente à tela do computador enquanto Tyler, logo atrás dele, acompanhava a leitura. "Hacking, associação ao tráfico e contratação de assassinos de aluguel."

Tyler se aproximou da tela.

"Assassinos de aluguel?"

"Parece que ele tentou contratar dois assassinos, que, na verdade, eram agentes do FBI disfarçados de pistoleiros…"

"Barra pesada mesmo."

Cameron se afastou um pouco do computador e observou o movimento na sede da Winklevoss Capital. A empresa já tinha muitos funcionários, quase todos com menos de 30 anos, recém-formados de Harvard, Yale, Columbia, NYU, Berkeley, Stanford e assim por diante. Esses profissionais estavam animados com o trabalho, acompanhando os gêmeos no plano de transformar o Bitcoin em um setor respeitável. Até aquele momento, essa batalha esbarrava no Silk Road, que pairava sobre o projeto deles como um abutre chapado. Porém, de uma hora para outra, o site naufragara junto com Ross Ulbricht, o rapaz de 29 anos identificado como dono do maior bazar de drogas ilícitas de todos os tempos.

"É o fim da linha pro Dread Pirate Roberts."

Dread Pirate Roberts era o pseudônimo online de Ulbricht, uma referência ao personagem interpretado por Cary Elwes no filme *A Princesa Prometida*. No filme, Dread Pirate Roberts é um mito, um nome transmitido entre vários piratas, de geração para geração.

Algum tempo depois, Ulbricht diria que não havia criado o Silk Road; como Westley, o rapaz do filme, ele teria recebido o pseudônimo de outra pessoa. De fato, uma das teorias que circulavam na blogosfera sobre a identidade do verdadeiro criador do Silk Road apontava para Mark Karpeles, o CEO do Mt. Gox. Mas o FBI discordava dessa versão e coletara evidências suficientes para obter a condenação de Ulbricht. Somadas as penas dos crimes de que fora acusado, Ulbricht provavelmente passaria o resto da vida atrás das grades. Segundo o FBI, ao administrar um site que facilitara a compra e a venda de US$ 1 bilhão em drogas, ele havia se tornado um dos maiores traficantes da história. Para se defender, Ulbricht poderia dizer que, como administrador do site, ele só era um provedor de software e, portanto, não tinha responsabilidade pelos itens vendidos na página — itens ilícitos já haviam sido comercializados diversas vezes na Amazon, no eBay e em muitos outros sites —, mas seria difícil convencer o júri com esses argumentos, pois, entre outros motivos, pelo menos um jurado já teria tido contato com uma vítima do vício em opioides. Todos os dias, a oxicodona e muitos outros comprimidos eram negociados em grandes volumes no Silk Road. Dread Pirate Roberts sabia exatamente o que seu marketplace vendia e escrevera vários textos apontando que tinha orgulho do nicho ocupado pelo site. Além disso, ele não era apenas o operador da página. Segundo os agentes federais, Dread Pirate Roberts tentara contratar assassinos pelo site — ele também era um *cliente*.

Fosse qual fosse a sentença, o site já não existia mais, e as notícias balançaram a economia do Bitcoin. "Já está em queda", disse Tyler, mexendo no mouse do computador de Cameron. "E caindo rápido."

Mais cedo naquela manhã, o preço do bitcoin estava em US$ 145, mas as notícias sobre a prisão de Ulbricht lançaram o valor em queda livre. Agora, cada moeda custava cerca de US$ 110. A economia encolhera mais de US$ 700 milhões em poucas horas. Os gêmeos haviam perdido milhões, mas Cameron continuava focado na situação global.

As análises deles mostravam que o Silk Road não dominava o mercado do Bitcoin, como diziam alguns analistas afoitos na imprensa. Na verdade, o site respondia por uma fatia bem pequena da economia, mas produzia as piores manchetes possíveis. Por isso, os gêmeos acreditavam que as quedas causadas pelo fechamento do Silk Road logo seriam revertidas no preço do bitcoin. E eles também sabiam que o fim do site era excelente para o plano de legitimação da criptomoeda.

"Só resta uma opção", disse Cameron.

"Comprar!"

Cameron ligou o computador e começou a digitar furiosamente. Era arriscado, mas ele mantinha uma grana depositada no Mt. Gox e em outras bolsas que haviam surgido recentemente para aproveitar oportunidades como aquela.

O telefone tocou.

"É o Charlie de novo."

Nas últimas semanas, Charlie Shrem fizera incontáveis chamadas para os dois, mas especialmente para Cameron, que simpatizava mais com ele, e chegou a deixar até três mensagens por dia.

Poucos dias depois do e-mail em que Charlie prometia um recomeço (sem mencionar as nuvens no horizonte), a BitInstant subitamente saiu do ar. A perda das licenças, que viabilizavam a operação da empresa como entidade financeira, se revelou um beco sem saída, e Charlie se viu sem outra opção a não ser fechar a BitInstant. Mas ele não disse nada para os gêmeos antes disso, e eles nunca perdoariam esse tipo de coisa. Charlie ainda postou algumas bobagens na internet, dizendo que era apenas uma interrupção temporária para fins de reformulação e que a BitInstant logo retornaria, melhor do que nunca. Mas Cameron sabia que essa mensagem para os clientes era tão falsa quanto o e-mail anterior. A BitInstant não voltaria a operar.

Para reformular a empresa, Charlie precisava de novas licenças, de um novo parceiro no sistema bancário e, sobretudo, de muito dinheiro, pois tinha torrado todo o montante investido pelo gêmeos, incluindo o "empréstimo" de US$ 500 mil, que ainda não fora pago.

Cameron e Tyler começaram a se distanciar mentalmente de Charlie. Se ele era capaz de esconder dos próprios sócios o fechamento do site, o que mais estaria ocultando? O que mais ele estaria aprontando? Fechar as portas não era o fim do mundo: o jogo já previa esse resultado. Segundo estimativas sobre as startups, a cada vinte investimentos, só um gerava retorno. Mas, para os irmãos, a conduta de Charlie se aproximava da má-fé e do dolo — ele fora negligente e, em vez de trabalhar para colocar a BitInstant em ordem, tinha se ocupado com outras coisas. Mais viagens e farras, bebendo e fumando, dia e noite. Em vez de avisar os gêmeos sobre essa grave situação, Charlie só se preocupou em manter a cabeça fora d'água, pedindo mais dinheiro para torrar.

Devia ser por isso que ele estava ligando agora. Mas a fonte secara: os irmãos estavam prontos para colocar a BitInstant na categoria de aprendizado e seguir em frente.

Cameron teria ignorado mais essa ligação, mas, ao ver as notícias sobre o Silk Road na tela do computador, ele resolveu dar alguns minutos a Charlie — só por curiosidade. Como os dois eram próximos, Cameron queria perguntar a Charlie o que Ver pensava sobre o fim do Silk Road.

"Ele acha que tudo isso é uma farsa", disse Charlie. Ele soava cansado, como se estivesse correndo. "Acha que armaram uma cilada pro Ulbricht."

Isso deveria ter ocorrido a Cameron. Era óbvio que Ver reuniria os libertários ultrarradicais na internet para transformar Ulbricht em um mártir. De fato, muito tempo depois, em março de 2016, após a condenação de Ulbricht a *duas prisões perpétuas e quarenta anos de detenção*, Ver foi ainda mais longe e escreveu uma carta aberta ao ex-"Dread Pirate Roberts":

> *Você entrará para a história como um herói da estirpe de Harriet Tubman e, como ela, ficará conhecido por ter ajudado os escravos a fugirem dos seus senhores. Ao criar o Silk Road, você ajudou milhões de usuários de drogas pacíficos a escaparem dos seus opressores violentos, como a polícia, o DEA, o FBI e os juízes, que colocam gente pacífica como você na cadeia...*

"Não sei o que é mais terrível: as opiniões de Ver ou fato de ele ser o seu mentor", disse Cameron.

Como de praxe, Tyler pegou mais pesado com Charlie. "E olha só onde você foi parar com essa mentoria. A BitInstant tá fechada porque você nunca ligou pras licenças e só queria saber de ouvir o papo furado do Ver."

"Eu quero seguir as regras", disse Charlie. "Pessoal, a gente pode consertar isso!"

"Acabou nosso interesse pelo seu circo", continuou Tyler. "Só queremos minimizar os danos agora. Começando pelos 500 mil."

Houve uma pausa. Cameron não sabia o que Charlie esperava dessa conversa, mas era óbvio que ele já esquecera aquele dinheiro há muito tempo.

"Bem... Não é possível no momento."

"Não é possível? Como assim? O empréstimo era pra composição de capital de giro, não pra cobrir despesas operacionais."

"A cada dez proprietários de bitcoins, três compraram suas moedas através da minha empresa", disse Charlie, tentando desviar o foco da conversa. "A BitInstant pode voltar. Só precisamos de uma nova licença. Ainda temos milhares de clientes dispostos a usar o nosso serviço."

"Ninguém vai dar nenhuma licença pra você. O jogo acabou. É fácil ficar lá no Panamá reclamando sobre o governo e seu império do mal, mas, aqui nos EUA, se você não segue as regras, vai pra cadeia. É assim que funciona. E é assim que tem que ser."

Na sala de conferências, a luz do telefone disparou. Cameron colocou a chamada de Charlie no modo de espera e atendeu a ligação.

Era Beth Kurteson, a chefe do escritório. Beth nascera no Meio-Oeste e se mudara do Illinois para Nova York para cursar a faculdade e, depois, um mestrado em administração na Columbia Business School. Ela foi a primeira contratação dos gêmeos. Inteligente e dedicada, Beth sempre atuava com um profissionalismo de alto nível e uma sólida inteligência emocional, e logo conquistou a confiança dos irmãos.

"O *WSJ* está na linha três. Bloomberg na quatro. *Financial Times* na cinco."

Cameron sentiu seu rosto esfriando. Todos aqueles veículos estavam ligando para perguntar sobre o Silk Road? Pouco provável. Os gêmeos não tinham nenhuma ligação com o site.

"Pode passar o *WSJ*", disse Cameron, depois de pensar um pouco. "É bom começar pelo melhor."

O repórter foi direto ao assunto. "Você querem fazer algum comentário sobre a intimação?"

A pergunta não fazia o mínimo sentido. Olhando para Tyler, Cameron silenciou a chamada.

"Que merda é essa?"

Tyler retomou a chamada.

"De que intimação você está falando?", perguntou. "Quem foi intimado?" Houve uma breve pausa.

"Vocês."

Com o coração batendo forte, Cameron olhava para o telefone da sala de conferências, iluminado como a árvore de Natal do Rockefeller Center. Ele esquecera totalmente que a chamada de Charlie ainda estava no modo de espera no celular, que repousava sobre a mesa.

Cameron e Tyler Winklevoss haviam sido intimados há pouco pelo superintendente do Departamento de Serviços Financeiros do Estado de Nova York New York State Department of Financial Services, o órgão que regulava as atividades bancárias e os seguros no estado de Nova York.

A viagem deles com Charlie Shrem chegara ao fim, mas a batalha do Bitcoin só estava começando.

26
A QUEDA

Aeroporto Internacional JFK.
Uma noite fria e cinzenta de um domingo de janeiro, pouco depois das 19h.

Uma fina camada de neve cobria as curvas de um Boeing 737 da Icelandair, cujos motores ainda estavam quentes, vinte minutos depois da aterrissagem e da longa manobra até o portão.

Os passageiros atravessavam lentamente a ponte até o posto da alfândega.

"É um estado liminar", disse Charlie, que vinha no final do grupo, acompanhado por Courtney. "Ele ocorre quando você sai de uma estrutura social, mas não entra em outra logo de cara. *Liminaridade*. Li sobre isso na faculdade."

Com uma mochila pendurada no ombro direito, Courtney apertou a mão dele. Charlie trazia uma mala de viagem com uma roda quebrada; certamente, aquela mala já estivera em muitos compartimentos de bagagem de mão.

"Me parece o tipo de coisa que você diz quando tá chapado", disse Courtney. "Na real, quando você não tá chapado?"

Charlie soltou uma risada, retribuindo o aperto na mão dela enquanto os dois acompanhavam o grupo. Ele percebia que a maioria das pessoas ali não estava andando, mas cambaleando; claro, além das sete horas passadas naquele cilindro de alumínio respirando oxigênio reciclado, havia também a diferença no fuso horário. Consultando o relógio, Charlie estimou que eram duas da manhã em Amsterdã; porém, se tivesse ficado mais uma noite naquela cidade permissiva, ele dificilmente estaria na cama. Charlie passara a maior parte dos dois dias da conferência sobre e-commerce nos diversos "cofee shops" do histórico Distrito da Luz Vermelha, usufruindo das leis progressistas da Holanda sobre o consumo de maconha. No entanto, sua palestra fora um sucesso; ele ainda podia ouvir os aplausos daquelas centenas de europeus entusiastas do Bitcoin.

Amsterdã fora apenas uma parada naquela sua turnê de retomada: uma excursão global de várias semanas, repleta de palestras, encontros e reuniões descontraídas. O mundo inteiro queria conversar sobre o Bitcoin. Contrariando o senso comum, o preço do bitcoin havia disparado desde o fim do Silk Road, atingindo a marca de US$ 1 mil um mês após a prisão de Ross Ulbricht. Foi um salto incrível: os gêmeos Winklevoss agora possuíam US$ 200 milhões em criptomoedas. Ok, a BitInstant estava fora do ar — temporariamente —, mas Charlie não: ele ainda era uma das vozes mais importantes no mundo do Bitcoin. Embora os gêmeos não atendessem às suas ligações, e até quisessem se afastar dele, e apesar de o site estar (tecnicamente) offline, ele logo voltaria para o palco principal, bem maior e mais forte do que antes. Charlie tinha vacilado, mas ainda estava entre os maiorais e continuava muito popular, como ficara claro na receptividade do seu fã-clube de Amsterdã.

"É isso mesmo", disse ele, puxando Courtney para perto de si. "Acho que foi na disciplina de introdução à antropologia. A sociedade é formada por estruturas. É assim que a humanidade lida com tudo que não pode controlar — vida, morte, doenças, amor, a porra do clima. A gente cria estruturas e passa a viver dentro delas. Mas, quando alguém sai dessas estruturas, entra em um estado muito esquisito, bizarro até ."

"Um estado liminar", repetiu Courtney. Havia poucas pessoas entre os dois e a porta dupla agora; eles estavam na saída da ponte, quase entrando no posto da alfândega.

"Sim. No estado liminar, tudo perde a *coerência*. Seus pés não tocam totalmente no chão."

A mala ficou presa no piso da ponte, e Charlie teve que parar para dar um puxão e desprender as rodas. Courtney riu de novo e puxou Charlie de volta para o fluxo.

"Então, quer dizer que andar até a alfândega do JFK é um estado liminar?"

"Não é? Olha toda essa gente aqui. Essas pessoas desembarcaram de um avião, um veículo antinatural e desumano por definição. E ninguém entrou na próxima estrutura; a gente não tá em Nova York nem na Europa. A gente tá em um lugar que não existe no mapa. É a liminaridade."

Os dois entraram em uma sala imensa, que já conheciam bem, e viram as diversas filas de passageiros esperando sua vez de sair daquele espaço liminar e sem nacionalidade do aeroporto. Ali, eles escolheram a menor fila — a que terminava em um guichê onde havia um agente louro com cabelos encaracolados, olhos estreitos e cara de tédio. Depois do agente, Charlie viu as portas duplas que davam para o aeroporto em si, para o caos do JFK.

"Até aquelas portas", disse Charlie, apontando para lá. "A partir dali, entramos em Nova York. Voltamos pras nossas vidas, pras nossas estruturas, pra nossa normalidade."

"Então, por enquanto, podemos curtir o momento. Curtir o *liminal*."

Charlie se virou e beijou Courtney. A fila começou a se mover mais rápido do que o normal, pois era domingo e, devido ao horário, talvez o agente da alfândega e aqueles passageiros cansados não quisessem perder nenhum tempo a mais uns com os outros. Dez ou quinze minutos depois, Charlie e Courtney estavam na ponta da fila, e o agente acenou para os dois avançarem.

Era a vez deles.

Quando Charlie chegou ao guichê, o agente mal levantou seus olhos estreitos; ele só estendeu a mão e fez um gesto universal, cuja tradução era: "Passaporte, por favor." Charlie passara por essa rotina tantas vezes nos últimos meses que já se movimentava no piloto automático. Ele entregou os passaportes e se encostou na mala, esperando o agente olhar para o computador, carimbar os documentos e liberar a passagem.

Mas, para sua surpresa, nada disso ocorreu. Na verdade, o agente só ficou sentado, encarando o passaporte de Charlie.

"Algum problema?", perguntou ele.

O agente não respondeu, e Charlie sentiu a pressão das unhas de Courtney na palma da sua mão.

"Charlie."

Ele se virou e viu um sujeito de uniforme se aproximando de Courtney. Charlie percebeu que não era um uniforme da alfândega, mas de outro tipo, que ele não reconhecia. Parecia um terno com um distintivo na lapela.

No cinto do sujeito, havia algemas.

Charlie então se voltou para o guichê e viu outro sujeito de uniforme chegando. Antes que pudesse entender o que estava acontecendo, ele foi cercado.

O primeiro sujeito havia passado por Courtney e agora estava olhando direto nos seus olhos.

"O senhor é Charlie Shrem?"

Charlie olhou para Courtney; havia um medo real estampado no rosto dela. No mesmo momento, ele se voltou para o sujeito de novo.

"Meu passaporte está com você", disse ele, em um comentário inútil para o agente da alfândega.

"Precisamos fazer algumas perguntas ao senhor."

Em questão de segundos, os dois sujeitos pegaram seus braços e tiraram Charlie da fila. Courtney se apressou em acompanhá-lo, e o segundo sujeito logo se postou ao lado dela. Charlie viu que ela estava tremendo, lágrimas se formavam nos cantos dos seus olhos. Ele queria dizer para Courtney não se preocupar, que aquilo, obviamente, era um erro. Mas Charlie estava apavorado demais para pensar. Eles começaram a caminhar, e ele percebeu que todo mundo observava a cena; Charlie reconheceu algumas pessoas do seu voo, mas também havia passageiros de outros aviões. Todos aqueles olhos estavam testemunhando enquanto Charlie era conduzido pela área da alfândega, uma atmosfera silenciosa e tão estranha, tão...

Rapidamente, eles chegaram a uma porta nos fundos, pela qual Charlie já devia ter passado várias vezes, mas que nunca havia notado. No outro instante, Charlie se viu sozinho — para onde eles tinham levado Courtney? — em uma sala; no centro do local, havia uma grande mesa de metal. Quando a porta foi fechada, ele ouviu um clique metálico.

"Onde estamos?", disparou Charlie.

"É uma sala de triagem secundária", disse o sujeito, ainda segurando seu braço. "Sou o oficial Gary Alford, agente especial da IRS."

Em um movimento rápido, as algemas saíram do cinto do oficial e foram colocadas nos pulsos de Charlie.

"Calma aí", disse Charlie, sentindo uma avalanche de pânico. "O que está acontecendo?"

"Sr. Shrem, o senhor está preso."

As palavras atingiram Charlie com a força de uma bala, e ele chegou a desfalecer um pouco. Seus joelhos se dobraram, mas o oficial ainda estava segurando seu braço. Ele sentiu o metal frio das algemas queimando nos seus pulsos.

"Por quê?"

Antes que o oficial respondesse, a porta se abriu e outros agentes entraram na sala, em duplas e trios. Ao final, havia quinze oficiais lá. Charlie reconheceu alguns distintivos, outros pareciam de outros países. Ele viu NYPD, FBI, DEA. Segurança do JFK, alfândega e IRS.

Meu Deus.

"A prisão foi feita por uma força-tarefa", disse o oficial Alford. "Várias agências estão trabalhando nisso há algum tempo."

Algum tempo. Charlie entendeu que não era algo de agora — algum tempo queria dizer semanas, meses, talvez anos? Sua prisão era o ponto principal de uma investigação que passara por dezenas de pessoas. Ele estava sendo seguido. Só Deus sabia há quanto tempo. *Mas o que ele tinha feito?* Qual era a acusação? Tirando fumar maconha de vez em quando, quais crimes ele havia cometido?

"Vamos sair daqui", disse o oficial; não era um pedido, mas uma afirmação. Charlie foi conduzido até a porta e passou por outros corredores, escoltado por uma trupe de agentes. Em dado momento, ele ouviu Courtney chorando. Pouco depois, eles entraram em uma sala bem menor, que parecia uma cela de concreto. Quando a porta se fechou, por um breve momento, Charlie se viu sozinho.

Ele ficou lá, encarando as paredes de concreto, tentando se concentrar, tentando pensar. Mas sua mente estava a mil; tudo estava confuso.

Em instantes, os agentes voltaram e conduziram Charlie por outra série de corredores. Mas, dessa vez, eles não entraram em nenhuma sala. Charlie foi levado até uma caravana de SUVs pretos, estacionados fora do prédio.

"Cadê a Courtney?", perguntou ele, ao ser jogado no banco de trás de um veículo imenso.

"Não se preocupe. Quando chegarmos, ela vai estar lá."

No mesmo momento, o SUV começou a rodar. Sirenes ligadas, prédios passando nas janelas. Charlie já tinha perdido a noção do tempo quando o carro parou. Pouco depois, ele foi conduzido por uma entrada subterrânea.

"Seja bem-vindo ao DEA", disse uma voz.

Charlie então viu Courtney, que se levantou de um banco de madeira próximo ao balcão de registro. Logo vieram dois agentes para separá-los.

"Liga pro meu advogado", gritou Charlie, e Courtney concordou. Ele sabia que precisava de um advogado.

Depois que Courtney foi embora, os agentes fizeram Charlie se sentar e despejaram uma enxurrada de perguntas nele. Em sequência, eles perguntaram o que a BitInstant fazia, de onde vinha o dinheiro e até como o Bitcoin funcionava. Parecia que Charlie estava novamente na conferência em Amsterdã, mas sem palco nem microfone e diante de uma plateia formada por caras que portavam distintivos e armas. Ele já tinha visto muitas séries de TV e sabia que não deveria responder, mesmo que fosse inocente. Então, só balançava a cabeça.

Quando entenderam que ele não diria nada, os agentes iniciaram o processo de registro da prisão. Impressões digitais, fotos. Pegaram sua carteira, cinto, cadarços. Seu anel, em que estava gravada parte da sua chave privada do Bitcoin. Quando deu por si, Charlie estava entrando em uma cela de verdade. Não era sala de triagem nem uma detenção temporária, mas um xadrez real, com barras nas paredes. Havia um beliche ao lado de um vaso sanitário de metal. Alguém começou a rir na cama de baixo.

Charlie não estava sozinho. Havia outra pessoa na cela.

"Cara, é melhor dormir de meia", disse o outro preso. "Faz frio aqui. Muito frio. Você pode ficar doente e até morrer."

"Por que você está aqui?", disse Charlie, que logo se arrependeu da pergunta; ele não fazia ideia se podia perguntar esse tipo de coisa na cadeia ou se era caso de morte lá dentro.

"Meu companheiro de cela mijou no assento da privada, então eu dei porrada nele. Aí me colocaram aqui pra 'pensar' um pouco." Charlie ficou calado, e o outro preso riu de novo. "Fica tranquilo, baixinho. Sou legal. Só não suja o assento, e a gente vai ficar numa boa."

Parado no meio da cela, com as grades, o beliche, o outro preso e o vaso sanitário, Charlie fechou os olhos.

Charlie, você conhece um tal de Bobby Faiella?"

Oito horas depois, Charlie ainda estava na cela, encostado nas grades. Do outro lado, Courtney tentava controlar o desespero, embora às vezes fosse bem difícil. Ela ainda não tinha ido para casa, tomado banho, desfeito as malas nem trocado de roupas, mas refizera a maquiagem e estava com os cabelos penteados e os olhos menos vermelhos. Charlie sabia que ela passara a noite toda chorando — mas ele também tinha passado, em silêncio, na cama superior do beliche, até as 3h da madrugada, quando o outro preso foi retirado da cela e Charlie ficou sozinho. Naquela manhã, ele ainda estava tão confuso quanto no momento em que as algemas se fecharam em torno dos seus pulsos.

"Bobby Faiella? Nunca ouvi falar. Quem é?"

Courtney entrara em contato com o advogado dele, que logo solicitou informações às agências envolvidas na prisão de Charlie. Ele já estava a caminho do centro de detenção para explicar a situação e acompanhar Charlie na audiência com o juiz que fixaria a fiança. Enquanto o advogado não chegava, Courtney estava contando o que sabia.

Bobby Faiella. Charlie queimou alguns neurônios, mas não lembrou de ninguém com esse nome. Além de lidar com suas emoções, ele passara a noite toda pensando nas possíveis acusações da IRS, do DEA e do FBI, mas não chegou a nenhuma conclusão. Talvez fosse algo relacionado às licenças. Porém, Charlie tinha fechado a BitInstant logo depois da orientação dos advogados. Será que era uma conspiração do governo, como nas histórias que Roger Ver sempre contava? Será que Charlie caíra em uma cilada, como a que fora armada para Roger?

"Desisto, não conheço nenhum Bobby."

"O nome dele na internet era B-T-C-King, ou algo assim."

Charlie abriu a boca, mas logo se recompôs e ficou calado.

"Que merda", disse ele, depois da pausa.

Foi aí que a ficha caiu. Charlie *entendeu* tudo.

"É o Silk Road."

O Silk Road fora tirado do ar há quatro meses, mas o governo ainda não tinha encerrado a devassa. Nos próximos anos, as agências seguiriam todas as pistas e desenvolveriam a inteligência já produzida na operação. E tudo indicava que o nome de Charlie estava nesse material.

BTCKing. Charlie rebobinou a fita no seu cérebro para descobrir o que, exatamente, ele havia feito. As coisas estúpidas que poderia ter escrito em e-mails ou falado em uma roda de amigos. Na real, desde quando alguém ia pra cadeia por causa de e-mails? Ou por fazer piadas pra amigos? Qual tinha sido o *crime* de Charlie? Ajudar alguém a comprar bitcoins? Isso era crime?

"Quais são as acusações?"

"Formação de quadrilha e lavagem de dinheiro. Omissão no dever de comunicar atividades suspeitas. E operar entidade financeira sem licença."

Charlie piscou, cerrando os olhos com força. Omissão no dever de comunicar atividades suspeitas — ok, isso era razoável. Na época, ele sabia que o BTCKing movimentava quase US$ 1 milhão em bitcoins, possivelmente para revender, mas, apesar de achar que essas moedas iam para o Silk Road, ele não tinha enviado um relatório de atividades suspeitas para a Rede de Combate a Crimes Financeiros, um órgão ligado ao Departamento do Tesouro dos Estados Unidos. Como diretor de conformidade da BitInstant, Charlie tinha o dever de comunicar essas transações. Ele deveria ter ouvido os gêmeos e contratado um diretor de conformidade em vez de acumular tantos cargos. Mas, agora, era tarde demais para pensar assim.

E a lavagem de dinheiro? Como assim? Em que ocasião ele tinha lavado dinheiro para alguém? Pensando em lavagem de dinheiro, Charlie só lembrava dos dólares que, de vez em quando, esquecia de tirar das calças que iam para a máquina de lavar. Além disso, ele nunca tinha operado uma entidade financeira sem licença — ou já?

"Charlie", disse Courtney, em voz baixa. "O advogado disse que a pena pode chegar a 25 anos."

Charlie pressionou o rosto contra as barras. Não podia ser verdade. Aqueles números acabavam com ele.

"Vinte e cinco anos, Charlie", repetiu Courtney. "O que a gente vai fazer?"

A gente, nós. Essas palavras caíam muito bem até atrás das grades. Os dois estavam juntos de verdade. Se Charlie fosse para um presídio — alguém ia pra penitenciária por vender bitcoins? —, Courtney ainda estaria ao seu lado.

"Não sei", disse ele. E talvez essa tenha sido a coisa mais honesta que Charlie já disse.

Duas horas depois, Charlie estava diante do juiz. Sentado em um banco de madeira, ao lado do seu advogado, com os pulsos doloridos das algemas que haviam sido removidas há pouco, olhando para os sapatos ainda sem os cadarços, ele ouviu a exposição do promotor.

Para o governo, Charlie não deveria ter direito à fiança, pois tinha recursos e meios de fuga. O promotor até mostrou um vídeo para o juiz. Na gravação, uma entrevista para um podcaster, Charlie dizia que tinha uma casa em Singapura. O promotor também apontou que Charlie possuía um jato particular e milhões de dólares em bitcoins, uma fortuna escondida em vários pontos do mundo. Segundo o site Bloomberg, ele era milionário, um rei do Bitcoin.

Só podia ser piada. Charlie não tinha nenhuma casa em Singapura. Não possuía nenhum jatinho. O pouco dinheiro que ele tinha agora iria para o advogado. Charlie era uma das vozes do Bitcoin, mas, ao contrário dos gêmeos Winklevoss, Roger Ver e Erik Voorhees, ele não tinha acumulado um patrimônio pessoal em bitcoins. Charlie passara tanto tempo viajando pelo mundo e promovendo o Bitcoin que nunca tinha parado para comprar um volume expressivo; na verdade, ele nunca teve recursos para isso. Depois dos honorários do advogado, seu patrimônio não estaria nos sete dígitos, nem nos seis — com sorte, ficaria nos cinco dígitos.

Quer saber? Muito em breve, Charlie não teria quase nenhuma grana.

Mas o promotor não ganhou em tudo. O advogado de Charlie pediu prisão domiciliar e uma tornozeleira eletrônica — e o juiz atendeu.

Mas, antes que o juiz autorizasse sua saída do tribunal — e da cadeia — com a tornozeleira, Charlie tinha que definir onde ficaria em confinamento, sob os cuidados de um guardião. O apartamento dele no andar de cima do EVR — uma boate — foi vetado, e ele não podia ficar só, ou apenas com Courtney, sem um responsável. Portanto, só havia um lugar para onde Charlie poderia ir.

Ele quase afundou no banco.

Quando o advogado voltou para a sala de audiências, Charlie ainda estava no banco. O advogado foi direto ao assunto.

"Conversei com seus pais."

Charlie não falava com seus pais desde que saíra de casa para morar com Courtney, mas bastava ler as notícias — o advogado nem precisou informá-los sobre o caso. A prisão saíra em todos os veículos, na primeira página, bem no meio. *New York Times. New York Post.* CNBC. Até na BBC.

Segundo os jornais, aquela fora a primeira prisão no mundo do Bitcoin. Embora o Silk Road adotasse uma economia baseada na criptomoeda, o Dread Pirate Roberts não tinha sido preso por aceitar pagamentos em bitcoins no seu site; não havia uma ligação fundamental com o Bitcoin nesse caso. Se ele aceitasse outras moedas, incorreria nos mesmos crimes. Mas Charlie Shrem, o jovem gênio, uma das vozes mais expressivas da nova economia digital, tinha sido o primeiro a ser preso pelo envolvimento em transações com bitcoins. Para a imprensa, o caso era um banquete.

"Mas tem um problema", disse o advogado.

Claro que tem um problema, pensou Charlie. *Eu fui preso!*

"A situação é essa: o juiz fixou a fiança em US$ 1 milhão. Para levantar esse dinheiro, seus pais vão ter que hipotecar a casa deles. Depois disso, você vai sair para morar com eles, em prisão domiciliar."

Era uma situação desagradável em todos os aspectos, considerando o abalo anterior na relação deles e o fato de que, como condição estabelecida pelos seus pais, Charlie teria que se desculpar e seguir as regras deles durante essa permanência. Mas ele não podia fazer nada.

"Você não tem outra escolha."

Charlie sabia que o advogado tinha razão. Ele não podia ficar na cadeia; seriam meses, talvez um ano até o julgamento. E ele precisava sair para descobrir uma forma de escapar dessa enrascada, de mudar a narrativa. *A primeira pessoa a ser presa por transações com bitcoins.* As exigências dos seus pais eram terrivelmente injustas.

Mas ele não tinha outra escolha.

Ele poderia dizer a verdade para Courtney e mentir para os seus pais. Courtney voltaria para a Pensilvânia, ficaria na casa da mãe dela, esperaria até o julgamento.

Charlie poderia fingir que seguia os preceitos religiosos: ele já fazia isso há anos quando percebeu que estava fingindo.

"É a opção certa", disse o advogado. "Você vai sair daqui, e nós dois vamos trabalhar na sua defesa. Vamos vencer."

Mas Charlie já não estava ouvindo. Por pior que fosse ficar temporariamente sem Courtney, por pior que fosse conviver com seus pais e fingir que voltara a acreditar nas histórias de gente do céu, havia algo mais terrível ainda: voltar para o porão.

E agora Charlie teria que usar uma tornozeleira — cortesia do Tio Sam — que dispararia como um alarme de incêndio se ele colocasse um pé fora de casa.

27
NO OUTRO LADO DA CIDADE

Acerca de trinta quarteirões do tribunal, Tyler Winklevoss se acomodava no couro do banco traseiro de um Cadillac Escalade, tentando controlar a tensão que percorria seu corpo. Pela janela, ele via a entrada banal do prédio onde ficava a sede da sua empresa; com o motor ligado, o SUV quase encostava no meio-fio. Em uma hora, os irmãos Winklevoss prestariam depoimento na audiência sobre moedas virtuais realizada pelo Departamento de Serviços Financeiros de Nova York, o órgão que intimara os gêmeos e mais 22 pesos-pesados do mundo do Bitcoin. Com o trânsito entre o Flatiron e Tribeca naquele horário, a trajeto demoraria por volta de trinta minutos. Para Tyler, era tempo suficiente para se acalmar e se preparar psicologicamente.

Cameron estava esticando as pernas na calçada antes entrar no carro. Eles estavam bem longe da água e sem os trajes do esporte, mas Tyler tinha a mesma sensação que costumava sentir antes de uma grande competição de remo — expectativa e um pouco de medo. Claro, não chegava ao nível das Olimpíadas, mas era próximo, talvez como na Henley Royal Regatta ou na Head of the Charles.

Quando Cameron entrou no SUV e se acomodou em um assento à sua frente, Tyler encarou o irmão com o mesmo olhar que já havia empregado mil vezes antes, com os remos pairando no ar, por cima da linha d'água.

"Preparado?"

"O bastante. É difícil estar 100% quando você não sabe se tá indo pra um tiroteio ou dançar quadrilha."

"Sem dúvida, vai ser um pouco das duas coisas."

Depois de superarem o impacto inicial de receber uma intimação do governo pela primeira vez em suas vidas — e de saber disso pela imprensa —, os irmãos logo descobriram que não se tratava de uma acusação criminal. Na verdade, aquela solicitação de documentos e de um depoimento na presença do superintendente era uma ótima oportunidade. Como representantes da nova economia digital, os gêmeos tinham sido escolhidos para auxiliar o Department de Serviços Financeiros na compreensão do Bitcoin e das moedas virtuais, o que contribuiria para a elaboração de uma futura regulamentação. Afinal, como o Bitcoin estava se tornando um fator importante no setor financeiro de Nova York, era necessário regulá-lo.

De certa forma, aquela intimação fora uma distinção. Segundo a revista *Forbes*, o órgão regulador do setor financeiro de Nova York havia intimado as figuras mais importantes do Bitcoin, como os investidores de risco Marc Andreessen e Ben Horowitz e os fundadores da Coinbase, Bitpay, CoinLab, Coinsetter, Dwolla, Payward, ZipZap, Boost VC e até representantes da Founders Fund, de Peter Thiel. A lista incluía praticamente todos os grandes investidores e diretores de empresas importantes no universo do Bitcoin.

Porém, alguns fatores indicavam que haveria atritos no evento. Ben Lawsky, chefe do NYSDFS e signatário das intimações, já dissera que o Bitcoin era "uma terra fértil para narcotraficantes e outros criminosos". O objetivo da audiência não era apenas reunir informações, mas também utilizar esses dados na elaboração de controles voltados para a economia da moeda digital. Lawsky também havia comentado: "Acreditamos que — por vários motivos — a implementação de regras adequadas para as moedas virtuais favorecerá a consolidação do setor no longo prazo."

Por um lado, essa linha correspondia aos planos dos gêmeos. Porém, a regulamentação tinha que seguir pelo caminho certo. As regras deveriam ser duras para erradicar os aspectos mais sombrios do Bitcoin, mas não tão estritas a ponto de asfixiar a inovação.

Enfurnados na sede da Winklevoss Capital, escrevendo o depoimento e simulando possíveis perguntas e respostas, Tyler e seu irmão se prepararam bastante para aquele dia (que, sem dúvida, seria intenso) e traçaram as linhas de uma regulamentação que, para eles, seria razoável e saudável.

Com os Winklevii embarcados no SUV, o motorista tinha começado a se afastar do meio-fio quando uma pancada ressoou na janela de Tyler, que logo reconheceu Beth, parada ao lado do carro. Ela parecia exausta, como se tivesse descido até ali pelas escadas e não pelo elevador do prédio. Tyler abaixou a janela.

"Charlie Shrem", disparou Beth, ainda recuperando o fôlego. "Ele foi preso no JFK ontem à noite. A audiência de custódia dele terminou agora há pouco."

Tyler sentiu seu estômago congelando. De cara, ele pensou que devia ser alguma bobagem — mas quem passava a noite na cadeia por fumar maconha em um avião?

Beth listou as acusações: lavagem de dinheiro, omissão no dever de comunicar atividades suspeitas, operar entidade financeira sem licença.

Caralho. Não era só Charlie. Era a BitInstant. Era...

"É o Silk Road", disse Tyler. "Com certeza, tem relação com o Silk Road. Que merda esse moleque aprontou?!"

Em um primeiro momento, a acusação de lavagem de dinheiro parecia uma insanidade, colocada ali só para fazer volume. De fato, Charlie podia ter "operado como entidade financeira sem licença" acidentalmente, pois fora um CEO bem relapso. Porém, aquela omissão na comunicação de atividades suspeitas só sugeria que alguém comprara bitcoins pela BitInstant para praticar atividades ilegais — e a hipótese mais óbvia aqui seria a compra de drogas pelo Silk Road. Após o fim do site, foi aberta a temporada de caça a alvos fáceis: os usuários que recorriam ao Silk Road para fins ilícitos — e os federais deviam ter montado uma unidade só para localizá-los. Se Charlie tivesse sido tão estúpido a ponto de ter deixado, conscientemente, alguém usar a BitInstant para esse tipo de coisa — seria o fim da linha para ele.

"A gente tem que divulgar uma nota", disse Tyler. "Agora mesmo."

Eles estavam a caminho de uma audiência, onde prestariam depoimento na presença do superintendente Lawsky e de outras autoridades e pediriam uma regulamentação razoável para o Bitcoin. Mas o CEO da primeira empresa em que os irmãos haviam investido no setor acabara de ser preso, confirmando as piores ressalvas das autoridades com relação à nova moeda virtual.

Com o auxílio do consultor jurídico Tyler Meade — um ex-promotor que fora assessor dos gêmeos durante a saga do Facebook —, eles rapidamente elaboraram um comunicado:

> *Quando nós investimos na BitInstant, no outono de 2012, a administração da empresa se comprometeu a cumprir a legislação aplicável — incluindo as leis de combate à lavagem de dinheiro. Na época, acreditamos nesse compromisso. Embora a BitInstant não conste das acusações levantadas contra Charlie Shrem, estamos, obviamente, muito preocupados com sua prisão. Fomos investidores passivos na BitInstant e estamos integralmente dispostos a colaborar com as autoridades. Apoiamos plenamente todas as ações governamentais de execução das leis de combate à lavagem de dinheiro e torcemos para que logo sejam implementadas regras mais claras para a compra e venda de bitcoins.*

Se as acusações fossem comprovadas, os irmãos saberiam que tinham sido enganados por Charlie. Tyler e Cameron haviam se esforçado ao máximo para que a BitInstant se tornasse um player importante, não só no Bitcoin, mas também no mundo financeiro. Eles marcaram reuniões para Charlie com grandes investidores, bancos e possíveis sócios, colaboraram para estabelecer a parceria que trouxe as licenças para a empresa e tentaram transformar o jovem CEO no profissional que a BitInstant precisava. Mas nada disso funcionou, e os gêmeos exigiram mais seriedade de Charlie — o que, obviamente, não surtiu efeito.

Tyler sabia que a prisão abalaria a comunidade do Bitcoin. Charlie era um dos maiores nomes do setor, uma grande referência e um membro fundador da Bitcoin Foundation, uma organização sem fins lucrativos coordenada pelas figuras mais importantes da economia digital, criada para desenvolver e promover a imagem do Bitcoin no mundo todo. Tyler achava que muitos Bitcoiners defenderiam Charlie — alguns deles, pelos motivos errados.

"Roger Ver já comentou o caso pra *Forbes*", disse Beth, pela janela do carro. Ela estava alinhada com os pensamentos de Tyler, que olhava para a tela do celular:

> As pessoas são donas dos seus corpos e têm o direito absoluto de colocar o que quiserem neles. Os agentes do FBI e do DEA, que querem prender as pessoas por comprar, vender e usar drogas, são os verdadeiros malfeitores e precisam parar com suas ações. Sonho com o dia em que eles perceberão seus erros e deixarão de promover o mal em nome da "lei".

Para Tyler, essas ideias tinham colocado Charlie na cadeia. As duas declarações, totalmente opostas, refletiam uma divisão na comunidade do Bitcoin. Os libertários e anarquistas viam a moeda virtual como uma arma na guerra contra uma sociedade regida por normas. Por outro lado, cada vez mais interessados na criptomoeda, os empreendedores e os investidores de risco queriam que o Bitcoin entrasse nessa sociedade, uma forma nova e programável de dinheiro para o mundo moderno.

Beth voltou ao prédio para compartilhar a nota com a imprensa. A conexão com Charlie e com os crimes de que ele fora acusado era negativa, mas Tyler e Cameron não haviam feito nada de errado, exceto investir na empresa errada. E na pessoa errada. Os irmãos cometeram um erro, mas ainda tinham um compromisso e um objetivo naquele momento.

"Vamos lá", disse Tyler.

Não era nenhum exagero pensar naquela audiência como uma batalha pela sobrevivência do Bitcoin. Sem a aprovação dos reguladores, o Bitcoin nunca sairia totalmente da obscuridade em que nascera e a indústria das moedas virtuais estaria fadada ao fracasso.

"No pior momento possível", murmurou Cameron, enquanto o SUV se afastava do meio-fio.

"Não sei", disse Tyler. "Talvez tenha sido no melhor momento possível."

Cameron ainda não percebia, mas, na mente de Tyler, a âncora acabara de ser atirada do barco.

28
CAVALHEIROS DE HARVARD

Church Street, número 90.

Um prédio imenso do governo federal, um gigante de calcário sem qualquer atrativo que ocupava um quarteirão inteiro entre a Church Street e a West Broadway. O local abrigava o Departamento de Saúde do Estado de Nova York, a Comissão de Serviços Públicos de Nova York, o Serviço Postal dos Estados Unidos e a sala onde seria realizada a audiência sobre as moedas virtuais.

Sala de reuniões do quarto andar, 11h30 da manhã.

Mais do que qualquer outra, aquela era a hora certa de usar um terno. Cameron estava sentado diante de uma mesa comprida, apinhada de blocos de notas e laptops, em meio a um aglomerado de microfones antigos. À esquerda, ele via Tyler e, à direita, mais três intimados que participariam da sessão principal do primeiro dia de depoimentos. Sentado ao lado de Cameron, estava Fred Wilson, um veterano do capital de risco que entrara de cabeça no mundo das moedas digitais; Wilson tinha o semblante de alguém que já presenciara muitas ondas de tecnologia, incluindo o primeiro boom e a crise das pontocom. Ao lado dele, estava o investidor de risco Jeremy Liew, sócio da Lightspeed Venture. E, no final do banco, Barry Silbert, fundador e CEO da startup SecondMarket.

Atrás de Cameron, havia uma trupe de jornalistas e alguns turistas do Bitcoin que tinham conseguido entrar no local, todos sentados em um mar de cadeiras dobráveis que se estendia até o fundo da sala. Porém, ainda havia bem mais gente assistindo: a audiência estava sendo transmitida em tempo real para mais de 130 países.

Mas, por maior que fosse, o público não estava no centro dos pensamentos de Cameron. À sua frente, no outro lado da vasta e solene sala de reuniões, em uma plataforma que se elevava sobre os intimados e o público em geral como um estrado de juízes medievais, estava o grupo de autoridades reguladoras. Esses indivíduos fariam as perguntas — e, naquele lugar, eles detinham um poder real. O depoimento de Cameron e do seu irmão ocorreria sob juramento — tudo que dissessem poderia ser usado contra eles. Em caso de perjúrio, os gêmeos poderiam acabar na cadeia. Ali, bem perto de Charlie.

Obviamente, o superintendente Lawsky ocupava o centro do estrado, cercado por uma fileira de bandeiras — dos Estados Unidos, do estado de Nova York e outras que só Deus sabia quais eram. Lawsky tinha 40 e poucos anos. Seu rosto evocava uma outra era, quando o serviço público era dominado pela família Kennedy, e seus olhos, escuros e penetrantes, transmitiam inteligência. Ao lado dele, estavam vários representantes do departamento, mas tudo indicava que a audiência seria comandada por Lawsky. Assim que a sala foi colocada em ordem e o barulho de teclados, cadeiras e equipamento de áudio cessou, Lawsky deu início à sessão, cumpriu rapidamente a solenidade dos juramentos e logo mergulhou no tema.

De cara, Lawsky explicou por que tinha reunido as principais estrelas da nova economia naquela sala de reuniões:

"O objetivo aqui é definir as linhas gerais para a regulamentação das empresas que operam com moedas virtuais no estado de Nova York. Seremos o primeiro estado no país a tomar essa iniciativa. E, obviamente, temos que admitir que as moedas virtuais são um território novo e desconhecido para os reguladores."

Ok, isso era razoável. Cameron esperava que todos mantivessem um espírito colaborativo nas audiências e ficou animado com o fato de Lawsky reconhecer que ainda não compreendia totalmente a área. Mas, confirmando as outras expectativas de Cameron, o superintendente logo tratou do elefante na sala.

"A ação policial de ontem destaca a importância de uma demarcação dos limites do setor para coibir a lavagem de dinheiro e outras condutas indevidas."

O jovem gênio, que poderia estar sentado entre os gêmeos naquela sala, promovendo as virtudes do Bitcoin, agora estava sentado no porão da casa da sua mãe, cumprindo prisão domiciliar.

"Falando francamente", continuou Lawsky. "Queremos que a inovação se desenvolva, mas também queremos erradicar a lavagem de dinheiro. Precisamos atingir um ponto de equilíbrio e criar um clima de confiança para as empresas."

Talvez Tyler estivesse certo — a queda de Charlie destacara a necessidade daquelas audiências e de uma intervenção do governo, não apenas para proteger os clientes do Bitcoin e o público em geral, mas também para evitar que pessoas como Charlie fizessem burradas.

Logo na primeira pergunta que fez aos intimados, Lawsky sinalizou que também pensava assim.

"A prisão que vimos ontem jogou uma nuvem de incerteza sobre o setor", disse Lawsky. "Minha pergunta para todos vocês é: como devemos reagir a esse tipo de coisa? Será que todas as tecnologias podem ser utilizadas por delinquentes para fins indevidos? Traficantes usam celulares, mas nem por isso proibimos os celulares. Terroristas usam computadores. Porém, alguns dizem que as moedas virtuais são mais suscetíveis a essas práticas. Não queremos um mundo em que o Bitcoin ofereça um santuário para pessoas que praticam atividades ilícitas."

Lawsky estava lendo os pensamentos de Cameron. A tecnologia não promovia uma ideologia; ela era agnóstica. Certo, a tecnologia fora mobilizada por pessoas mal-intencionadas e gente como Ver, que defendia visões específicas, mas isso não queria dizer que ela era mal-intencionada ou tinha um viés ideológico específico. O Bitcoin era uma tecnologia, e as tecnologias não eram boas nem ruins.

Como o primeiro a se pronunciar, Barry Silbert respondeu de forma sucinta:

"Quando os criminosos são condenados, o sistema está funcionando. Pessoas mal-intencionadas usam todas as tecnologias disponíveis para os seus fins."

Ao lado dele, Liew concordou e complementou, em seu leve sotaque australiano:

"Exato: é um sinal de que as normas estão sendo bem aplicadas pelas autoridades competentes."

Em seguida, Liew fez um comentário que contextualizava a prisão de Charlie — apontando a posição do evento na cronologia do Bitcoin, que coincidia com as experiências dos irmãos Winklevoss.

"Além disso", disse Liew. "Ao longo do tempo, observamos uma mudança nas pessoas envolvidas com o Bitcoin. No início, era uma novidade de interesse acadêmico — depois, começou a atrair pessoas diferentes por diversos motivos. Uma moeda descentralizada, de código aberto — esse tipo de coisa atraiu o primeiro grupo... Muitas dessas pessoas eram libertárias e radicais... O anonimato foi o elemento que atraiu a segunda onda — pessoas interessadas em usar o Bitcoin para ocultar seu comportamento. Nos últimos dezoito meses, outro grupo foi atraído por mais dois aspectos: primeiro, a falta de taxas, o que reduz drasticamente os custos das transações. Segundo, a moeda é programável. Isso mudou a natureza da população do Bitcoin."

Segundo Liew, esse fator era ótimo para os investidores que queriam apostar na nova economia, como ele.

"O mercado dos libertários radicais não é muito grande. O mercado dos criminosos não é muito grande. Mas, quando você oferece transações a custo zero, abre um mercado para toda a população mundial."

Era uma resposta bem ao estilo dos investidores de risco. O capital não estava interessado em bancar operações sujas e ilegais — não por razões morais, mas porque isso não era bom para os negócios. Essa era a visão dos gêmeos desde o início.

Ao responder a pergunta de Lawsky, Wilson foi mais longe e descreveu seu modelo das Cinco Fases do Bitcoin.

"Primeira fase, de 2009 a 2010: desenvolvimento na comunidade do código aberto... Iniciativa de nerds e libertários fanáticos por criptografia. Segunda fase, de 2010 a 2011: coisas pesadas. Silk Road, tráfico de drogas e armas. Terceira fase, de 2013 a 2014: especulação, negociações; estamos no fim desse período. A próxima fase será a transacional, quando estabelecimentos reais aceitarem pagamentos em bitcoins. A fase final será a do dinheiro programável, quando o dinheiro começar a fluir por meio de uma infraestrutura programável."

Dinheiro programável. Para Cameron, a expressão evocava a corrida espacial e obras de ficção científica, mas ele sabia que esse era o próximo passo na economia quase instantânea do Bitcoin. Em essência, o termo se referia a transações programadas entre bancos ou indivíduos com validação automática e alta eficiência. Essa tecnologia permitiria a implementação de contratos inteligentes, que seriam executados automaticamente, sem intermediários nem supervisores. Por exemplo, no futuro, carros e agentes autônomos trocarão valores ao mudarem de faixa em tempo real, ao pagarem por uma rota mais veloz no trajeto etc. — mas não por meio de transferências bancárias, redes ACH ou cartões de créditos, que são métodos muito lentos e caros. Eles utilizarão as criptomoedas. Máquinas não abrem contas no Wells Fargo, mas podem se conectar a protocolos que trocam bitcoins. As criptomoedas foram criadas para as máquinas — logo, eram as moedas ideais para o futuro.

"A fase pesada já passou", disse ele. "A maioria do Bitcoin não adota essas práticas."

Chegara a vez dos gêmeos. A pergunta fora dirigida a todos os intimados, mas poderia ter sido direcionada apenas a eles. Todos ali sabiam que os irmãos tinham investido em Charlie, e todos, na sala e no mundo todo, queriam ouvir o que eles tinham a dizer sobre o caso.

Tyler se inclinou para ficar mais próximo do microfone. Por ser o mais sério e analítico dos dois, os gêmeos decidiram que ele seria o primeiro a falar. Todos os olhos na sala estavam grudados em Tyler, e pessoas do mundo inteiro acompanhavam enquanto ele iniciava sua exposição.

"Acho que ontem foi uma pisada na bola."

Essas palavras, ditas por Charlie após a desastrosa reunião com o investidor de risco da Fintech, resumiam a conduta atual dele. Onde quer que estivesse acompanhando a audiência, se estivesse, provavelmente usando uma tornozeleira eletrônica do governo, ele ficaria abismado com o realismo glacial da resposta de Tyler. Cameron concordava plenamente. Charlie, com sua conduta, havia traído a confiança deles. Os gêmeos Winklevoss já haviam sido traídos antes — e não eram nada complacentes com isso.

"Após o fim do Silk Road", continuou Tyler. "A subsequente hipervalorização indica que a demanda pelo Bitcoin não se baseia apenas em atividades ilegítimas."

Em outro ponto da audiência, Cameron descreveu a fase inicial do Bitcoin.

"Quando conhecemos o Bitcoin, há um ano e meio, todos diziam que era um Velho Oeste, porque não havia regulamentação nem marcos de referência para avaliar os ativos e empresas, ou para determinar quem estava seguindo as regras ou não. E o Velho Oeste sempre atrai cowboys."

Como Tyler, ele agora colocava Charlie no passado — uma relíquia do Velho Oeste, uma figura trágica do tempo dos pioneiros do Bitcoin.

"Acho que todos aqui concordam que um xerife seria um ótimo incremento", disse Cameron.

Caras como Roger Ver já tinham desistido do *sistema* há muito tempo, mas os gêmeos não. Para alguns, eles *eram* o sistema. Porém, havia outros fatores. Eles tinham bons motivos para ser contra tribunais, juízes, advogados, reitores de Harvard, colegas de Harvard, mediadores, homens de terno, gente como o superintendente Lawsky; os irmãos já haviam sido prejudicados por todas essas figuras. Mas eles eram resilientes, isso ninguém podia negar.

Com seus pais, os gêmeos aprenderam a nunca parar de lutar. A vida podia te derrubar muitas vezes, mas você sempre tinha que levantar. Quem já havia perdido um irmão entendia algo sobre a resiliência. Apesar das aparências, apesar do que as pessoas pensavam sobre as suas origens privilegiadas — eles já tinham sido derrubados muitas vezes. A vida nem sempre fora fácil, mas eles ainda acreditavam na boa vontade das pessoas. Além dessas, os gêmeos aprenderam outras lições: eles sabiam que *o evento* em si não era o momento decisivo; o principal era saber lidar com as *consequências*.

Cameron lembrava do seu pai — que, com certeza, estava acompanhando a audiência — lendo para ele e Tyler, ainda crianças, um discurso de Teddy Roosevelt, um membro do clube Porcellian e um verdadeiro Cavalheiro de Harvard:

> Não é o crítico que importa; não é o homem que aponta como o
> forte cai ou onde o realizador poderia ter feito melhor. O crédito
> pertence ao homem que caminha na arena, cujo rosto está
> manchado de poeira, suor e sangue; que luta bravamente; que erra,
> que falha, uma, muitas vezes, porque não há conquistas sem erros
> e falhas; mas que dá tudo de si ao perseguir seus objetivos; que
> vivencia grandes entusiasmos, grandes devoções; que se dedica de
> corpo e alma a uma causa digna; que, no melhor cenário, alcança,
> ao final, o triunfo de uma grande conquista e que, no pior cenário,
> quando falha, pelo menos fracassa em meio a uma grande ousadia,
> de modo que seu lugar nunca será junto daquelas almas frias e
> tímidas que não conhecem a vitória nem a derrota.

Cameron observou a sala, os reguladores na plataforma, os Bitcoiners no banco dos intimados e todos que assistiam ao evento na galeria.

Depois, olhou para seu irmão.

> Aquele que, no melhor cenário, alcança, ao final, o triunfo de uma
> grande conquista.
> Aquele que, no pior cenário, quando falha, pelo menos fracassa em
> meio a uma grande ousadia...

"O Bitcoin é liberdade", disse Tyler aos presentes. "É muito norte-americano."

Naquele momento, Cameron pensou que talvez (talvez...) alguns dos reguladores ali tivessem percebido que o mundo pelo qual os gêmeos estavam lutando também era o mundo pelo qual eles lutavam.

29
O DIA DO JULGAMENTO

Era uma sensação estranha: estar cercado por pessoas e, ainda assim, se sentir completamente sozinho.

Para Charlie, era igual à sensação de morrer de uma doença terrível em uma cama de hospital, cercado por família e amigos, que não poderiam fazer nada além de observar seus últimos suspiros.

Ele sabia que estava sendo mórbido, mas era difícil não ser dramático naquele lugar: o cenário era propício ao drama. Uma antiga e empoeirada sala de audiências, adornada com móveis de madeira, nas profundezas de um prédio público de Nova York. Charlie só pensava no grande número de degenerados — homicidas, incendiários, estupradores, banqueiros — que já tinham se sentado exatamente onde ele estava, naquela cadeira desconfortável ao lado do seu advogado. Quatro metros à sua direita, ele via a equipe de acusação: Serrin Turner, o procurador federal que coordenava o caso desde antes da definição do acordo de Charlie, e vários assistentes. Turner também chefiara a equipe na ação contra o Silk Road, que terminou com a condenação de Ross Ulbricht à prisão perpétua. O grupo de acusação também contava com Preet Bharara, o procurador-chefe do Distrito Sul, célebre por ter obtido a condenação de muitos fraudadores e banqueiros de Wall Street. E, atrás da equipe, estava Gary Alford, o agente da IRS que prendera Charlie no JFK; Alford estava lá para depor e apresentar os resultados do seu trabalho.

Diante de todos, estava o juiz Rakoff, que tinha uma aparência simpática e usava óculos.

Charlie se esforçava para não olhar diretamente para o juiz; ele mal conseguia se controlar. Se olhasse nos olhos do juiz, talvez caísse no choro. Charlie também evitava olhar para trás. Os bancos do tribunal estavam lotados. Ao entrar no local com seu advogado, sentindo o atrito da tornozeleira em sua pele, ele viu todos os assentos ocupados.

Sua família estava lá — não só os parentes mais próximos, mas toda a comunidade judaica ortodoxa de origem síria também viera do Brooklyn para assistir ao show. Duas fileiras atrás, estavam sua mãe, seu pai e suas irmãs; atrás deles, seu rabino, seu vizinho, seu oftalmologista e seu ortodontista. Eles estavam lá para... apoiá-lo? Condená-lo? Testemunhar o evento?

No outro lado do tribunal, estavam Courtney e os pais dela. Mesmo com a sala lotada, Charlie ainda ouvia os soluços de Courtney. Essa área do tribunal também estava cheia de apoiadores, principalmente do mundo do Bitcoin. Gente que trabalhara na BitInstant, colegas de várias conferências, fãs. Muitos desses adeptos eram tão religiosos e fundamentalistas quanto os ortodoxos sentados do outro lado do corredor com seus chapéus pretos.

Mas Charlie sabia que aquele público, de fato, não fazia nenhuma diferença. Se eles estivessem ao lado da cama dele, não poderiam evitar o que estava por vir. Você nasce só e morre só.

E você está sozinho na hora da sentença.

O advogado tocou no braço de Charlie para alertá-lo sobre o início da audiência. O olhar do advogado deveria ser animador; juntos, eles tinham analisado todas as possibilidades nos dias anteriores e chegaram à conclusão de que era improvável uma pena em regime fechado. Afinal, a acusação só tinha alguns e-mails estúpidos. Embora tivesse admitido que foi um idiota ao permitir que um revendedor comprasse bitcoins para movimentar drogas ilícitas no Silk Road, Charlie nunca lavara dinheiro nem traficara entorpecentes. Na verdade, ele até fizera o oposto da lavagem de dinheiro: por pura burrice, Charlie sujou dinheiro em vez de limpá-lo.

DIA DO JULGAMENTO

Ele havia cometido um crime, mas não achava que merecia apodrecer na cadeia por causa disso. Charlie se declarou culpado porque sabia que estava errado e porque uma batalha judicial seria muito cara e arriscada, mas ele não merecia ser trancado no xadrez.

Após uma breve introdução, o advogado dele se pronunciou primeiro. Seguindo o que ficara acertado com seu cliente, o advogado pediu uma pena em regime aberto — o que, para eles, seria mais condizente com o crime.

"Ele só tem 25 anos", argumentou o advogado. "Não sei se ele tem vocação para herói de tragédia grega, mas ele está muito, muito mal. Ele tinha vencido. Tinha encontrado o caminho dele. Ele não se encaixava muito bem na sua pequena comunidade no Brooklyn, então saiu. Ele mergulhou de cabeça nessa ideia maravilhosa e só precisava cuidar dela como se fosse seu bem mais precioso. Mas ele falhou... Não acho que é necessário impor uma pena em regime fechado para que Charlie Shrem compreenda que fez algo ruim, errado e ilegal."

Charlie gostou da exposição e, com um breve olhar, confirmou que o juiz estava ouvindo, mas o procurador logo se levantou para responder.

"O réu facilitava o tráfico de drogas", começou Turner; Charlie sentiu uma queimação no estômago. Soava muito hediondo, mas ele sabia que, tecnicamente, o procurador tinha razão.

"Ele movimentava dinheiro para o comércio de drogas. Sei que esse caso não lembra o quadro habitual do narcotráfico. O crime aconteceu online, não nas ruas. As transações eram digitais, mas ele estava movimentando dinheiro para o mercado das drogas, da mesma forma."

Correto, mas, para Charlie, continuava sendo injusto. Em essência, ele ajudava as pessoas a obterem bitcoins e acreditava que isso era algo positivo, que estava fazendo do mundo um lugar melhor. Ele oferecia uma forma de liberdade. Será que eram as vozes de Roger Ver e Erik Voorhees falando de novo em sua mente?

Ele já não sabia mais o que pensar.

Por último, o juiz permitiu que Charlie se manifestasse.

253

Tremendo, ele tentou expressar o que estava pensando em palavras. Charlie divagava e sabia disso; ele estava assustado, mas sua família, e o bairro todo, estava lá, atrás dele, observando.

"Eu vacilei total, Meritíssimo. Meu advogado e o sr. Turner têm razão quando dizem que eu recebi uma responsabilidade e falhei comigo mesmo, com a minha família e com a comunidade do Bitcoin."

Ele ouviu uma onda de murmúrios às suas costas, mas continuou; os pensamentos surgiam cada vez mais rápido, talvez rápido demais.

"É tipo o filme *Homem-Aranha*, que todo mundo assistiu quando era mais novo. A fala que todo mundo se lembra é aquela do 'com um grande poder vem uma grande responsabilidade'. Sempre que eu assistia eu não entendia direito — com um grande poder, como assim?"

Ele já estava viajando, mas não se conteve. Era a sua oportunidade de falar depois de um ano de puro inferno. Preso naquele porão, pela tornozeleira e pelo dinheiro da fiança. Seus pais sempre ameaçavam retirar o depósito da fiança, especialmente quando descobriram que ele ainda falava com Courtney.

"Quando você tá em uma posição de poder, é bem mais difícil manter a autorresponsabilidade e ser moralmente responsável. É bem mais fácil quando você não tem nada na cabeça. Eu fracassei nisso. Eu era muito jovem. Eu tinha 22 anos e era o CEO e o diretor de conformidade. A empresa era tocada por mim e pelo meu sócio, em uma sede no porão."

O advogado se mexeu na cadeira ao lado, e Charlie entendeu que precisava se controlar, se acalmar, mas ele ainda não terminara. Havia um público ali e, com certeza, em algum canto, também tinha um microfone, então Charlie continuaria falando.

"Transgredi a lei, e foi uma transgressão muito grave. Me arrependo muito de ter feito isso. Me desculpem por ter falhado com vocês e com o país, mas eu tenho um grande apreço e quero mudar o mundo e estou tentando... Eu era um garoto e quero ser lembrado como alguém que deu sua contribuição, por menor que seja, pra mudar o mundo..."

Ele olhou diretamente para o juiz. Charlie estava desabafando.

"Eu amo o Bitcoin. É tudo que eu tenho. É a minha vida. Minha missão aqui na Terra é contribuir pra criação de um sistema financeiro mundial sem discriminação nem corrupção. Acredito que o Bitcoin vai fazer com o dinheiro o que o e-mail fez com o serviço postal. Com essa tecnologia, todos são iguais. Os habitantes da África, do Oriente Médio e da Ásia vão ter as mesmas oportunidades com o Bitcoin, porque o dinheiro e as informações fluem em tempo real no sistema peer-to-peer. Isso é muito importante pra mim. Se o senhor, Meritíssimo, me permitir, eu adoraria voltar a trabalhar pelo mundo e orientar outras pessoas pra que elas não façam coisas idiotas como as que eu fiz."

Charlie parou e percebeu que a sala inteira estava olhando para ele. O juiz, seu advogado, a equipe de acusação, sua família, os Bitcoiners. Ele engoliu em seco e, lentamente, se sentou na cadeira.

"Mais uma vez, peço desculpas", disse ele, e tossiu.

Houve outra pausa, enquanto o juiz observava Charlie.

Então, era chegada a hora. Inicialmente, o juiz fez uma breve exposição e disse que, de fato, Charlie era brilhante, talvez inteligente demais, o que era um risco, pois ele se adiantava muito nas ideias e não prestava atenção no que estava à sua frente; mas Charlie era jovem e, com certeza, ainda faria grandes coisas. Depois, veio a sentença.

"O tribunal determina uma sentença de dois anos. O réu está condenado a uma pena de dois anos de reclusão em regime fechado."

De repente, a sala se afunilou e formou um longo túnel, e Charlie encolheu até ficar bem pequeno. Ele ouviu sua mãe chorando de um lado e Courtney chorando do outro, gritos de indignação de apoiadores do mundo do Bitcoin, um sussurro do advogado, dizendo que ele só cumpriria 85% da pena, parte disso poderia ser em regime semiaberto, ele poderia arranjar um emprego, algo simples, ajudante de cozinha em um restaurante, por exemplo. Ele ficaria bem, tiraria de letra e, quando saísse, ainda seria jovem, ainda estaria na casa dos 20. Ele não precisava ter medo.

Então, Charlie olhou para o advogado, saindo do túnel, voltando a si, e percebeu que, pela primeira vez desde a prisão, não sentia medo. Ele estava — aliviado.

Charlie passara quase um ano trancado no porão, bebendo, fumando, sendo arrastado para o templo todos os sábados e usando o tefilin todas as quintas. Sempre que podia, ele ligava escondido para Courtney para manter a sanidade. Charlie até participou, por Skype, de uma ou duas conferências sobre o Bitcoin e, em frente à tela, chegou a berrar, em um microfone bluetooth pendurado na orelha, que a tornozeleira eletrônica era pesada demais. Depois, assistindo aos vídeos, Charlie ficou chocado com seu surto de loucura. Mas essa fase havia acabado agora.

Agora, ele passaria um tempo na cadeia. Depois, lavaria pratos, cortaria grama, tanto fazia.

Assim que se reerguesse, ele voltaria para o Bitcoin. Afinal, tudo que Charlie acabara de dizer ao juiz não fora apenas um jogo de palavras nem um mero pedido de clemência. Esse grito vinha da sua alma. Talvez isso explicasse por que ele se sentia tão bem agora. O Bitcoin era a vida dele. Ele estava indo para a prisão — *por vender bitcoins*. Mas quer saber? Ele tiraria de letra. Depois, recomeçaria.

Seus pais chegaram ao cercado de madeira que separava o público do local onde ele estava sentado. Eles queriam ir até ele: estavam chorando, chamando seu nome. Mas Charlie nem olhou para eles. Em vez disso, ele se voltou para o advogado.

"Será que dá pra tirar todo mundo daqui e só deixar a Courtney?"

O advogado sinalizou para os oficiais, que concordaram. O pessoal da segurança teve que escoltar a mãe e o pai de Charlie para fora do recinto. Em pouco tempo, sobraram apenas ele, ainda na mesa do réu, e Courtney, que o abraçava.

"Tudo vai dar certo", disse ele, enquanto ela chorava. "A gente vai ficar bem."

E o melhor dessa declaração era que ele sabia que era verdade. Então, Charlie a abraçou — e seus olhos se encheram de lágrimas.

30
RECOMEÇO

No meio da tarde, durante a última semana de agosto, Cameron caminhava por uma paisagem lunar pós-apocalíptica. Seus tênis levantavam nuvens de areia tórrida enquanto ele atravessava a *playa* sob um sol intenso. Ele usava uma bermuda cargo, e praticamente só isso; o ar estava tão quente que Cameron podia vê-lo pelos óculos de sol — óculos muito grandes, do tipo que se usava para soldar ou esquiar. Moléculas de oxigênio, nitrogênio e carbono rolavam em espirais em torno da cabeça dele. A temperatura estava entre 32°C e o infinito, mas Cameron não ligava; ele não parara de sorrir desde que descera com seu irmão do pequeno monomotor Cessna na pista de pouso improvisada daquela estranha cidade deserta. Se o cenário era pós-apocalíptico, então fora o apocalipse mais simpático que Cameron poderia ter imaginado.

"Espetacular, não é?", disse Tyler, desembarcando de uma bicicleta suja de terra para se juntar a Cameron na *playa*. Ele também usava uma bermuda e um colete estilo *Mad Max*, com os óculos nos cabelos.

Tyler podia estar falando sobre várias coisas. Sobre o deserto, que se estendia por 120 mil hectares de *playas* e campos de lava no norte de Nevada, cercados por montanhas e colinas. Ou sobre a "Black Rock City", uma estrutura efêmera que surgira — no final de agosto, como em todos os anos — perto de onde eles estavam agora, uma obra de arte, bem planejada e genial, no formato de um relógio imenso que continha outros doze relógios menores, em círculos concêntricos, cada círculo com um raio proporcionalmente menor ao do anterior, como uma boneca russa. Tyler também podia estar se referindo às milhares de barracas espalhadas pelo deserto, cobrindo todas as posições entre as extremidades do relógio maior e do menor, começando no marcador das 14h e seguindo em sentido horário até o marcador das 22h — tendas espartanas, domos e yurts, mas também construções elaboradas e fantásticas que abrigavam dezenas de pessoas. Ou às instalações artísticas e esculturas entre as barracas — de fato, algumas dessas obras eram barracas, mas também havia pirâmides, OVNIs e carcaças imensas de jumbos, estruturas geométricas, estátuas, templos, poliedros. Ou aos carros estilizados que, lentamente, percorriam o relógio no deserto, centenas de Pac-Mans que circulavam por aquele labirinto de barracas, veículos mutantes em forma de caixas de som, navios piratas, tubarões, locomotivas a vapor, calhambeques, dragões e polvos que soltavam jatos de fogo. À noite, alguns acampamentos eram iluminados por varais de lâmpadas e painéis de LED, outros utilizavam luzes estroboscópicas, lasers, lâmpadas fluorescentes, tochas e fogueiras. Aquele evento transformara um pedaço de deserto estéril e inóspito em uma cerimônia fantástica, cheia de cores vívidas.

Por outro lado, Tyler também podia estar falando sobre o The Man, erguido no centro da estrutura como um arranha-céu humanoide de dez metros de altura, uma obra feita inteiramente de gravetos empilhados. No final do festival, que duraria uma semana, o The Man seria queimado, uma tradição que originara o nome do local e simbolizava um dos princípios mais essenciais do evento: "Autoexpressão Radical". Muitos dos "Burners", como eram conhecidas essas 70 mil pessoas acampadas no deserto, viam essa cerimônia como uma peregrinação anual de contornos quase religiosos.

Perto do Burning Man, estava o Templo, a estrutura espiritual que abrigava sua "Alma". O local era um santuário de madeira catártico onde as pessoas deixavam fotos e bilhetes e escreviam mensagens para si mesmas, para entes queridos ou, às vezes, para algum desconhecido que aparecia por lá. Nas mensagens, havia conselhos, sabedoria, alegria, felicidade, gratidão, inspiração, desilusão, mágoa, perda, trauma, dor; as emoções e experiências mais profundas dos seres humanos, que viviam na Terra e passavam por todas as suas vicissitudes. O Templo era um dos poucos lugares silenciosos na *playa*. Lá, em meio ao som delicado dos sussurros, soluços e abraços, você podia ouvir seus pensamentos e, quem sabe, até suas próprias lágrimas. Essa viagem emocional (que, por vezes, era extenuante) produzia um sentimento intenso de gratidão e paz interior. No último dia do festival, o Templo era queimado e liberava todo esse conteúdo emocional em uma descarga, em um renascimento, em um ato tão poderoso e espiritual que suavizava a dor de todos e iniciava o processo de cura, fechando um capítulo e anunciando um recomeço.

Cameron não sabia ao certo por que Tyler e ele estavam no Burning Man; um convite de um amigo, uma fuga da umidade da Costa Leste, pura curiosidade... Mas ele estava feliz. Aquela atmosfera do deserto podia transformar qualquer pessoa; mesmo que essa mudança fosse efêmera, valia a pena experimentar a sensação.

Os irmãos estavam hospedados no "Lost Lounge", uma estrutura feita de cubos de lona que funcionava como um hotel improvisado no deserto. Lá dentro, em diferentes cubos, havia uma cabine de DJ, uma cozinha coletiva, pistas de dança e espaços para ficar de bobeira, fazendo o que desse na telha.

Situado no marcador das 8h do relógio central — o Airstrip —, o Lost Lounge ficava a quinze minutos de caminhada (ou menos tempo de bicicleta) do local onde os irmãos estavam agora: do outro lado da Esplanade, a área vasta e empoeirada no centro de todos os relógios, onde, bem no meio, ficava o The Man, o eixo dos ponteiros imaginários daquele imenso relógio de sol conhecido como Black Rock City. No momento, Cameron estava contente, caminhando na divisa entre a Esplanade e o Airstrip e, de vez em quando, parando para conferir as ruas e becos radiais que cruzavam os relógios nos marcadores de quinze e trinta minutos e explorar alguns dos milhares de acampamentos que cobriam aquele pedaço do deserto. Andar a esmo, sem nenhum objetivo, era um dos grandes charmes do Burning Man.

Enquanto caminhavam, eles passaram por vários grupos de Burners que estavam fazendo a mesma coisa, homens e mulheres de todas as idades, de adolescentes a septuagenários, vestidos com trajes adequados ao cenário — e, em alguns casos, sem nenhuma roupa. Couro, penas, óculos, faixas, correntes, botas, luvas, chapéus — o típico desfile de moda antes de um fim do mundo iminente.

Andando no sentido horário pela Esplanade, Cameron viu um grupo se aproximando deles. Eram cinco ou seis jovens usando bermudas, quase todos sem camisa e cobertos de poeira. O grupo já se afastava, quando um dos Burners parou de repente e olhou para os irmãos.

"Com licença, sem querer interromper", disse ele, com certa formalidade. "Vocês são os gêmeos Winklevoss?"

Eles já tinham ouvido essa pergunta tantas vezes que já era quase como um ruído de fundo. O Burner tinha um rosto infantil, quase angelical, e cabelos escuros encaracolados. Cameron não o reconheceu, mas ele parecia ter a idade dos irmãos, talvez um pouco mais novo. De fato, com aquela indumentária da *playa*, coberto de terra, talvez Cameron nem reconhecesse Tyler se não estivesse bem ao lado dele.

"Somos sim", disse Cameron.

"Uau. Muito legal. Sou Dustin Moskovitz."

Cameron podia não reconhecer o rosto, mas certamente conhecia o nome. Moskovitz fundara o Facebook com Mark Zuckerberg e fora o número dois da rede social até sair, em 2008, para abrir a Asana, uma plataforma que auxiliava equipes a produzirem com mais eficiência. Segundo a *Forbes*, Moskovitz fora a pessoa mais jovem na história a se tornar bilionária; ele possuía cerca de 2% do Facebook e era oito dias mais novo que Mark Zuckerberg.

Eles estudaram em Harvard na mesma época, mas andavam em círculos muito diferentes. Cameron nunca estivera com Moskovitz e não conseguiria identificá-lo na fila da padaria. Porém, Moskovitz também fora citado como réu na ação dos gêmeos e, sem dúvida, acompanhara o processo, como o mundo todo, naqueles anos de peregrinação judiciária. Cameron sabia que Moskovitz e Zuckerberg eram bem próximos e que, provavelmente, ele via os irmãos como adversários, talvez até como arqui-inimigos. Por outro lado, talvez Moskovitz só tivesse sido tragado pelo furacão jurídico, sem nenhum envolvimento nas dissimulações de Zuckerberg. Porém, ele devia estar alinhado com a versão de Zuckerberg sobre a origem do Facebook, não com a dos irmãos.

Cameron ficou parado, enquanto a poeira serpenteava entre ele, Tyler e o ex-número dois do Facebook. Cameron olhava para Moskovitz, e Moskovitz olhava para ele. Até que, de repente, Moskovitz se aproximou e lhe deu um abraço.

Era um momento clássico do Burning Man. Lá, o princípio da "inclusão radical" era essencial. A cena teria sido totalmente diferente se tivesse ocorrido no mundo real, fora daquele pedaço de deserto, em Nova York ou no Vale do Silício. Aliás, o mundo exterior permitiria algo do tipo? Ou alguma força, alguém ou algo impediria? Impossível saber, porque a cena ocorreu lá, dessa maneira. E, pelo menos durante aquele breve momento do abraço na *playa*, o passado ficou no passado — e o rio dos conflitos passou sob a ponte.

RECOMEÇO

Depois, Moskovitz apertou as mãos dos dois e convidou os gêmeos para comer queijo grelhado em uma festa no acampamento dele no dia seguinte. Porém, ocupado demais com seus sentimentos, Cameron acabou esquecendo a localização do acampamento. Talvez fosse melhor assim; ele soube depois que Zuckerberg pegara um helicóptero até o Burning Man para ajudar a servir os queijos grelhados. E se Cameron e Tyler estivessem lá? O que aconteceria? Eles dariam um abraço em Zuckerberg? Na *playa*, em meio ao pó da terra e ao mar da humanidade, a tanta espiritualidade, amor e gratidão, será que os Winklevii e Zuckerberg deixariam tudo para lá e comeriam queijos grelhados juntos?

Bem, a ideia era boa.

Cameron abriu os olhos e se viu sentado em frente à mesa do seu escritório de vidro em Nova York, bem longe do deserto, da Black Rock City, do Burning Man e da paisagem sem fim da *playa*. Às vezes, era difícil saber por que uma memória específica surgia na mente; aquele abraço na Esplanade agora parecia um episódio da antiguidade. No entanto, a cena já vinha se infiltrando em seus pensamentos há algum tempo. Talvez fosse porque Tyler e ele haviam fundado uma startup, a primeira desde a Harvard Connection/ConnectU, quase uma década atrás.

A ideia ganhou o nome de Gemini — uma bolsa de moedas virtuais totalmente compatível com as regras vigentes, sediada em Nova York.

Com o fim do Silk Road, o Mt. Gox passou a ser o maior risco no mundo do Bitcoin. Duas semanas após a prisão de Charlie e as audiências do NYDFS, onde os gêmeos se apresentaram diante de Lawsky e outras autoridades, o Mt. Gox sofreu um grande colapso. Em uma jogada desesperada, Karpeles recorreu aos gêmeos, pedindo um empréstimo de emergência para salvar o site. Mas já era tarde demais — 800 mil bitcoins tinham sido roubados das contas dos clientes por hackers sofisticados —, uma perda avaliada em mais de US$ 450 milhões na época.

Após o fim do Mt. Gox, os gêmeos concluíram que o Bitcoin precisava urgentemente de uma nova onda de empreendedores e empresas que pudessem varrer os destroços da primeira onda — os Charlies, os Karpeles. Se não houvesse um lugar seguro para a compra, venda e armazenamento das moedas virtuais, a inovação logo morreria. Mesmo antes do colapso do Mt. Gox, Cameron e Tyler estavam à procura de empreendedores interessados em criar a próxima geração de bolsas — mas não encontraram ninguém com uma abordagem que avaliassem como correta.

Os gêmeos acreditavam que, para ter sucesso, o DNA da bolsa precisava incorporar quatro fatores essenciais: licenças, conformidade, segurança e tecnologia. Eles conversaram com alguns empreendedores que tinham a tecnologia certa, mas não priorizavam a conformidade; outros não estavam focados na segurança. Sempre havia algum atalho ou risco no projeto. Então, como ninguém priorizava igualmente os quatro princípios, os irmãos decidiram se encarregar do negócio.

Em 23 de janeiro de 2015, Cameron anunciou esses planos para o mundo todo:

> É com orgulho que, hoje, Tyler e eu anunciamos a Gemini: a próxima geração do mercado de bitcoins. Mas o que seria exatamente essa "próxima geração"? Trata-se de uma bolsa de bitcoins totalmente funcional e em conformidade com a legislação aplicável, com sede em Nova York e aberta a pessoas físicas e jurídicas. Por quê? Porque já era hora...

Cameron sabia que o projeto era ambicioso, uma grande aposta na linha da aquisição de 1% das novas moedas e do ETF, que ainda não fora concretizado. Os irmãos já estavam montando a equipe da Gemini há mais de um ano. O objetivo deles era simples: contratar os principais especialistas do país em segurança, tecnologia e engenharia financeira para criar uma plataforma de alta performance, voltada para trocas de criptomoedas e com foco na segurança. Uma bolsa totalmente funcional no coração do antigo mundo financeiro: Nova York. Uma empresa que pedia permissão em vez de perdão. Os irmãos não queriam burlar as regras, mas colaborar na elaboração delas. Diante da incrível ambição desse novo empreendimento, ao batizarem a empresa, eles escolheram o nome de um dos primeiros programas espaciais da NASA: Gemini. Cameron gostava dessa referência ao segundo projeto de voo espacial da NASA, uma extensão entre o programa Mercury, que colocou os astronautas em órbita, e o Apollo, que os levou até a lua: se desse certo, a Gemini seria uma ponte para o futuro do dinheiro.

Mas eles não estavam pensando apenas em espaçonaves quando escolheram o nome. Em latim, *gemini* significa "gêmeos". Como os irmãos explicaram na apresentação, a palavra "destacava o conceito de dualidade". Na plataforma Gemini, ocorreria a fusão entre o antigo mundo do dinheiro e o futuro, dominado pelas moedas virtuais.

Oito meses após o anúncio, em 5 de outubro de 2015, a Gemini abriu as portas para o mundo.

A meta não era apenas construir uma empresa bilionária — um "Unicórnio", no dialeto do Vale do Silício —, mas ir mais longe. Uma empresa que duraria 100 anos — um "Centurião", nas palavras deles. Cameron e Tyler estavam de olho no jogo em longo prazo. Segundo uma piada recorrente entre eles, a Gemini queria ser a tartaruga mais rápida da corrida.

Além de fundadores, Cameron e Tyler também eram os investidores da Gemini, por meio da Winklevoss Capital. Eles não estavam encostando o dedo na água — estavam totalmente imersos.

Sentado em sua sala, Cameron questionava se a memória insistente da cena no Burning Man tinha alguma relação com esse retorno ao empreendedorismo. Era a primeira vez desde a faculdade, desde que os gêmeos tinham levado a ideia deles para Mark Zuckerberg.

Será que Cameron sempre lembrava daquele encontro com o número dois do Facebook porque Tyler e ele haviam chegado à fase de superação do ponto de partida? Será que o segundo ato deles tinha superado o primeiro?

Cameron percebeu que seu irmão estava na porta da sala e imaginou que, se Tyler soubesse no que ele estava pensando, diria que era uma análise excessiva da situação. Cameron sempre foi o mais sonhador. Para Tyler, a vida real não tinha primeiro, segundo nem terceiro ato. A vida era um barco descendo um rio.

"Você viu?", disse Tyler, do nada, como se fosse a pergunta mais trivial do mundo.

Cameron olhou pela porta aberta: o movimento na Winklevoss Capital, que agora também era a sede da Gemini, estava a todo vapor. Eles aumentaram o ritmo das contratações para acompanhar o crescimento da Gemini e do Bitcoin, e Cameron só reconhecia metade das pessoas nas mesas do escritório, um mar de monitores, engenheiros de software, membros da equipe operacional e equipe de suporte ao cliente, entre outros. O ETF ainda era um sonho, mas a Gemini seguia de vento em popa e, desde janeiro do ano anterior, o preço do bitcoin vinha aumentando em um ritmo constante.

"Viu o quê?", perguntou Cameron.

"Olha aí no computador."

Sentado, Cameron se voltou para a tela sobre a mesa. Seus olhos logo encontraram o símbolo de sempre na parte inferior do monitor. Ele ficou imóvel. Se Cameron não conhecesse bem a tela, na certa teria pensado que era um erro — um zero a mais, uma falha de pixels.

O preço do bitcoin acabara de atingir a marca de US$ 10 mil. Cameron sabia que muitos motivos explicavam esse salto incrível: regras mais claras haviam sido implementadas para as criptomoedas e, no geral, as pessoas já não achavam que os governos proibiriam essas novas formas de dinheiro. Um grande número de empreendedores habilidosos tinha entrado no setor, aumentando a infraestrutura e facilitando a compra, venda e armazenamento de bitcoins. As informações circulavam bem mais, e as pessoas agora viam que o Bitcoin não era o Silk Road e que a tecnologia tinha muito a oferecer.

De fato, esse processo lembrava o da internet, que começou como um nicho, uma ferramenta inacessível, e se proliferou com o tempo, acompanhando o surgimento da infraestrutura e de aplicativos mais acessíveis e a entrada de um número maior de empreendedores no setor. Por isso, o preço do bitcoin tinha disparado — e agora estava em US$ 10 mil.

O cálculo não foi difícil para Cameron. Naquele momento, o valor total do mercado de bitcoins ultrapassava os US$ 200 bilhões. Desde 2011, eles haviam adquirido 1% desse mercado. E nunca tinham vendido nenhum bitcoin.

Cameron olhou para o irmão e sorriu.

"Tenho dois metros de altura, peso 100 quilos e sou dono de um bilhão de dólares em bitcoins", disse ele. "Ah, e existo em dose dupla."

Seu irmão já tinha a outra fala na ponta da língua:

"Um milhão de dólares não é legal. Sabe o que é legal? Um bilhão de dólares... Em bitcoins."

Agora, Cameron e Tyler Winklevoss eram oficialmente os primeiros bilionários do Bitcoin no mundo.

31
DE DUMAS A BALZAC

Dia 4 de janeiro de 2018.
Hacker Way, Número 1, Menlo Park, Califórnia.

Um campus ultrassofisticado no coração do Vale do Silício, sede de uma das maiores empresas do planeta.

Imagine um canto bem iluminado em meio a um vasto salão, repleto de cubículos. Um homem de 30 e poucos anos com jeito de menino. Logo abaixo dos cabelos levemente encaracolados, em tons de cobre, um rosto inexpressivo fixado na tela de um notebook. Um moletom cinza, chinelos, bermuda.

O salão faz parte da base que ele montou para desenvolver uma ideia que inicialmente era uma revolução, mas que depois se tornou outra coisa, um negócio bilionário, imenso, onipresente e, neste momento, controverso; talvez essa ideia consiga superar mais uma "pisada na bola" em sua busca incessante por adesão total e dominação mundial, talvez tenha iniciado um processo de desgaste.

Alheio ao salão, o homem, ainda com jeito de menino, apesar de ser casado e pai de dois filhos, começa a digitar.

Como faz todos os anos nessa mesma época, ele precisa escrever uma declaração de missão, analisando seus avanços desde o ano anterior e comunicando ao mundo seus planos para o próximo ano. Ninguém se atreve a perguntar por que ele precisa escrever isso. Como CEO do titã que conectou o mundo e mudou radicalmente as formas de interação humana, ele é uma das pessoas mais poderosas do planeta. Logo, as palavras dele têm um grande peso.

"Todo ano, eu me proponho o desafio pessoal de aprender algo novo", começava sua declaração. "Já visitei todos os estados dos EUA, corri 580 quilômetros, construí uma IA para minha casa, li 25 livros e estudei mandarim..."

Era uma lista e tanto. Ele continuou digitando, saindo das conquistas e entrando na história, contando sobre o início da sua busca por essas experiências, em 2009, quando a economia estava mal das pernas e antes de sua empresa registrar lucro. Isso porque a situação atual parecia bem semelhante:

"Hoje, o mundo está tenso e dividido..."

Mas o problema não era só a fragmentação do mundo. Para muitos, a empresa dele estava incentivando essa tensão. Houve muitos erros e excessos. Notícias falsas foram injetadas na rede e encaminhadas a milhões de pessoas desinformadas. A escala da interferência eleitoral fora tão grande que podia ter alterado o curso da história. Volumes imensos de dados de usuários foram compactados, distribuídos, roubados por hackers. Um modelo de negócios baseado na alteração de vidas privadas...

"Talvez, à primeira vista, isso não soe como um desafio pessoal, mas acho que aprenderei mais se mantiver um foco intenso nessas questões em vez de me concentrar em um objeto sem nenhuma relação com elas. Esses pontos envolvem temas de história, educação cívica, filosofia política, mídia, governo e, claro, tecnologia..."

Em algum ponto daquele salão imenso, em uma das dezenas de estações de trabalho, um dos muitos monitores poderia muito bem estar ligado, exibindo uma tela com o preço atual do bitcoin. Naquele momento, a moeda virtual custava pouco mais de US$ 16 mil. Qualquer análise concluiria que o valor era incrível — considerando que, em 2009, na fase inicial que ele acabara de mencionar na carta, o Bitcoin estava no início da sua jornada, e seu preço nem chegava a um centavo por moeda.

Sem dúvida, ele conhecia aquela história — essa era sua abordagem para tudo. Ele estudava, aprendia, *consumia*. Ele devia saber que o preço do bitcoin chegou à paridade com o dólar norte-americano em 2011. O valor continuou subindo, mas a moeda virtual era praticamente desconhecida até que os eventos de 2013 na pequena ilha do Chipre elevaram o preço para além de US$ 250. E, depois de muitos períodos de volatilidade, no final de 2013, o valor chegou à marca de US$ 1 mil.

Em novembro de 2017, o preço ultrapassou os US$ 10 mil e dobrou no mês seguinte, atingindo um pico de US$ 20 mil antes de voltar para o nível atual. Era impossível saber ao certo como o preço se comportaria ou mesmo compreender a natureza do Bitcoin no momento. Era uma commodity em meio a uma bolha? Uma nova moeda? O futuro do dinheiro? Um novo sistema que anunciava um outro mundo, mais descentralizado?

Em todo caso, esse *processo* já vinha ocorrendo há alguns anos, desde 2009, e *ele* não acompanhara, ou não levara a sério, ou só optara por não interferir.

Mas outros *acompanharam* e levaram a *sério*. Algumas pessoas não só acumularam bitcoins, como também contribuíram para esse incrível sucesso.

Ele voltou a digitar.

"Atualmente, uma das questões mais interessantes no setor de tecnologia é o antagonismo entre centralização e descentralização. Muitos de nós entramos nessa área porque acreditávamos que a tecnologia era uma força descentralizadora que colocaria mais poder nas mãos das pessoas... Hoje, muitos perderam a fé nessa promessa. Com o advento de um pequeno número de corporações de alta tecnologia e governos que usam inovações para monitorar seus cidadãos, muitos passaram a acreditar que a tecnologia, de fato, centraliza o poder em vez de descentralizá-lo."

Era irônico: essa rapidez com que a tecnologia se desvirtuava, como uma revolução se transformava no adversário que combatia no início, o establishment, um monopólio centralizado, um cartel que mantinha o mundo todo como refém em troca de dados.

"Nesse cenário, existem tendências importantes — como a criptografia e as criptomoedas — que tiram poder dos sistemas centralizados em prol das pessoas. Mas essas tecnologias são mais difíceis de controlar, o que é um risco. Pretendo me aprofundar no assunto, estudar os aspectos positivos e negativos dessas inovações e avaliar a melhor forma de adotá-las em nossos serviços..."

Criptografia e criptomoedas — tendências disruptivas que os bárbaros digitais, bem próximos do portão, poderiam usar para destruir impérios.

Mas, de fato, as revoluções eram bem parecidas com as ideias de negócios. Elas podiam brotar totalmente de uma mente criativa, brilhante: talvez de um garoto genial que só usava moletons e chinelos. Podiam ser usurpadas, emprestadas, alteradas para transmitir uma imagem especial. Podiam ser desvirtuadas — intencionalmente (por lucro) ou involuntariamente, vitimizadas pelo seu próprio crescimento, desenvolvendo células cancerígenas. As revoluções podiam até ser roubadas.

Não dava para prever com certeza o que aconteceria; talvez ele estivesse escrevendo uma declaração de missão para apaziguar seus muitos detratores, reconhecendo o som das hordas digitais que se aproximavam, marcando posição ou só contemplando o cenário.

Em todo caso, ele pressionou mais algumas teclas e postou a declaração em seu blog, enviando instantaneamente essas palavras para mais de 100 milhões de seguidores, só uma fração das 1,5 bilhão de pessoas que utilizavam os serviços da sua empresa diariamente.

Depois, ele desligou o computador e observou a tela escurecendo.

Epílogo
Por Onde Andam...?

Como *Bilionários por Acaso* e *A Rede Social*, que contam a história da fundação do Facebook — no primeiro ano da criação e adoção da rede —, *Bilionários do Bitcoin* conta a história tanto dos personagens aqui descritos quanto da criptomoeda em si. Na última década, acompanhamos o crescimento do Facebook e suas mudanças, e será igualmente interessante observar o desenvolvimento do Bitcoin. Na minha opinião, a nova era das criptomoedas está apenas começando.

Uma das principais críticas às criptomoedas ressalta sua alta volatilidade, que vimos acentuadamente no ano passado. Desde que comecei a escrever este livro, o preço do Bitcoin caiu mais de 70%; ao mesmo tempo, o setor de criptomoedas cresceu intensamente, e novas entidades de serviços, investimento e desenvolvimento dessa nova tecnologia surgem todos os dias. O blockchain se disseminou, e não há fronteiras para o Bitcoin; em quase todos os países, os defensores dessa inovação continuam exercendo seu HODL (ou seja, conservando suas moedas virtuais), embora Wall Street ainda tenha dificuldades para compreender o lugar das criptomoedas nas estruturas financeiras, que se revelam mais antiquadas a cada dia.

Não tenho nenhuma dúvida: a revolução do Bitcoin é real e as criptomoedas chegaram para ficar.

No momento, Tyler e Cameron Winklevoss ainda são bilionários do Bitcoin e dividem os cargos de CEO e presidente da Gemini, uma bolsa de criptomoedas que conta com mais de 200 funcionários e continua crescendo. A Gemini é conhecida no mundo todo como o estabelecimento mais funcional do setor para trocas e custódia de moedas digitais e já está avaliada em mais de US$ 1 bilhão. Os gêmeos também investiram na Ether, Zcash, Filecoin, Tezos e muitas outras criptomoedas.

Tyler e Cameron ainda são os maiores defensores do Bitcoin. Para eles, a moeda virtual já trilhou um longo caminho desde a origem, mas ainda tem muito a oferecer. Se o Bitcoin é o ouro 2.0, seu preço ainda está drasticamente subvalorizado. O mercado do ouro vale US$ 7 trilhões; atualmente, o valor total do Bitcoin corresponde a uma fração desse montante.

Aconteça o que acontecer, a história do Bitcoin está bem longe do fim. A tecnologia da moeda digital só agora começou a se infiltrar nos setores financeiro e tecnológico e na web. Além do dinheiro, as chaves privadas e o blockchain do Bitcoin podem descentralizar *dados* e, assim, "devolver a internet para as pessoas" — liberando as informações dos usuários dos silos monopolizados pelo Facebook, Google, Amazon etc. Ironicamente, o Bitcoin e seus hashes podem ter sucesso onde o Facebook falhou de maneira espetacular: em proteger os dados dos usuários contra hackers, uso indevido e autoridades absolutas, viabilizando uma forma de comunicação online, verdadeiramente gratuita.

Roger Ver renunciou formalmente à cidadania norte-americana e, atualmente, divide seu tempo entre St. Kitts, Japão e o resto do mundo. Uma voz importante no universo das criptomoedas e uma figura controversa online (com mais de meio milhão de seguidores no Twitter), Ver está envolvido em uma verdadeira guerra civil na comunidade do Bitcoin. Com um grupo de Bitcoiners, ele criou o "Bitcoin Cash", que adota outra abordagem na escala e no tamanho do bloco para transformar a criptomoeda em algo que substituirá o dinheiro mais facilmente. Ver continua investindo em empresas do setor e dedica grande parte do seu tempo ao site Bitcoin.com, cuja equipe recentemente superou a marca de 100 funcionários. O Bitcoin.com desenvolve ferramentas para viabilizar interações financeiras sem supervisão governamental entre pessoas do mundo todo.

Atualmente, Erik Voorhees mora em Denver, no Colorado, onde atua como CEO da Shapeshift, um marketplace de criptomoedas fundado por ele; nesse serviço, os clientes trocam uma forma de criptomoeda por outra instantaneamente. Em um primeiro momento, a empresa não coletava dados pessoais dos usuários nem retinha moedas em suas contas. Um artigo do *Wall Street Journal*, publicado em 28 de setembro de 2018 com o título "How Dirty Money Disappears into the Black Hole of Cryptocurrency" [Como o Dinheiro Sujo Some no Buraco Negro das Criptomoedas, em tradução livre], apontou que cerca de US$ 9 milhões em recursos obtidos de fontes ilegais foram "lavados" na Shapeshift, uma parte dos US$ 88,6 milhões em valores ilícitos movimentados em 46 marketplaces de criptomoedas. Voorhees refutou o artigo, argumentando que a Shapeshift adota uma "plataforma forense baseada no blockchain" para erradicar a lavagem de dinheiro e que os repórteres do *Wall Street Journal* não entenderam os dados.

Depois de ser apresentado ao Bitcoin pelos gêmeos Winklevoss, o aristocrata do sistema bancário Matthew Mellon logo se tornou um dos maiores defensores das criptomoedas, acumulando uma enorme fortuna em bitcoins e, depois, no XRP — uma moeda digital desenvolvida pela Ripple em 2012. Em 16 de abril de 2018, aos 54 anos, Matthew Mellon faleceu repentinamente a caminho de um centro de reabilitação em Cancún, no México, onde trataria sua dependência de opioides. Na época de sua morte, estimava-se que a fortuna de Mellon em criptomoedas estava entre US$ 500 milhões e US$ 1 bilhão.

O Tribunal Federal de Recursos da Segunda Região confirmou a condenação de Ross Ulbricht em maio de 2017 e a Suprema Corte se recusou a receber novos recursos dele em junho de 2018. Aos 34 anos, Ulbricht está cumprindo duas penas de prisão perpétua e uma pena de quarenta anos em regime fechado, sem direito à liberdade condicional, pelos crimes de lavagem de dinheiro e associação ao tráfico por meio da internet. Muitos na comunidade do Bitcoin e entre os libertários — incluindo Roger Ver — veem Ulbricht como um mártir que foi preso injustamente. Ulbricht provavelmente morrerá na prisão.

Charlie Shrem passou quase um ano na Penitenciária Federal de Lewisburg, na Pensilvânia, até ser transferido para um centro de ressocialização em Harrisburg. Enquanto esteve lá, ele trabalhou lavando pratos em um restaurante local. Charlie foi liberado em 16 de setembro de 2016. Infelizmente, ele não tem contato com a família, mas ainda é amigo de Erik Voorhees. O relacionamento de Charlie com os gêmeos Winklevoss continua turbulento. Em 1º de novembro de 2018, um processo dos irmãos começou a tramitar na justiça federal. Na ação, eles pediam o ressarcimento de 5 mil bitcoins que Charlie teria roubado deles em 2012. Charlie negou a acusação, e seu advogado, Brian Klein, disse ao *New York Times* que "nada disso tem o mínimo indício de verdade... Charlie logo apresentará uma defesa vigorosa e rapidamente limpará seu nome". O processo está em andamento.

Quase um ano após sua liberação, em 15 de setembro de 2017, Charlie e Courtney se casaram. Atualmente, eles levam uma boa vida em Sarasota, na Flórida, e fazem muitos passeios no barco de Charlie, batizado de *The Satoshi*.

Bibliografia

Bertrand, Natasha. "The FBI staged a lovers' fight to catch the kingpin of the web's biggest illegal drug marketplace", *Business Insider*, 22 de janeiro de 2015.

Carlson, Nicholas. "'Embarrassing and Damaging' Zuckerberg IMs Confirmed By Zuck- erberg, The New Yorker", *Business Insider*, 13 de setembro de 2010.

_____. "At last — the full story of how Facebook was founded." *Business Insider*, 5 de março de 2010.

_____. "In 2004, Mark Zuckerberg Broke into a Facebook User's Private Email Account." *Business Insider*, 5 de março de 2010.

Chrisafis, Angelique. "Cyprus bailout: 'people are panicking, they're afraid of losing their money'", *Guardian*, 17 de março de 2013.

Cutler, Kim-Mai. "Mt. Gox's Demise Marks the End of Bitcoin's First Wave of Entrepre- neurs." *TechCrunch*, 25 de fevereiro de 2014.

Dabilis, Andy. "Bailout Cuts Cyprus Bank Accounts, Withdrawals Barred." *Greek Re- porter*, 16 de março de 2013.

Eha, Brian Patrick. "Can Bitcoin's First Felon Help Make Cryptocurrency a Trillion- Dollar Market?" *Fortune*, 26 de junho de 2017.

Epstein, Jeremy. "What you may not understand about crypto's millionaires." *Venture Beat*, 10 de fevereiro de 2018.

Forbes, Steve. "Why a Cyprus-Like Seizure of Your Money Could Happen Here." *Forbes*, 25 de março de 2013.

Fox, Emily Jane. "The New York bar that takes bitcoins." *CNN Business*, 8 de abril de 2013.

Freeman, Colin. "Cyprus dreams left in tatters." *Telegraph*, 24 de março de 2013.

Frizell, Sam. "How the Feds Nabbed Alleged Silk Road Drug Kingpin 'Dread Pirate Rob- erts.'" *Time*, 21 de janeiro de 2015.

Jefries, Adrianne e Russell Brandom. "The coin prince: inside Bitcoin's first big money laundering scandal." *Verge*, 4 de fevereiro de 2014.

Markowitz, Eric. "My Night Out with Bitcoin Millionaire and Proud Stoner Charlie Shrem." *Vocativ*, 5 de dezembro de 2013.

Matthews, Dylan. "Everything you need to know about the Cyprus bailout, in one FAQ." *Washington Post*, 18 de março de 2013.

McMillan, Robert. "The Inside Story of Mt. Gox, Bitcoin's $460 Million Disaster." *Wired*, 3 de março de 2014.

_____. "Ring of Bitcoins: Why your digital wallet belongs on your finger." *Wired*, 18 de março de 2013.

Mibach, Emily. "Last call for The Oasis — beloved Menlo Park pizza, burger, and beer joint closes." *Daily Post*, 8 de março de 2018.

Osborne, Hilary e Josephine Moulds. "Cyprus bailout deal: at a glance." *Guardian*, 25 de março de 2013.

Popper, Nathaniel. *Digital Gold: Bitcoin and the Inside Story of the Misfits and Millionaires Trying to Reinvent Money*. Nova York: HarperPaperbacks, 2016.

_____. "How the Winklevoss Twins Found Vindication in a Bitcoin Fortune." *New York Times*, 19 de dezembro de 2017.

_____. "Never Mind Facebook; Winklevoss Twins Rule in Digital Money." *New York Times*, 11 de abril de 2013.

_____. "Winklevoss Twins Plan First Fund for Bitcoins." *New York Times*, 1º de julho de 2013.

_____. "Charlie Shrem and the Ups and Downs of BitInstant." *Coindesk*, 19 de maio de 2015.

Roy, Jessica. "It's All About the Bitcoin, Baby." *Observer*, 30 abril de 2013.

Vargas, Jose Antonio. "The Face of Facebook." *New Yorker*, 20 de setembro de 2010.

Winklevoss, Cameron e Tyler Winklevoss. "Bitcoin, the Internet of Money." Apresentação no Value Investor's Congress. Nova York, 17 setembro de 2013.

_____. "Money is broken; Its future is not." Apresentação na conferência Money20/20. Las Vegas, NV, 3 de novembro de 2014.

CONHEÇA OUTROS LIVROS DA ALTA BOOKS

Todas as imagens são meramente ilustrativas.

+ CATEGORIAS
Negócios - Nacionais - Comunicação - Guias de Viagem - Interesse Geral - Informática - Idiomas

---

SEJA AUTOR DA ALTA BOOKS!

Envie a sua proposta para: autoria@altabooks.com.br

Visite também nosso site e nossas redes sociais para conhecer lançamentos e futuras publicações!

www.altabooks.com.br

ALTA BOOKS
E D I T O R A

/altabooks • /altabooks • /alta_books

ROTAPLAN
GRÁFICA E EDITORA LTDA
Rua Álvaro Seixas, 165
Engenho Novo - Rio de Janeiro
Tels.: (21) 2201-2089 / 8898
E-mail: rotaplanrio@gmail.com